Jürgen Hargens / Wolfgang Eberling (Hrsg.)

Einfach kurz und gut – Teil 2
Ressourcen erkennen und nutzen

Jürgen Hargens / Wolfgang Eberling (Hrsg.)

Einfach
kurz und gut
Teil 2

**Ressourcen erkennen
und nutzen**

borgmann

© 2000 verlag modernes lernen, Borgmann KG, D - 44139 Dortmund
Edition: borgmann publishing

2. Aufl. 2003
Gesamtherstellung: Löer Druck GmbH, Dortmund

Bestell-Nr. 8312   ISBN 3-86145-193-X

Inhalt

Zu diesem Buch

Natürlich ließe sich fragen, wieso etwas, das als *Einfach kurz und gut* (EBERLING & HARGENS 1996) gekennzeichnet ist, eine Fortsetzung braucht – doch nicht ganz so, wie der Titel es meint? Auch wir als Herausgeber haben lange überlegt, ob wir einen weiteren Band herausgeben sollten – oder lieber die Finger davon lassen.

Change is a constant process, stability is an illusion heißt auch eine der Leitlinien dieser Art zu arbeiten. Insofern schien es passend, einen weiteren Blick zu tun, weitere Beschreibungen zu sammeln, Änderungen nachzuspüren – zumal lösungsorientierte Kurztherapie gegenwärtig boomt, so daß ein zweiter (oder sollten wir sagen: skeptisch-kritisch-solidarischer) Blick sinnvoll und passend sein könnte.

Unsere Idee war es, den Rahmen zu erweitern, nicht nur über unsere eigenen Erfahrungen bzw. die Erfahrungen im Rahmen der von uns mit gestalteten Institutionen zu berichten, sondern weiter zu schauen – auf andere Bereiche, auf andere (deutschsprachige) Länder. So hoffen wir, dieses Mal ein anderes Potpourri zu liefern, das angenehm zu lesen ist und leicht zum Nachdenken und Nachmachen anregt.

Wenn wir den Titel *Einfach kurz und gut Teil 2* wählten, so wollten wir uns bewußt in so etwas wie eine Tradition einordnen, die es auch Ihnen, den LeserInnen, leichter machen kann, das einzuordnen, wovon dieses Buch handelt.

Angefangen – zumindest was die Begriffe betrifft – hat alles 1982 in Milwaukee – seit dieser Zeit gilt das Logo des Brief Family Therapy Center *Solutions since 1982*, dem sich das nik (*Lösungen seit 1985*) angeschlossen hat.

Damit ist eine wichtige Frage thematisiert – geht es um Lösungen, sind Lösungen das allein selig machende Credo und Ziel? Was ist mit Möglichkeiten, mit Ressourcen, mit Optionen? Und was ist mit Wertschätzen aktueller Problemlagen? Dieser Idee wollten wir durch den Untertitel Ausdruck verleihen – *Ressourcen erkennen und nutzen*.

In diesem Band haben wir einige Arbeiten als Theorie-Projekt, andere als Praxis-Projekt etikettiert. Dies kann natürlich nur eine sehr grobe Zuordnung sein, die der Verwobenheit von Theorie und Praxis, die gerade das *Unternehmen lösungs-orientiert* auszeichnet, nicht gerecht werden kann. Dies ist für uns ein wesentliches Kennzeichen dieser Art zu arbeiten – sensibel zu bleiben für das, was die KlientInnen/KundInnen sagen und tun, eigene Vorannahmen zu hinterfragen und an der Nützlichkeit für das Erreichen der ausgehandelten Ziele zu überprüfen und immer wieder das eigene Handeln zu reflektieren – eine Art fortlaufender (kollaborativer) Forschungsprozeß. Für uns umfaßt lösungs-orientiertes Vorgehen sehr wohl eine ganze Reihe wohldefinierter wie bewährter Techniken *und* (nicht: aber) wir glauben, erst die Haltung, mit der diese Techniken zum Einsatz kommen, macht die Einzigartigkeit des *Unternehmens lösungs-orientiert* aus.

So versammelt dieser Band sehr vielfältige Ideen und Ansätze:

Die Idee des Rahmens, der zu rahmen ist und was dabei alles dazu gehört (HARGENS), wird ebenso vorgestellt, wie Implikationen des Wunders – wundern, sich wundern, staunen, die sich praktisch im *Entwikkeln Klinischer Kontrakte* handlungsbezogen verorten lassen (LOTH). Deutlich wird dabei immer, daß jede Reflexion über das eigene Tun beinahe zwangsläufig den oder die andere ins Spiel bringt – eine Leitidee systemischen Arbeitens, das Untersuchen von Auswirkungen von Änderungen.

Sprache und Verstehen – von sich selber wie von anderen – das scheint eine hohe und nicht immer ganz einfache Kunst zu sein: wie verhält sich Nicht-Wissen zu Offenheit oder Inhalt zu Information (KLAMMER).

Daß dabei Ressourcen einen wesentlichen Aspekt abbilden, ist unbestritten, doch scheint oft übersehen zu werden, wie schulenübergreifend diese Idee tatsächlich ist und wie sehr sie sich auch an der Haltung der Fachleute festmacht (HESSE).

Wie sich Angst so wertschätzen läßt, daß Möglichkeiten erkennbar und spezifische kindliche Kommunikationsmuster nutzbar gemacht werden, zeigen VOGT-HILLMANN, BURR und ILLHARDT sehr praxisbezogen.

HAHN zeigt, wie sich lösungsorientierte Ideen kontextsensibel in der Erziehungsberatung nutzen lassen und die kurzen Vignetten machen seine Thesen transparent und nachvollziehbar.

FRIES berichtet, wie sich lösungsorientiert auch unter scheinbar so schwierigen Bedingungen wie exzessivem Schreien und Durchschlafschwierigkeiten arbeiten läßt, ohne dabei Probleme zu entwerten oder zu verharmlosen.

Eine humorvolle, anregende und wirksame Arbeit mit Frauen, die Eß- und Gewichtsprobleme zeigen, beschreiben NELLE und PECHTL, wobei sie deutlich machen, wie sich in der Gruppe Kompetenzen und Ressourcen der Gegenwart und Vergangenheit zu gegenseitigem Nutzen in der Zukunft einbinden lassen.

Wie sich das lösungsorientierte Handwerkszeug außerhalb des therapeutischen Settings in der Arbeit mit themenbezogenen ExpertInnen-Gruppe einsetzen läßt, beschreibt WOLF an zwei Beispielen seiner *lösungsorientierten Moderation*.

Daß lösungsorientierte Arbeit auch im Behindertenbereich sinnvoll ist, zeigt SICKINGER mit ihren Praxisbeispielen. Im Zentrum des Vorgehens steht dabei die Einladung zu einem Perspektivenwechsel – Behinderte nicht nur definitionsgemäß als defizitär und ressourcenlos zu sehen, sondern ihre Möglichkeiten und Kompetenzen zu erkennen und einzubeziehen.

Ein Beispiel interdisziplinärer Zusammenarbeit im Alltag zeigen HARGENS, HANSEN-MAGNUSSON und HANSEN-MAGNUSSON mit ihrem Konsultationsmodell im medizinisch-psychotherapeutischen Bereich, wobei sie nicht nur Beispiele beschreiben, sondern auch erste Ergebnisse vorlegen.

Apropos: „lösungsorientierte Kurztherapie boomt gegenwärtig" – sie scheint auch zunehmend Anerkennung in der empirischen Forschung zu finden. Ressourcen und Kompetenzen der Klienten stehen im Zentrum der Antwort, die GRAWE (1999) auf die Frage gibt „Wie kann Psychotherapie noch wirksamer werden?"

Amerikanische Übersichtsarbeiten stellen zudem heraus, daß Klienten-Variablen den herausragenden Anteil an der Erklärung der Wirksamkeit einer Therapie besitzen (HUBBLE et al. 1998) und DICK, GRAWE, REGLI und HEIM stellen heute ausdrücklich fest (1999, S. 276f): „Immer stärker wird gegenwärtig der eigenständige Wert und die Wichtigkeit der Ressourcenarbeit in der Psychotherapie erkannt..."

Die Wertschätzung der Leistung der KlientInnen gewinnt damit offenbar wieder stärkeres Gewicht – genau das, was im lösungsorientierten Vorgehen im Mittelpunkt steht: der KlientIn dabei hilfreich zu sein, ihre eigenen Stärken, Ressourcen und Möglichkeiten zu entdecken und diese dazu zu nutzen, ihren eigenen Zielen Schritt für Schritt näher zu kommen. Und wir hoffen, daß Sie, liebe LeserIn, sich von den hier zusammengestellten Beiträgen dazu angeregt fühlen...

Literatur

EBERLING, WOLFGANG & JÜRGEN HARGENS (1996). *Einfach kurz und gut. Zur Praxis der lösungsorientierten Kurztherapie.* Dortmund: borgmann publishing.

DICK, Andreas, Klaus GRAWE, Daniel REGLI & Patrizia HEIM (1999). *Was sollte ich tun, wenn...? Empirische Hinweise für die adaptive Feinsteuerung des Therapiegeschehens innerhalb einzelner Sitzungen.* Verhaltenstherapie & psychosoziale Praxis 31(2): 253-279.

GRAWE , Klaus (1999). *Wie kann Psychotherapie noch wirksamer werden?* Verhaltenstherapie & psychosoziale Praxis 31(2): 185-199.

HUBBLE, Mark A., Barry L. DUNCAN & Scott D. MILLER (eds) (1999). *The Heart & Soul of Change. What Works in Therapy.* Washington, DC: APA, dtsch. i.V., Dortmund: modernes lernen.

Meyn, Bremen, im September1999   *Jürgen Hargens*
                                                  Wolfgang Eberling

Von Lösungen, Möglichkeiten, Ressourcen *und* Problemen

Respektieren und Infragestellen von Unterschieden

Jürgen Hargens

Einleitung

Als ich mich daran setzte, diesen Beitrag zu schreiben, fragte ich mich zuerst: Was kannst Du schreiben, was neu ist und die LeserInnen interessiert? Und schon hatte ich ein Problem – nein, ich hatte mir eines konstruiert, indem ich zwei Kriterien festgelegt hatte, die zu erfüllen, sich für mich als schwierig erwies.

„*Neues*" schreiben – war das nicht vielleicht doch ein bißchen (sehr) vermessen angesichts dessen, was so viele kluge Geister und Köpfe schon lange vor mir gedacht und zu Papier gebracht hatten? Ist es überhaupt möglich, etwas „Neues" zu schreiben? Hat nicht alles, was ich denke, sage, tue, phantasiere irgendwo seine Wurzeln und Verwurzelungen in Altem, in „Schon-Gedachtem"?

„Was LeserInnen *interessiert*" – wie sollte *ich* das entscheiden können? Und wenn es mehrere oder viele LeserInnen geben würde – hätten die denn alle dasselbe Interesse? Oder unterschiedliches? Und was dann?

Fragen, Fragen, Fragen – und da stand ich dann und konnte Entscheidungen treffen, und jede Entscheidung könnte sich – im nachhinein – als falsch erweisen. Und das wollte ich auch nicht. Also – was tun? Ich erinnerte mich an EFRAN (et al., 1992, S.196), der meinte, es gäbe kein Problem, nur Entscheidungen und daraus resultierende Konsequenzen. Wir würden dann davon sprechen, ein Problem zu haben, wenn wir die *eine* Entscheidung treffen, aber die Konsequenz einer *anderen* Entscheidung gerne hätten.

Also habe ich mich entschieden – und nehme die Konsequenzen in Kauf: Ich werde das schreiben, was ich tue, wie sich meine Arbeit – unter dem Etikett *lösungsorientiert* – in den letzten Jahren entwickelt hat. Soviel

Neues kann ich bieten, soviel Altes aufbereiten – und vielleicht darüber mit Ihnen im Gespräch bleiben.

Diese beiden Kriterien verweisen mich wiederum auf eine Fertigkeit, die ich in den letzten zwanzig Jahren Schritt für Schritt verbessert habe: *ich vermeide es, Gedanken anderer zu lesen.* Diese negative Formulierung („vermeiden") – Ziele und Richtungen sollten nach einem lösungsorientierten Verständnis positiv formuliert werden, als Tun von etwas und nicht als Unterlassen von etwas (BERG, 1992; DE JONG & BERG, 1998; WALTER & PELLER, 1994) – verwandle ich daher in mein Ziel: *ich bemühe mich, meine eigenen Gedanken zuzulassen, besser zu lesen und in einen Dialog mit mir selber* („innerer Dialog", ANDERSEN, 1990) *zu treten und diesen, wenn ich es für angemessen halte, zu veröffentlichen* (HARGENS & GRAU, 1994)

Worüber ich schreibe

Für mich hat John LITTRELL (1998) *einfach, kurz und gut* die auch mir wichtig erscheinenden Unterschiede und Besonderheiten dieses Vorgehens zusammengefaßt:

KurzberaterInnen stellen keine kausalen Zusammenhänge mehr her zwischen der Zeit, die gebraucht wird, effektiv zu helfen und den fünf Variablen:

1. Wesen und Art der Probleme
2. Anzahl der Probleme
3. Dauer der Probleme
4. Schwere der Probleme
5. Komplexität der Probleme

Dementsprechend charakterisiert LITTRELL Kurz-Beratung mit den Worten, sie ist:

... zeitbegrenzt

...lösungs-orientiert   fokussieren auf
- Ausnahmen;
- unerkannten Ressourcen und
- Zielen

...handlungs-bezogen   Direktiven und Aufgaben, um zu zeigen, daß neues Verhalten möglich ist; Hoffnung erscheint

...(sozial) interaktiv	• wer gehört zum sozialen Umfeld? • wie ist Hilfe von dort möglich? • wie beeinflußt Hilfe das Umfeld? • wie lassen sich andere in Aufgaben einbinden?
...an Einzelheiten interessiert	konkret, spezifisch und detailliert; wirkt vagen Abstraktionen entgegen
...humorvoll	„Humor ist die beste Medizin"
...Entwicklungen gegenüber aufmerksam	Entwicklungsphasen und Bedürfnisse beachten
...beziehungs-bezogen	in der konkreten Beratung

Das alles bezieht LITTRELL auf die ERICKSONsche Idee und Grundannahme *„Don't be sure!"*, also: Seien Sie sich da nicht so sicher. Ein US-Kollege, Douglas FLEMONS[1], formulierte es mir gegenüber etwa folgendermaßen: Wenn du „so" arbeitest, gibt es im Grunde nur eine Frage, die du stellen kannst: ‚Bist du da sicher?' – eine Idee, die sich in meiner Beschreibung vom *unerschrockenen Respektieren* wiederfindet (HARGENS, 1995).

Ich möchte an dieser Stelle darauf verzichten, noch einmal zu wiederholen, was denn nun lösungsorientierte Arbeit heißt, wie es beschrieben wurde usf. – ich möchte einfach etwas zu den Entwicklungen schreiben, die ich durchlaufen habe und immer noch durchlaufe und diese anhand einiger Beispiele ein wenig veranschaulichen.

Für mich ist die Unterscheidung zwischen *orientieren* und *fokussieren* bedeutsam geworden (HARGENS, 1998, S. 92), der mentale Set, der (m)eine Haltung beschreibt und der pragmatische Set, der beschreibt, worauf sich in der konkreten Situation die Aufmerksamkeit richtet. Das hat auch zu sehr pragmatischen Veränderungen in meinem therapeutischen Handeln geführt, die ich im folgenden aufzählen möchte.[2]

---

[1] Ich weiß nicht mehr genau, wann es war – es müßte bei einem meiner Besuche der NOVA University in Fort Lauderdale Anfang der 90er Jahre gewesen sein.

[2] Diese Aspekte habe ich zuerst versucht, mir selber klar zu machen (1999), und ich beziehe mich in meiner Darstellung immer wieder auf diese Gedanken.

Sprache

Was wir Menschen u.a. tun, wenn wir miteinander in Beziehung treten, läßt sich beschreiben als *Sprache benutzen*. Sprache kann auch als eines der wichtigsten Hilfsmittel der Therapie gesehen werden. Aus dieser Perspektive kann es sinnvoll sein, einen Moment zu verweilen und etwas genauer auf Sprache zu schauen (ANDERSON, 1997).

Menschen gelten als Geschichten-ErzählerInnen (ANDERSON & GOOLISHIAN, 1990; GERGEN, 1991; HOYT, 1994; SARBIN, 1986). EFRAN (et al. 1992, S. 115) hat dies elegant formuliert: „Menschen sind unverbesserliche und geschickte GeschichtenerzählerInnen – und sie haben die Angewohnheit, zu den Geschichten zu werden, die sie erzählen. Durch Wiederholung verfestigen sich Geschichten zu Wirklichkeiten, und manchmal halten sie die GeschichtenerzählerInnen innerhalb der Grenzen gefangen, die sie selbst erzeugen halfen." Der soziale Konstruktionismus betont die Bedeutung von „in-Sprache-sein" und der Konstruktivismus kennt den Begriff „versprachlichen" oder „linguieren" [languaging] (MATURANA, 1988).

Psychotherapie wird üblicherweise als eine Art „Sprech-Kur" verstanden (DE SHAZER, 1996), und deshalb sollten wir auf *Sprachunterschiede* achten. Jede Sprache hat ihre besonderen Aspekte und Eigenheiten und manchmal unterscheiden sich selbst Regionen einzelner Länder in solchen Eigenheiten. Sprache verweist immer schon auf einen sozialen Prozeß[3].

Von diesem Punkt ausgehend, erscheint es vorteilhaft, sich auf Vorannahmen, Glauben und Erwartungen zu verlassen, weil sie gut zur narrativen Haltung passen: es gibt nicht *den* richtigen Weg – es gibt einfach *Möglichkeiten*. Therapie läßt sich daher verstehen als eine Art fortlaufende Forschung, welche Erwartungen, Überzeugungen und Vorannahmen am hilfreichsten sein können, das aus der Therapie herauszuholen, was *beide – KundIn und TherapeutIn –* wollen. Das erinnert mich an SELVINIS (et al. 1977) Idee von Therapie als fortlaufender Forschungsprozeß. Nach meinem narrativen und konstruktivistischen Verständnis paßt die Vorstellung von *Therapie als Nach-Forschung*[4] hervorragend.

---

[3] Dieser soziale Prozeß zeigt sich als unterschiedlicher Sprachgebrauch u.a. auch in verschiedenen Institutionen: auch Institutionen „haben" ihre eigene Sprache (vgl. LOTH, 1998)

[4] Nach-Forschung impliziert, daß bereits Forschung stattgefunden hat, die erneut beforscht wird. Der englische Begriff *re-search* scheint hier noch passender.

Es geht *nicht* um *finden* – es geht um *forschen, suchen* oder – genauer – um *nach*-forschen: was auch immer du finden magst, du kannst daran gehen, dies *nach*zuforschen – weil das, was du gefunden hast, einfach nur eine der unendlich vielen Möglichkeiten (oder: möglichen Geschichten) darstellt und weil du niemals sicher sein kannst, das gefunden zu haben, wonach du suchtest.

Nach-forschen kann als eine weitere Vorannahme verstanden werden, die zu der Idee führt, daß sich KundIn und TherapeutIn in dem, wonach sie suchen, unterscheiden können. Das unterstreichen anschaulich Ergebnisse von METCALF (et al., 1996), die zeigen, daß sich Beschreibungen von KundInnen und TherapeutInnen über das, was in lösungsorientierter Kurztherapie geschieht, unterscheiden, manchmal sogar erheblich.[5] Nach-forschen als Vorannahme führt auch zu der Idee, daß *kooperieren* unvermeidlich sein könnte – da jede/r Beteiligte bei diesem Unternehmen am Suchen und Forschen interessiert ist.

Je länger ich über Vorannahmen und Erwartungen nachdenke, desto mehr verstärkt sich bei mir der Eindruck, daß alles auf Vorannahmen beruht.[6] Daher erscheint es mir wichtig, in einem therapeutischen Prozeß eben darüber zu reflektieren und daran zu arbeiten. Das paßt zu MILLERS (1985) Beobachtung, daß sich der am stärksten unterschätzte und am wenigsten untersuchte Faktor, die Therapiemotivation (der für den Therapieerfolg bedeutsam ist) vorherzusagen, in der *Erwartung der TherapeutIn* findet.[7]

Alle diese Ideen bringen mich dazu, anzunehmen, daß *Selbst-Rekursivität* oder *Reflektieren über sich selber* als sehr wichtiger Teil dieser Art zu arbeiten zu sehen ist. Und – um noch einen Schritt weiter zu gehen – man sollte dies während des Prozesses machen, also offen in der Sitzung, d.h. mit *reflektierenden Positionen spielen* (HARGENS & GRAU, 1994; HARGENS & VON SCHLIPPE, 1998). So gesehen, ist Psychotherapie immer

---

[5] Die Therapie, die beschrieben wurde, war von beiden, KundInnen wie TherapeutInnen, als „effektiv" bewertet worden – trotz der Unterschiede der Beschreibungen.

[6] Und das wiederum „ist" meine Vorannahme

[7] Das verweist auf die Bedeutung der therapeutischen Beziehung, die sich von Alltagsbeziehungen unterscheiden müßte, um einen Unterschied zu machen (EFRAN et al., 1992 S. 241). In diesem Sinne wären Sympathie und Antipathie als Handicap anzusehen, da beide eher dazu verführen könnten, sozial stereotyp zu reagieren (HARGENS, 1997b, S. 176) – das würde die Frage aufwerfen, wie sich dann Empathie beschreiben ließe.

ein sehr persönliches Unternehmen – es geht nämlich immer auch um die eigene Selbsterfahrung als Teil des therapeutischen Prozesses.

Dieses Verständnis von Selbsterfahrung könnte dazu führen, daß ich meine eigenen Grundannahmen auch infragestelle, zumindest hin und wieder „abklopfe" (EFRAN et al., 1992, S. 241f) und so meine Orientierung überprüfe – eben auch um im Sinne MILLERS (s.o.) meine Erwartungen auf einen positiven Therapieausgang hin auszurichten.

Rahmen rahmen

Was mir – gerade auch in der Zusammenarbeit mit meinem Kollegen Armin ALBERS (Niebüll) – immer deutlicher geworden ist, bezieht sich auf die Gestaltung des *kooperativen Rahmens*. In der lösungsorientierten Arbeit wird *kooperieren* immer als ein wesentlicher Aspekt hervorgehoben und in Grundlagentexten meist in einem eigenen Abschnitt behandelt (BERG, 1992; DEJONG & BERG, 1998; WALTER & PELLER, 1994).

Erst wenn es für alle Beteiligte „Sinn" macht, erst dann kann ich davon ausgehen, daß ich alles mir Mögliche dazu beigetragen habe, *kooperieren* zu optimalisieren. Das ist für mich die Begründung, weshalb kooperieren nicht nur unvermeidlich, sondern auch unerläßlich ist. So wie es nicht möglich ist, *nicht* zu kommunizieren (WATZLAWICK et al., 1993[8]), so ist es auch nicht möglich, *nicht* zu kooperieren. Dabei verstehe ich *kooperieren* im Sinne DE SHAZERS (1992, S. 45), daß jede/r „*versucht auf einzigartige Weise zu kooperieren. Die Arbeit ... [der Fachleute] besteht darin, jene spezielle Art des Kooperierens, die die Familie [bzw. jede andere KundIn] zeigt, aus seiner eigenen Sicht zu beschreiben und dann damit zu kooperieren...*"

Kooperieren bedeutet demnach nicht, daß etwas reibungslos und einfach funktioniert, wie es der alltägliche Sprachgebrauch suggerieren könnte – es bedeutet einfach, daß kooperieren unvermeidlich ist. Und es bedeutet, daß kooperieren ein interaktives Phänomen ist, das – einmal geschaffen – immer wieder neu herzustellen und zu erhalten ist.

Rahmen rahmen bedeutet für mich in diesem Sinne, mit den Vorannahmen, Erwartungen und Angeboten zu kooperieren aller Beteiligten so umzugehen, daß in einem ersten Schritt Möglichkeiten erarbeitet werden, Zustimmung zu dem zu erhalten, worum es in diesen Gesprächen gehen soll und gehen kann.

Dazu ein Beispiel aus der Arbeit:

Ein Mitarbeiter der Kinderklinik rief an, um mir möglicherweise eine Familie zuzuweisen und bat um eine Art Konsultation[8]. Es ging um einen akuten Fall, in dem ein kleines Kind von etwa anderthalb Jahren nicht zunahm und in ihrem Überleben bedroht war – ein Zustand, der schon wiederholt aufgetreten war. Ich willigte ein, bat um ein Gespräch mit *allen* Beteiligten – KlinikvertreterInnen, Eltern und Hausärztin. Der Mitarbeiter der Klinik stimmte sofort zu und schon wenige Tage später fand dieses Gespräch in der Klinik statt.

Meine Aufgabe sah ich vor allem darin, alle Beteiligten in ihren Sorgen und Erfahrungen zu respektieren, um einen Rahmen zu spannen, in dem sich alle wiederfinden konnten.

Ein Klinikarzt stellte dar, daß die Klinik „nicht weiterkommt" und seine Idee war es, durch mein Hinzuziehen die Interventionsmöglichkeiten zu vergrößern. Der Klinikleiter sah den organischen Hintergrund und ihm war wichtig, daß es zu positiven Veränderungen käme, da Gefahr für das Leben bestand. Die Hausärztin schilderte ihre Ambivalenz, da das kleine Mädchen einerseits vor Aktivität sprühe und kaum zu bremsen sei und andererseits die Angst immer dabei sei, sie könne verhungern. Die Eltern wollten ihr Kind mit nach Hause nehmen, da einerseits in der Klinik nach ersten Besserungen jetzt keine Fortschritte mehr erzielt worden wären und da sie sich von der Klinik nicht immer unterstützt und geschätzt fühlten.

Ich stellte die *Sorgen* jedes Beteiligten in einen positiven Rahmen, hob die *Unterschiedlichkeit der Perspektiven* hervor, die allerdings alle von der Sorge um das Wohlergehen des kleinen Mädchens getragen waren, um zu fragen, wer die *Entscheidung* darüber fälle, ob und wann eine Entlassung erfolge.

Das führte nach längerer Diskussion dazu, daß die anwesenden Mitarbeiter der Klinik sich bereit erklärten, das Kind zu entlassen, wenn die Eltern dies wollten und die Eltern zugleich über das Angebot einer ambulanten Familientherapie mit mir nachdenken und darüber eine Entscheidung treffen würden. Zugleich wurde vereinbart, daß alle über die getroffenen Entscheidungen informiert würden. Das Gespräch endete

---

[8] Namen und Angaben sind soweit verändert, daß die Anonymität sichergestellt ist. Darüber hinaus sind alle Beteiligten mit der hier vorliegenden Veröffentlichung einverstanden.

nach etwa einer Stunde mit dieser Vereinbarung, die allen Beteiligten wieder Entscheidungsmöglichkeiten zugestand und Verantwortlichkeiten definierte.

Acht Tage später schrieb ich an die Eltern, von denen ich bisher nichts gehört hatte, folgenden Brief[9]:

> Sehr geehrte Familie Müller,
>
> wir haben vor einer Woche in der Kinderklinik zusammengesessen und darüber gesprochen, welche Möglichkeiten es geben könnte, die Situation Ihrer Tochter Anna zu verändern. Dabei wurde als eine Möglichkeit erwogen, daß ich mit Ihnen, mit Ihrer Familie Gespräche führe. Sie zeigten sich für diese Möglichkeit offen, und wir vereinbarten, daß Sie in Ruhe überlegen und Ihre Entscheidung treffen. Wenn Sie diese Möglichkeit nutzen und erproben wollten, würden Sie bei mir anrufen, um einen Termin abzusprechen.
>
> Darüber hinaus haben wir in der Runde vereinbart, daß alles, was unternommen wird, nur in Absprache und gemeinsam gemacht wird.
>
> Da inzwischen einige Zeit vergangen ist, in der Sie Ihre Entscheidung überlegt und abgewägt haben, halte ich es im Sinne der gemeinsamen Absprache für geboten, alle Beteiligten darüber zu informieren, daß Sie sich bis heute nicht bei mir gemeldet haben.
>
> Eine Kopie dieses Schreibens habe ich an die Kinderklinik (Dr. Alpha und Dr. Beta) und eine andere an Frau Meier [Hausärztin] geschickt.

Mir war es wichtig, auf die *Absprache* hinzuweisen, auf die *Gemeinsamkeit*, die alle Beteiligten wünschten – und zwar als Möglichkeit, die ich deshalb im *Konjunktiv* formulierte – , die Gespräche ein Stück zu *normalisieren* („Gespräche" statt Therapie) und zu verdeutlichen, daß die *Eltern darüber verantwortlich und allein entscheiden.* Dabei war mir klar, daß das Veröffentlichen des Schreibens an die Beteiligten Druck erzeugen kann, den ich als Wirkung und Folge des Kontextes sah, in dem wir alle handelten.

Eine Woche danach rief der Vater an, um einen Termin zu vereinbaren und teilte mit, daß Anna zugenommen hätte, wofür ich die Eltern komplimentierte. Selbstverständlich habe ich auch hierüber wieder alle Beteiligten – dieses Mal telefonisch – informiert.

---

[9] Es handelt sich hier ja um „brief"-Therapie...

Das erste Gespräch fand wenige Tage nach dem Anruf in der Familie statt. Ich führte dieses Gespräch mit einer Kollegin zusammen, weil es zu meinen Regeln gehörte, bei Hausbesuchen nicht alleine, sondern zu zweit zu arbeiten (HARGENS, 1993). Die Eltern berichteten von Veränderungen auf drei Ebenen: ihnen wäre ein wenig Druck genommen (Ebene der Befindlichkeit), sie seien ruhiger geworden (Ebene des Handelns) und Anna hätte zugenommen (Ebene der Symptombeschreibung). Wir komplimentierten die Eltern für alle drei Veränderungen und dafür, daß sie sich als Eltern so einig waren.

Uns war wichtig, den Eltern die Verantwortung zu überlassen, keine Schuldzuweisungen zu unterstützen und auf die kleinen positiven Schritte zu fokussieren. Das machte sich für uns u.a. darin bemerkbar, daß die Dramatik („Anna kann sterben") nicht im Vordergrund stand, sondern Möglichkeiten, wie die Eltern es geschafft hatten, zu den positiven Veränderungen beizutragen.

Abschließend erläuterten wir unsere Regeln – Termine werden nicht von uns angeboten, sondern werden von den KundInnen eingefordert; Sitzungen erfolgen in etwa vierwöchigem Abstand; Kostenerstattung kann beantragt werden, ist aber nicht sicher.

Die Eltern vereinbarten noch zwei weitere Gespräche, die einen Monat und dann noch einmal zwei Monate später stattfanden. Beide verliefen ähnlich wie das erste: Wir fragten, wie wir den Eltern hilfreich sein könnten[10] und erfuhren immer etwas über kleine positive Veränderungen, die wir komplimentierten und die Eltern berichteten über eine zunehmende Gelassenheit Annas Eßverhalten gegenüber.

Etwa zwei Jahre später – bei der Vorbereitung dieses Beitrags – bat ich die Eltern mit folgendem Brief um Unterstützung:

Sehr geehrte Familie Müller,

vielleicht sind Sie erstaunt, Post von mir zu bekommen, vielleicht auch nicht – dieses Mal habe ich ein sehr konkretes Anliegen, und ich hoffe, daß Sie Lust, Interesse und Zeit haben, mir zu helfen.

Gelegentlich werden wir gebeten, in Fachzeitschriften über unsere Arbeit zu berichten. Das ist auch der Hintergrund meines Schreibens – mir liegt eine solche Anfrage vor, und ich möchte schon etwas schrei-

---

[10] Wie wir das Gespräch zu Beginn mit unseren Fragen strukturieren und Rahmen rahmen habe ich anderenorts beschrieben, z.B. HARGENS, 1996.

ben. Doch denke ich, daß alles das, was ich schreibe, immer nur meine Sicht widerspiegelt – Ihre Sicht könnte dabei ein wenig zu kurz kommen. Deshalb schreibe ich Sie an und hoffe, daß Sie mir ein wenig dazu schreiben können, wie sich die Zusammenarbeit aus Ihrer Sicht dargestellt hat.

Dabei könnte es um Aspekte gehen, wie z.B. was war hilfreich? was war weniger oder gar nicht hilfreich? was hat es geholfen und was nicht? was erinnern wir heute noch? wie haben wir die Situation erlebt? usf.

Es kommt mir auf Ihre sehr persönliche Einschätzung an.

Selbstverständlich werde ich alles das, was Sie mir schreiben, vertraulich behandeln und so damit umgehen, daß, sollte es zu einer Veröffentlichung kommen, nicht erkennbar ist, um welche konkreten Personen es sich handelt. Und ich würde natürlich vorher noch einmal Ihr ausdrückliches Einverständnis einholen.

Unabhängig von einer solchen Veröffentlichung helfen mir Ihre Anmerkungen, Rückmeldungen und Kommentare auch, meine Arbeit weiter zu verbessern.

Ich danke Ihnen für Ihre Mithilfe und verbleibe

Mit friedlichem Gruß

Die Antwort der Mutter ließ nicht lange auf sich warten:

Ich kann nur Gutes von Ihrer Therapie berichten. Ich erinnere mich noch daran, daß mein Mann und ich enorm unter Druck gestanden hatten. Da unser Kind mit 1/2 Jahr das erste Mal im Krankenhaus gewesen war (wegen Gewichtsverlust). Dann wurde sie mit 10 Monaten noch einmal eingeliefert. Nach 14 Tagen wurde sie wieder entlassen. Man konnte nichts Organisches feststellen. Wir mußten ständig zur Gewichtskontrolle. Mit 13 Monaten wurde sie dann zwangseingewiesen von den Ärzten aus der Klinik. Man hatte uns mit dem Jugendamt gedroht, um uns das Sorgerecht zu nehmen, wenn wir dieses Kind nicht in der Klinik lassen würden. Die begründeten es damit: „Dieses Kind sei lebensbedrohlich krank". Dadurch wurde der Druck noch schlimmer. Wir konnten gar nichts mehr denken, nur noch an das Kind und daß es doch zunehmen würde. Nach sechs Wochen Aufenthalt im Krankenhaus wurde uns eine Familientherapie vorgeschlagen, die wir in Anspruch genommen haben. Durch die Gespräche mit Ihnen wurden wir wieder gelöster. Wir konnten auch schon mal wieder an was anderes denken. Nach jedem Gespräch wurde es besser. Wir lernten auch wieder, als Familie zu leben. Es drehte sich auf einmal nicht alles um dieses kranke Kind. Heute sehen wir den Erfolg: Anna ist drei Jahre alt und wiegt mittlerweile 13 Kilo. Sie gleicht sich den Kindern ihres Alters fast an. Ich hoffe, ich habe Ihnen damit ein bißchen helfen können.

Ich beschreibe diese Arbeit aus meiner Sicht im Sinne des *Rahmen rahmen* – im Gespräch mit allen Beteiligten ging es uns zunächst und vor allem darum, eine Basis zu finden, der alle zustimmen konnten, in diesem Falle der Sorge um das Überleben von Anna. Zugleich war es uns wichtig, die unterschiedlichen Herangehensweisen in ihrer Unterschiedlichkeit zu respektieren und das dahinter zum Vorschein kommende Bemühen und Sorgen zu würdigen – und zu komplimentieren.

Das schaffte in diesem Fall offenbar einen Rahmen, in dem es allen Beteiligten möglich war, mitzuarbeiten und das erfolgreich.

Möglichkeiten statt Lösungen?

Eine weitere, mir wichtige Veränderung betrifft die *Sprache* und *damit verbundene Implikationen*. Der mir wesentliche Schritt hat mich dazu geführt, den Indikativ immer mehr zu verlassen und den *Konjunktiv* zu benutzen. Für mich stellt der Konjunktiv eine gute Möglichkeit dar, Beschreibungen auch in der sprachlichen Gestaltung zu relativieren und als Möglichkeit zu kennzeichnen. Das steht für mich in guter Übereinstimmung zu Ideen des Konstruktivismus, Konstruktionismus und systemischer Annahmen. Wir konstruieren die Welt, die wir leben, durch Sprache und zwar im sozialen Miteinander (vgl. EFRAN et al., 1992; GERGEN, 1991; WATZLAWICK, 1981). Dabei gilt, daß es durchaus unterschiedliche Möglichkeiten gibt, Welten zu konstruieren und zu beschreiben – mit jeweils unterschiedlichen Konsequenzen. Und jede Beschreibung ist *gleichermaßen gültig*, wenn auch *nicht gleichermaßen wünschenswert*. Auch in einer professionellen Begegnung sollte daher einer professionellen Beschreibung dieselbe Relativität zugestanden werden.[11]

Praktisch ist mir dies deutlicher geworden, als ich begann, Tom ANDERSENS Idee des *inneren und äußeren Dialogs* ernster zu nehmen (1990). Ich habe mehr auf das gehört, was ich mir selber in einer Sitzung erzähle („innerer Dialog") und dies – in seiner Relativität – öffentlich gemacht,

---

[11] Das wäre ein nach meinem Verständnis (meiner Vorannahme) ein Aspekt professioneller Kompetenz.

indem ich darüber sprach. BRUNER (1986) hat geholfen, diesen Aspekt klarer zu bekommen. Er spricht davon, *„Wirklichkeit zu konjunktivieren"* *[subjunctivizing reality][12]* (S. 26, Herv.i.Orig.) und das heißt, sich immer verschiedener Welten bewußt zu sein – „In einem konjunktivistischen Modus zu sein, heißt dann, mit menschlichen Möglichkeiten zu handeln und nicht mit feststehenden Gewißheiten. Ein ‚geleisteter' oder ‚schneller' narrativer Sprechakt bringt eine konjunktivistische Welt hervor" (a.a.O.).[13]

Wir haben dies praktisch so übersetzt, daß wir den Konjunktiv verwenden, wenn wir über Welten sprechen, egal, ob dies grammatikalisch zutrifft oder nicht. Wir versuchen folglich weder eine Geschichte vorzuschlagen, noch eine Geschichte durchzusetzen. Wir bieten eine konjunktivistische Geschichte an, die der KundIn die Möglichkeit einräumt, „Nein!" zu sagen, denn „'Nein' ist grundlegend" (ANDERSEN, 1990, S. 46).

Diese Unterschiede werden z.B. beim *Umdeuten* erkennbarer. Umdeuten als indikative Beschreibung macht für mich einen Unterschied zum Umdeuten als konjunktivistische Möglichkeit. Biete ich für „Angst" die Umdeutung eines Gefährten, der sich Sorgen macht, ob die Person auch ausreichend gut für sich sorgt, so sähen die Formulierungen so aus:

Die Angst macht Dich darauf aufmerksam, genau zu schauen, wie gut und ausreichend Du für Dich sorgst.

Die Angst könnte Dich darauf aufmerksam machen, genauer zu schauen, wie gut und ausreichend Du für Dich sorgen würdest.

Auch wenn dieser Unterschied klein zu sein schiene, so würde er nach meinem Verständnis einen großen Unterschied machen. Dieser Unterschied klang schon in frühen Darstellungen systemischen Arbeitens an – etwa wenn SELVINI (et al., 1977) vom Unterschied zwischen „sein" und „zeigen" sprach – „du bist" im Unterschied zu „du zeigst, als ob..."

---

[12] Ich bevorzuge, von Konjunktiv und konjunktivistisch zu schreiben und nicht von subjektiv und subjektivistisch, weil der Bezug zum Konjunktiv eine für mich deutlichere Handlungsmöglichkeit beinhaltet.

[13] Beim Abfassen dieses Manuskriptes machte Jay EFRAN mich darauf aufmerksam, daß George KELLY ähnliche Auffassungen vertrat. „KELLY stellt dem ‚Indikativ' des objektiven Sprechens das gegenüber, was er ‚Einladungen' (‚invitational mood') nennt, wo wir ‚vermuten' oder spekulieren." (im Essay „The Language of Hypothesis: Man's Psychological Instrument", erschienen in einem Sammelband, hrsg. von Brendan MAHER)

Diese Form des *konjunktivistischen Sprechens* hat mir zugleich geholfen, Unterschiede zu respektieren und zu nutzen, ohne sie verkleinern oder auflösen zu müssen, indem ich sie – als Möglichkeit – infragestelle:

> „Das könnte einen interessanten Unterschied machen, ob Du die Angst als furchterregend sehen würdest oder als jemand, die sich um Dich sorgen würde. Wenn Du der Auffassung wärest, Angst sei furchterregend und ich würde denken, sie würde sich um Dich sorgen, wie könnten wir diese Unterschiede nutzen?"

In diesem Sinne verstehe ich mein therapeutisches Arbeiten heute weniger als Suche nach Lösungen, sondern mehr als *Erkunden und Erforschen von Möglichkeiten* – ohne daß diese zugleich als Handlungsvorschriften definiert würden. Dies entspricht für mich dem hypnotherapeutischen Prinzip des *Ideen säens* – es entstehen bisher nicht erkannte, nicht zugelassene, nicht benannte Möglichkeiten als Optionen, nicht mehr, aber auch nicht weniger. Damit würde ein neuer Raum erschaffen – ein „*hypothetisches Lösungsfeld*" (HARGENS & GRAU, 1996, S. 226), ein Möglichkeitsraum (MITTELMEIER & FRIEDMAN, 1993; O'HANLON, 1993; O'HANLON & BEADLE, 1998). Und ein Herumgehen in einem solchen Raum wäre eine Möglichkeit. Das könnte *Hoffnung* wecken – Hoffnung auf andere Möglichkeiten und das würde dann – vielleicht – *Sinn* machen, etwas zu verändern.

Möglichkeiten, das ist mir wichtig, wären Optionen, die im Rahmen der Ressourcen und des Einflußbereichs der KundIn liegen – sie wären daher Beschreibungen *möglicher Lösungen*. In diesem Sinne verschiebt sich für mich die Definition meiner Arbeit dahin, auf Grundlage von Ressourcen und Stärken Möglichkeiten zu erschließen, die es der KundIn ermöglichen, erneut über für sie erreichbare und sinnvolle Ziele zu reflektieren.

So gesehen, ergeben sich Beschreibungen von Möglichkeiten über Ressourcen, Stärken und Kompetenzen der KundInnen und diese lassen sich aus Erfolgen der Vergangenheit, Ausnahmen, bisher unerkannten Stärken herleiten – und dazu gehört es auch, Probleme ernstzunehmen und zuzulassen. Das Aushalten von Problemen ließe sich durchaus als eine Stärke beschreiben. Nicht das rasche und alleinige Streben nach Lösungen bildet Orientierung und Fokus dieser Art zu arbeiten, sondern das Erarbeiten von Möglichkeiten für den Zielbereich der KundIn.

In einer Rückmeldung zu ihren Eindrücken und Erinnerungen an die Arbeit schrieb eine Kundin zu diesem Aspekt:

Faszinierend war dabei für mich die Ihrer Arbeit zugrunde liegende Haltung, die das Gegenüber als „kundig" schätzt und die Verantwortung dort beläßt...

Im Rahmen der persönlichen Arbeit empfand ich das eigene Bebildern, wie ich es nenne, hilfreich. Damit meine ich Ihre Aufforderung „Was tun Sie, wenn ...?" Bei dieser Konzentration auf die Handlungsebene füllen sich Aussagen, und ich zumindest habe dabei „gemerkt", was eigentlich ist. Die Situation wird klarer und faßbarer.

Ein Aha-Erlebnis war für mich, als es um eine Zukunftsvision ging. Sie versetzten mich mit Ihrer Frage in das Jahr 1999 und wollten wissen, was denn nun geworden sei (so oder so ähnlich). Ich erinnere mich, daß es mir Spaß machte zu phantasieren. Das So-tun-als-ob und das Phantasieren-dürfen schaffte Klarheit und befreite...

So, denke ich, daß es das im Wesentlichen war. Eine Anmerkung fällt mir noch ein, betreffs der Haltung Ihren Kunden gegenüber. Ich glaube, daß sie ungeahnte Lösungsräume öffnet und möglich macht...

KEENEY hat darauf hingewiesen, daß sich so etwas wie „Gesundheit" – und das Therapieziel hat immer etwas mit Gesundheit, Lösungen finden, Dysfunktionen abbauen etc. zu tun – „auf ein ‚vitales Gleichgewicht' von verschiedenartigen Formen der Erfahrung und des Verhaltens [bezieht]...Wenn man Anstrengungen zur Maximierung oder Minimalisierung, statt zur Erhaltung der Vielfalt unternimmt, führt dies zu der eskalierenden Gleichheit, die wir als Pathologie definiert haben" (KEENEY, 1987, S. 157, vgl. auch LOTH, 1998, S. 55ff). In diesem Sinne würde es in lösungsorientierter Therapie eben nicht ausschließlich um Lösungen gehen (im Sinne, diese zu maximieren), sondern um ein „vitales Gleichgewicht" von Lösungen und Problemen. WATZLAWICK (1983) hat auf seine charmante Art beschrieben, wohin die Idee (ver-) führen kann, immer glücklich sein zu wollen und problemlos zu leben – nämlich zu einer *Anleitung zum Unglücklichsein.*

John WEAKLAND formulierte es einmal sehr eingängig etwa folgendermaßen[14]: wenn du ein Problem hast, ist das Leben immer und immer wieder *dieses selbe* Problem. Hast du dieses Problem gelöst, dann ist das Leben *eines* dieser verfluchten Probleme *nach dem anderen.* Lösungen wären daher als Illusion zu betrachten – jede Lösung wäre möglicher-

---

[14] Ich habe leider nicht mehr die Quelle – ich habe es in einem Beitrag gelesen, die Aussage behalten, aber die Quelle vergessen.

weise der Beginn eines anderen Problems undsoweiter ohne Ende... Ein Leben in Lösungen wäre eine Illusion – und zwar eine, die möglicherweise Probleme begünstigen könnte...[15]

Da sich Gespräche über Möglichkeiten in der Zukunft und in einem Möglichkeitsraum entfalten, halte ich es für sinnvoll, diese „Spekulationen" dadurch ein wenig zu konkretisieren, indem sie in Handeln, in Tun, also in Operationen, die wahrnehmbar sind, übersetzt werden. In Hinblick auf Sprache heißt dies für mich, *Verben*, also *Tu-Worte*, den *Substantiven*, den *Ding-Worten*, vorzuziehen.

Durch meine Sprache schaffe ich die Welt, die ich dann lebe und dann gestehe ich ihr auch meist eine von mir unabhängige Existenz zu – genau das ist es, was Efran (et al., 1992, S. 227) formuliert hat. Eine solche Welt beschreibe ich meist mit Hilfe von Substantiven, Ding- oder Hauptworten. Auf diese Weise verleihe ich dem, was ich benenne, auch das Merkmal von Beständigkeit und Festigkeit. Spreche ich z.B. in der therapeutischen Begegnung von „Depression", so „wird" die Depression durch das Wort, das ich verwende, zu einem Ding, zu einer Sache, zu etwas, das tatsächlich als solches existiert – etwas Seiendes. Deshalb ziehe ich es vor, Verben, Tu-Worte zu verwenden, um auf das Aktive, das Handelnde, das Machende zu verweisen.

Die Sprachfiguren sind bekannt: „Was *machen* Sie, wenn Sie Depression *machen* oder *zeigen*?" „Was genau *tun* Sie, wenn Sie merken, daß Sie weniger depressiv sind?" „Was *tun* Sie, woran ich erkennen kann, daß Sie depressiv sind?" „Was genau werden Sie *tun*, wenn Sie Ihrem Ziel ein Stück nähergekommen sind?"

Dabei gilt das bereits Gesagte – zukunftsbezogene mögliche Handlungen sollten keine Aufforderungen oder Vorschriften sein, sondern spielerisch Probehandeln eröffnen, aufschließen – eben: *einladen*. Systemisch-ressourcenorientiertes Arbeiten begreife ich nämlich als *Einladung, andere Perspektiven zu betrachten, deren Konsequenzen zu erörtern und so Optionen zu erweitern* – alles im Sinne von Möglichkeiten, die sprachlich im Konjunktiv zu formulieren wären.

Dieses ständige Übersetzen in Verben ist für mich mit weiteren, mir wesentlichen Aspekten verknüpft:

---

[15] Margaret Scholze (zit. in Hargens, 1998, S. 79) ist es „ein mühevolles Herumschlagen mit vielen Alternativen, die nur wenig besser sind, als das Bestehende"

Beschreibungen zukünftiger Möglichkeiten werden – sprachlich – in Handlungen übersetzt und damit für andere, also gleichsam von außen, beobachtbar. Zum anderen, darauf hat EFRAN (et al., 1992, S. 15, S. 208f.) aufmerksam gemacht, bedarf jede Handlung einer entsprechenden körperlichen Prädisposition, die eine andere Definition von „Gefühl" bedeutet: „Wir definieren Gefühle als körperliche Prädispositionen, die der Handlungsbereitschaft zugrundeliegen, sie unterstützen und hervorbringen ... Daher gehen Gefühle Handlungen nicht voraus oder folgen ihnen – es ist die körperliche Unterstützung, die ein Klasse von Handlungen erfordert. Sprache ist natürlich eine dieser Klassen, die Gefühle unterstützen" (a.a.O.).

Für mich stellt daher das Übersetzen von zukünftigen Zielen in zukünftige Handlungsmöglichkeiten immer auch eine Verknüpfung von kognitiven und emotionalen Aspekten dar und das macht ein Sprechen über Tun eben so gefühlsgeladen, auch wenn Sprechen einen eher kopflastigen Eindruck machen könnte.

Zugleich – und das wäre mir wichtig – geht es dabei immer nur um Beschreibungen und um nicht mehr, eine Gelegenheit für alle Beteiligten, gleichsam zur SelbstbeobachterIn zu werden und Möglichkeiten aus unterschiedlichen Perspektiven zu betrachten. Das macht es für mich so wichtig, „Sprache zu ververben" (DE SHAZER, 1996, S. 17).

Aber – Vorsicht: Ich glaube an den Satz von Harry GOOLISHIAN, den Frank THOMAS folgendermaßen formuliert: „Du solltest Deine Theorie ändern, etwa zwanzig Prozent jedes Jahr, so daß du alle fünf Jahre ganz anders denkst" (THOMAS, 1998, S. 57). Deshalb bleibt diese Beschreibung einfach eine Momentaufnahme zum Zeitpunkt des Schreibens (Herbst 1998) – und könnte sich, wenn Sie sie lesen, schon wieder ein Stück verändert haben. Dennoch bin ich heute überzeugter denn je, daß meine grundlegenden Haltungen und Auffassungen geblieben sind, auch wenn sich einige meiner Techniken und Handlungen sehr verändert haben – „derselbe bleiben, indem ich ein anderer werde" oder, wie das alte französische Sprichwort formuliert: „Plus ça change, plus c'est la même chose".

Zeit und ... Raum

Ich habe versucht, deutlich zu machen, daß diese Art der Arbeit (Therapie), nenne ich sie lösungs- oder ressourcenorientiert, eher etwas mit dem Umsetzen und Verwirklichen von Haltungen als mit dem Anwenden von Techniken zu tun hat – auch wenn sich jede Haltung immer nur mithilfe und durch bestimmte Vorgehensweisen und Techniken realisiert.

Dieser Ansatz orientiert sich an *Möglichkeiten*, die in der *Zukunft* liegen und sich in der Gegenwart und Vergangenheit erkennen lassen (z.B. Ausnahmen, Wunder). Das könnte leicht die Idee hervorrufen, daß sich Veränderungen *in* der Therapie, *während* der Therapiesitzung abspielen – welch' machtvoller Einfluß der TherapeutIn!

Ich denke – und da finde ich mich in Übereinstimmung mit Theorie und Forschung -, daß sich Veränderungen außerhalb der Therapiesitzung abspielen, daß die Sitzung selber höchstens einen kleinen Anstoß geben kann – wenn überhaupt. Unter der treffenden Bezeichnung *Psychotherapie im Lebenskontext* hat MÄRTENS (1997) einmal bildlich dargestellt, wie gering der Zeitanteil der Therapie im Leben der KundIn ist. Das sollte ein wenig zur Bescheidenheit Anlaß geben. Therapeutische Veränderungen treten – wenn überhaupt – *außerhalb* der Therapie auf: nicht das Therapiezimmer ist der Ort für Veränderungen, sondern der Lebenskontext der KundIn! „Ein lösungsorientierter Helfer", so SUNDMAN (1998, S. 160), „leitet den Veränderungs**prozeß**, aber nicht den Inhalt."

MILLER, DUNCAN und HUBBLE (1998) ergänzen diesen Aspekt, indem sie feststellen, daß der größte Einflußfaktor für therapeutische Änderungen KundInnen und ihre Umgebung betrifft: „Forschungsliteratur macht es unmißverständlich klar, daß *die KlientIn tatsächlich der stärkste Einzelfaktor für das Ergebnis der Psychotherapie ist*" (S. 25). Der Beitrag der KundIn gehört zur Kategorie der extratherapeutischen Faktoren. „Diese Faktoren tragen schätzungsweise den *größten* Teil zur Verbesserung bei, der in jeder Behandlung auftritt, eine Riesensumme von 40%" (S. 26).

Mir ist wichtig, diesen Aspekt der Arbeit noch einmal zu betonen, um der Idee entgegenzutreten, daß TherapeutInnen gewissermaßen die Macht und die Kontrolle hätten, KundInnen während der kurzen Zeit der therapeutischen Begegnung zu verändern.[16] Als TherapeutIn können Sie *beeinflussen*, denn so, wie wir nicht *nicht* kommunizieren können, so können wir auch nicht *nicht* beeinflussen. Aber wir können *nicht* zielgerichtet beeinflussen – wir können anregen und vielleicht ein wenig dazu beitragen, daß die KundIn ihr Leben außerhalb der Therapie *anders* organisiert. TherapeutInnen sollten sich deshalb hüten – so einer meiner Imperative -, sich zu *Kolonialherren* aufzuschwingen und Gebiete (Menschen) zu erobern. Der *Kolonialismus der helfenden Berufe* (HOFFMAN,

---

[16] MOLNAR und LINDQUIST (1990) machen darauf aufmerksam, daß, wenn Sie etwas ändern wollen, Sie selber etwas ändern müssen – denn, wenn überhaupt, sind Sie selber die einzige Person auf die Sie (ein wenig) Einfluß nehmen können. Und in einem (Öko-) System zieht jede Änderung weitere Änderungen nach sich.

1996, S. 135ff) scheint nämlich immer noch nicht ausgestorben[17] und Phantasien von Macht und Kontrolle füllen immer noch – oder immer wieder – Fachpublikationen.

KundInnen ändern sich – manche mit und manche ohne therapeutische Unterstützung. Wir als Fachleute können dazu beitragen, den Kontext für Änderungen zu gestalten, Rahmenbedingungen mit zu beeinflussen, die förderlich sein können – und das ist es dann auch schon. In meinen Augen ist das eine ganze Menge – denn so gesehen vermittelt Therapie m.E. Respektieren, Wertschätzen und die Bereitschaft, das Anderssein der KundIn ernstzunehmen. Und das könnte schon ein erster (kleiner) Schritt sein.

Ich möchte auch diesen Aspekt mit der Geschichte einer KundIn veranschaulichen. Es ging bei der Zusammenarbeit um Auseinandersetzungen zwischen Mutter und ältestestem Sohn, damals 14 Jahre. Die Mutter befürchtete, daß der Sohn seinem Vater (mit dem sie nicht mehr zusammenlebte) nachkommen könnte. Konkret hatte sie Angst vor seinem Schulversagen, daß er Drogen nehmen könnte – und das war auch Anlaß der Arbeit, die sich in etwa 20 Sitzungen über zwei Jahre erstreckte. Die Mutter lebte mit ihrem Freund, mit dem sie zwei gemeinsame Kinder hatte, und dem Ältesten, Bernd, zusammen. Sie antwortete auf meine Anfrage folgendermaßen:

> Ich hoffe, dass ich die Frage(n) Ihres Briefes noch so rechtzeitig beantworte, dass Sie sie für Ihren Artikel verwerten können. Ich habe Ihren Brief natürlich auch Bernd gezeigt und ihn befragt, aber er meinte nur: „Das war okay, manchmal etwas merkwürdig, aber im großen und ganzen OK." Mehr war ihm nicht zu entlocken. „Mama, du kannst Herrn Hargens gerne antworten, find ich gut, aber ich hab' dazu nichts weiter zu sagen. Grüß' Herrn Hargens schön..." Mama „kochte", denn ich fand, er hätte ruhig auch ein paar Worte aus seiner Sicht schreiben können, jedoch das Kind blieb hartnäckig, unterteilte das Ganze in „meine Sache" und „deine Sache" und Schluss. „Mama, nerv' mich nicht!"... Das allein war schon ein Lernprozess für mich, dass ich begriff: „Es ist wirklich seine Sache!" und ihn auch, ohne böse und nachtragend zu sein, einfach zu lassen. So wie diesen Lernprozeß gab es während unserer gesamten gemeinsamen Zeit viele kleine und größere *bewußte* Lernprozesse. Da Lernprozesse ja immer unbekann-

---

[17] Fast hätte ich den Begriff „ausgerottet" gewählt, aber er würde zu viele kriegerisch-kämpferisch-machtvolle Assoziationen beinhalten.

tes Terrain beinhalten, war es durchaus beruhigend für mich, stets die Sicherheit zu haben, dass da Menschen kommen, die ich fragen oder um Hilfe bitten könnte. Zu den allerwichtigsten Dingen gehört für mich die Tatsache, mit Bernd eine regelmäßige Verabredung zu haben, gemeinsame Zeit für ein Gespräch (Austausch) zu haben, für die wir uns bewußt „gemeinsam" entschieden haben. (Fußnote mit Sternchen: Sonst haben wir meistens nur gestritten, uns auf allgem. Gebiet bewegt oder gestritten.) Das bedeutete für mich stets auch die Sicherheit, Dinge ansprechen und klären zu können/dürfen, an die ich mich sonst nicht „herangewagt" hätte, weil ich Angst hatte, dass ohne Begleitung das Thema gleich wieder eskaliert bzw. in der ewig alten Rille verläuft. Ich aber wusste: „Da kommen zwei, die sind *unparteiisch* (superwichtig!!!) und die helfen uns (mir) zu übersetzen, aus neuer Perspektive zu betrachten, ins rechte Licht zu rücken, 'mal mir oder auch Bernd zur Seite zu stehen. Das war eigentlich genau so wichtig wie die Unparteilichkeit, das Wissen, dass mir zur Not auch 'mal jemand zur Seite steht, bzw. dass Bernd zur Seite gestanden wird, wenn ich zu „dickschädelig" bin.

Um das Wichtigste noch 'mal kurz zu sagen:

- gemeinsame Verabredungen

- Klärungen im Beisein von Unparteiischen

- das Erleben, ich/bzw. Bernd werden, wenn nötig, unterstützt

- uns werden neue Möglichkeiten gezeigt, miteinander umzugehen. Diese können wir ausprobieren, es erfolgt ein Austausch darüber.

- Wir erlebten durch das laute, manchmal auch kontroverse Aussprechen Ihrer Ideen und Gedanken, wie vielfältig und unterschiedlich Blickwinkel und Standpunkte sein können (auch wir könnten üben, von verschiedenen Standpunkten aus zu erleben und zu argumentieren.

Ist das Nichts ?!

An dieser Stelle noch einmal herzlichen Dank für Ihre engagierte zuverlässige Arbeit mit uns.

Ich bitte Fehler zu verzeihen, denn ich lese nicht noch 'mal nach (vielleicht landet der Brief sonst nicht bei der Post).

Herzliche Grüße sendet

Damit habe ich in etwa umrissen, was sich für mich im Laufe meines lösungsorientierten Arbeitens verschoben hat – ich spreche heute ganz einfach lieber von *ressourcenorientiertem Arbeiten:* und die ist so lang wie nötig, aber nicht länger als nötig, orientiert an den Zielen und Aufträgen, die mit der KundIn ausgehandelt werden.

Oder, um einen mir wichtigen Aspekt noch einmal herauszuheben: „Zur Bewältigung des Lebens gehören allerdings auch Zeiten des Leidens. Von daher kann es schlechterdings nicht Ziel einer Therapie sein, einen Zustand der Leidensfreiheit, also ständiges Wohlbefinden zu schaffen" (MÄRTENS, 1997, S. 29).

Und – wirkt es?

Egal, wie gut eine jede ihren therapeutischen Ansatz auch beschreibt, die Frage kommt unausweichlich: „Und – wirkt er auch?" Lese ich Artikel über therapeutische Ansätze, so wird diese Frage meist zurückgestellt, ausgeklammert oder zugunsten der Beschreibung gekonnter Interventionen übergangen. Auch in meinem Beitrag ist bisher nicht die Rede davon gewesen – aus verschiedenen Gründen. Einer der wichtigsten ist für mich die Frage, was gemeint ist, wenn die Frage gestellt wird. Was heißt „wirken"? Wirksam, effektiv, effizient? Das wären nämlich drei sehr unterschiedliche und nicht unbedingt vergleichbare Aspekte der Folgen von Therapien. In Anlehnung an veröffentlichte Arbeiten faßt LOTH (1998, S. 177f) dies folgendermaßen zusammen:

Wirkstudien (efficiacy studies) fragen: „Haben sich Verfahren *in kontrollierten Laborstudien* als **wirksam** erwiesen?"

Wirksamkeitsstudien (effectiveness studies) fragen: „Haben sich Verfahren *im Praxisalltag* als **hilfreich** bewährt?"

Effizienzstudien (efficiency studies) fragen: „Haben sich Verfahren unter den *konkreten institutionellen und gesellschaftlichen Rahmenbedingungen* als **erschwinglich** erwiesen?"

Dabei sollte auch die Frage mit bedacht werden, welcher dieser Aspekte die konkrete Praxis beschreibt und sich dort auswirkt – eine Frage des *Kontextes*. Diese Frage ist insofern von Bedeutung, als z.B. der Alltag niedergelassener PsychotherapeutInnen sich hinsichtlich der Arbeitsbedingungen vom Alltag der in Laborstudien erfaßten Studien unterscheiden dürfte. Soweit mir bekannt, ist bisher beispielsweise keine einzige Studie veröffentlicht worden, die untersucht, welche Auswirkungen die

Struktur der psychotherapeutischen Arbeit auf die Arbeit und deren Ergebnisse hat – konkret: wie wirkt es sich auf die Qualität der Psychotherapie aus, wenn die Versorgungsstruktur so organisiert wird, daß die PsychotherapeutIn praktisch ununterbrochen und Tag für Tag psychotherapeutisch arbeiten muß[18].

Daß so wenig Daten zur Wirksamkeit der psychotherapeutischen Alltagspraxis vorliegen, hat m.E. einen ziemlich profanen Grund: wenn Sie in Ihrer Praxis Nachuntersuchungen durchführen, brauchen Sie dafür Zeit und das Ganze kostet auch Geld. Und für beides erhalten Sie von keiner Seite aus eine Vergütung – es wäre daher geradezu kontraproduktiv, solche Nachuntersuchungen anzustellen (HARGENS, 1997a, S. 192ff).

Lösungsorientierte Kurztherapie versteht sich als kundInnen-orientiert – also sollten Fragen der Wirksamkeit auch von den KundInnen beantwortet werden, doch ist deren Stimme in der Diskussion kaum zu hören, die Rede ist sogar vom „Schweigen der KlientInnen in der therapeutischen Literatur" (CONRAN & LOVE, 1993, S.1, HARGENS, 1994a, S. 41f). Inzwischen liegen einige Befragungen von KundInnen vor, die die Wirksamkeit kurztherapeutischer Therapie auch quantitativ zeigen (BURR, 1993; DE JONG & BERG, 1998; HANSEN-MAGNUSSON et. al., 1998, MACDONALD, 1998).

Und es zeigen sich sehr deutlich die Unterschiede zur traditionellen Forschung – Kurztherapie kann es in diesem Paradigma offenbar nicht als erfolgreichen Ansatz geben. Die wohl am häufigsten zitierte Übersichtsarbeit von GRAWE (et al., 1994, S. 59) etwa schließt alle Forschungen aus, in denen die Behandlungsdauer weniger als vier Sitzungen betrug[19].

Deshalb begrüße ich grundsätzlich, wenn KundInnen gleichberechtigter einbezogen werden – nicht nur in den therapeutischen Prozeß, sondern auch in dessen Bewertung hinsichtlich des Erfolges. DE JONG und BERG (1998) geben ein Beispiel, mit welchem Aufwand auch Zahlen anders zu erheben sind.

---

[18] SELIGMAN (1995) hat dazu weiteres anschauliches Material bereitgestellt.

[19] Ich erinnere an das anfangs vorgestellte Konzept von EFRAN (et al., 1992), daß es sich immer um Entscheidungen handelt und den damit zusammenhängenden Konsequenzen. SCHNEIDER (1996) hat sich damit auseinandergesetzt, was es bedeuten könnte, an Zahlen der empirischen Forschung zu glauben und ich selber (HARGENS, 1994b) habe mir meine Gedanken dazu gemacht, was empirische Forschung möglicherweise alles nicht erfaßt.

Deshalb möchte ich diesen Beitrag auch mit den Worten einer KundIn beenden, die sich zur Arbeit, die sie, ihr Sohn und ich gemeinsam praktiziert haben, äußert:

„..:.Nun liegen unsere Besuche schon einige Zeit zurück und das reduziert die Erinnerung.

Tatsache ist, daß Frank jeden Tag sehr übel war, als wir zu Ihnen gekommen sind, und daß diese Übelkeit bei Beendigung der Therapie nur noch ab und zu mal aufgetreten ist.

Ich kann mich auch noch gut daran erinnern, wie Frank sich anfangs gegen die Besuche gesperrt hatte, und nur unter der Bedingung mitkam, daß er nichts zu sagen brauchte.

Sein anfängliches Herumirren im Zimmer legte sich auch, so daß er letztendlich mit uns am Tisch sitzen und mit uns sprechen konnte und nichts mehr gegen die Besuche einzuwenden hatte. Sein Vertrauen in Ihre Person ging so weit, daß er Ihnen unbedingt von der Klassenfahrt eine Postkarte schicken wollte.

Ich denke, folgendes war für ihn wichtig:

von einer männlichen Person ernst genommen zu werden.

außer mit seiner Mutter mit einer weiteren, außenstehenden Person über seine Konflikte mit seinem Vater zu sprechen.

Verständnis und nicht Ablehnung erfahren zu haben, als er seine Wut und Enttäuschung zeigte.

Zu Hause zeigte sich die Verarbeitung seines Konfliktes erstmal so, daß er seinen Vater mit den schlimmsten Schimpfwörtern bedachte.

Als sein Vater sich dann aber gegen Ende der Therapie wieder meldete, freute Frank sich natürlich doch, denn er braucht die Liebe seines Vaters als Bestätigung seiner Person, auch wenn es eine „bittere" Liebe ist.

Die Erfahrung, daß seine Gefühle verständlich und gerechtfertigt waren, konnte Frank durch die Therapie an einer außenstehenden Person machen. Das hat ihm mehr Selbstvertrauen gegeben.

Bei der nächsten Enttäuschung, die sein Vater ihm im Dezember 1997 bescherte, konnte Frank seine Gefühle gleich rauslassen. Und er hat sich getraut, seinem Vater gegenüber sein Mißfallen zu äußern.

Er wollte seinen Vater nicht mehr sehen, aber jetzt, ein halbes Jahr weiter, ist er wieder bereit in Kontakt zu treten.

Ende offen.

Die Therapie war ein unspektakuläres, ruhiges Arbeiten, bei dem Sie Frank soweit geöffnet haben, daß er über seine Gefühle sprach, was bei ihm nicht unbedingt einfach ist. Er neigt dazu, unangenehme Gefühle eher zu verdrängen, als darüber zu sprechen.

Erstaunlich fand ich, daß uns allen dreien das Ende der Therapie zur gleichen Zeit bewußt war.

Ich hoffe, mein Brief ist Ihnen behilflich und wünsche Ihnen viel Erfolg."

Literatur

ANDERSEN, Tom (1990). Das Reflektierende Team. Dialoge und Dialoge über die Dialoge. Dortmund: verlag modernes lernen.

ANDERSON, Harlene (1997). Conversation, Language, and Possibilities: A Postmodern Approach to Therapy. New York: Basic, dtsch Das therapeutische Gespräch. Der gleichberechtigte Dialog als Perspektive der Veränderung. Stuttgart: Klett-Cotta, 1999.

ANDERSON, Harlene & GOOLISHIAN, Harold S. (1990). Menschliche Systeme als sprachliche Systeme. Familiendynamik 15: 221-243.

BERG, Insoo K. (1992). Familien-Zusammenhalt(en). Ein kurz-therapeutisches und lösungs-orientiertes Arbeitsbuch. Dortmund: verlag modernes lernen.

BRUNER, Jerome S. (1986). Actual Minds, Possible Worlds. Cambridge, MA: Harvard University Press.

BURR, Wolfgang (1993). Evaluation der Anwendung lösungsorientierter Kurztherapie in einer kinder- und jugendpsychiatrischen Praxis. Familiendynamik 18(1): 11-21.

CONRAN, Tom & LOVE, Joyce (1993). Client voices: Unspeakable theories and unknowable experiences. J.S.T. 12 (Summer): 1-19.

DEJONG, Peter & BERG, Insoo K. (1998). Lösungen (er-)finden. Das Werkstattbuch zur lösungsorientierten Kurztherapie. Dortmund: verlag modernes lernen.

DE SHAZER, Steve (1996) „...Worte waren ursprünglich Zauber" Lösungsorientierte Therapie in Theorie und Praxis. Dortmund: verlag modernes lernen.

EFRAN, Jay S., LUKENS, Michael D. & LUKENS, Robert J. (1992) Sprache, Struktur und Wandel. Bedeutungsrahmen in der Psychotherapie. Dortmund: verlag modernes lernen.

GERGEN, Kenneth J. (1991). The Saturated Self: Dilemmas of Identity in Contemporary Life. New York: Basic .

GRAWE, Klaus, DONATI, Ruth & BERNAUER, Friederike (1994). Psychotherapie im Wandel. Von der Konfession zur Profession. Göttingen-Bern-Toronto-Seattle: Hogrefe.

HANSEN-MAGNUSSON, Bengta, HANSEN-MAGNUSSON, Ernst & HARGENS, Jürgen (1998). Konsultation – anders? Ein Projekt fallspezifischer Ressourcennutzung im Gesundheitswesen. systhema 2: 177- 180; System Familie 11(2):93-94; Kontext 29(1): 61-63.

HARGENS, Jürgen (1993). Haus und Wohnung der KundIn – Spielfeld oder Feindesland? Z.system.Ther, 11(1): 14-20.

HARGENS, Jürgen (1994a). AutorInnen erfinden multiple Geschichten und nicht nur eine. systhema, 8(3): 41-48 .

HARGENS, Jürgen (1994b). Psychotherapie wirkt – aber was erfasst empirische Psychotherapieforschung (nicht)? report psychologie 19(10): 12-16.

HARGENS, Jürgen (1995). Kurztherapie und Lösungen – Kundigkeit und Respektieren. Familiendynamik, 20(1): 32-43.

HARGENS, Jürgen (1996). Kundigkeit und Respekt(ieren). Kreatives Fragen in freier Praxis In: VON SCHLIPPE, Arist & Jürgen KRIZ (eds). Kontexte für Veränderungen schaffen. Systemische Perspektiven in der Praxis. Osnabrück: Forschungsbericht aus dem Fachbereich Psychologie.

HARGENS, Jürgen (1997a). Wirkfaktoren systemischer Familientherapie. Psychologie in Österreich 17 (5): 184-195.

HARGENS, Jürgen (1997b). Respecting relationships. J.S.T 16(2): 173-180.

HARGENS, Jürgen (1998). Lösungen im Fokus und Ressourcen im Geist: (Lösungsorientierte Kurz-) Therapie als experimentelles Setting. In: EBERLING, Wolfgang & VOGT-HILLMANN, Manfred (eds) Kurzgefaßt. Zum Stand der lösungsorientierten Praxis in Europa. Dortmund: borgmann publishing.

HARGENS, Jürgen (1999). Considerations on therapy. Theoretical, theoradical, theorethical?, unveröffentl. Man.

HARGENS, & GRAU, Uwe (1994). Meta-Dialogue. Contemporary Family Therapy 16(6): 451-462.

HARGENS, Jürgen & GRAU, Uwe (1996). Sprache: Sprechen, versprechen, versprochen. Theoretische Anmerkungen zur lösungsorientierten Kurztherapie. In:

EBERLING, Wolfgang & HARGENS, Jürgen (eds). Einfach kurz und gut. Zur Praxis der lösungsorientierten Kurztherapie. Dortmund: borgmann publishing.

HARGENS, Jürgen & VON SCHLIPPE, Arist (eds) (1998). Das Spiel der Ideen. Reflektierendes Team und systemische Praxis. Dortmund: borgmann publishing.

HOYT, Michael F. (ed) (1994). Constructive Therapies. New York: Guilford .

KEENEY, Bradford P. (1987). Ästhetik des Wandels. Hamburg: ISKO.

LITRELL, John (1998). Brief Counseling in Action. Norton: New York-London.

LOTH, Wolfgang (1998). Auf den Spuren hilfreicher Veränderungen. Das Entwickeln Klinischer Kontrakte. Dortmund: verlag modernes lernen.

MACDONALD, Alasdair J. (1998). Lösungsorientierte Kurzzeittherapie in einer schottischen Psychiatrie: Die Erfahrungen von acht Jahren. In: EBERLING, Wolfgang & VOGT-HILLMANN, Manfred (eds) Kurzgefaßt. Zum Stand der lösungsorientierten Praxis in Europa. Dortmund: borgmann publishing.

MÄRTENS, Michael (1997). Psychotherapie im Kontext. Soziale und kulturelle Koordinaten therapeutischer Prozesse. Heidelberg: Asanger.

METCALF, Linda, THOMAS, Frank N., DUNCAN, Barry L., MILLER, Scott D. & HUBBLE, Mark A. (1996). What works in solution-focused brief therapy: A qualitative analysis of client and therapist perceptions. In: MILLER, Scott D., Mark A. HUBBLE, & Barry L. DUNCAN (eds) Handbook of Solution-Focused Brief Therapy. San Francisco: Jossey-Bass.

MILLER, William R. (1985). Motivation for treatment: A review with special emphasis on alcoholism. Psychological Bulletin 98(1): 84-107.

MILLER, Scott D., Barry L. DUNCAN, & Mark A. HUBBLE (1997). Escape From Babel. Toward a Unifying Language for Psychotherapy Practice. New York-London: Norton.

MITTELMEIER, Cynthia M. & FRIEDMAN, Steven (1993). Toward a mutual understanding: Constructing solutions with families. In: FRIEDMAN, Steven (ed). The New Language of Change. Constructive Collaboration in Psychotherapy. New York: Guilford.

MOLNAR, Alex & LINDQUIST, Barbara (1990). Verhaltensprobleme in der Schule. Lösungsstrategien für die Praxis. Dortmund: borgmann publishing.

O'HANLON, William H. (1993). Possibility therapy. In: GILLIGAN, Stephen G. & PRICE, Reese (eds). Therapeutic Conversations. New York-London: Norton.

O'HANLON, William H. & BEADLE, Sandy (1998). Das wär' was! Ein Wegweiser für das Möglichkeiten-Land. 51 Methoden, kurze und respektvolle Therapie zu praktizieren. Dortmund: borgmann publishing.

SARBIN, Theodore R. (Ed) (1986). Narrative Psychology: The Storied Nature of Human Conduct. New York: Praeger.

SCHNEIDER, Eberhard (1996). Wer bestimmt, was hilft? Über die neue Zahlengläubigkeit in der Therapieforschung. Paderborn: Junfermann.

SELIGMAN, Martin E.P. (1995). The effectiveness of psychotherapy. The consumer reports study. Am. Psychol. 50: 965-974.

SELVINI-PALAZZOLI, Mara, BOSCOLO, Luigi, CECCHIN, Gianfranco, & PRATA, Giuliana (1977). Paradoxon und Gegenparadoxon. Stuttgart: Klett-Cotta.

SUNDMAN, Peter (1998). Die Kehrseite der Lösungsorientierung. In: EBERLING, Wolfgang & VOGT-HILLMANN, Manfred (eds) Kurzgefaßt. Zum Stand der lösungsorientierten Praxis in Europa. Dortmund: borgmann publishing.

WALTER, John L. & PELLER, Jane E. (1994). Lösungs-orientierte Kurztherapie. Ein Lehr- und Lernbuch. Dortmund: verlag modernes lernen.

WATZLAWICK, Paul (ed) (1981). Die erfundene Wirklichkeit. München-Zürich: Piper.

WATZLAWICK, Paul (1983) Anleitung zum Unglücklichsein. München-Zürich: Piper.

WATZLAWICK , Paul, BEAVIN, Janet H. & JACKSON, Don D. (1993[8]). Menschliche Kommunikation. Bern-Stuttgart-Toronto: Huber.

Alles im Wunderland?

– Notizen von unterwegs –

Wolfgang Loth

> *„Das Ende der Problemzonen"*
> Aus der Werbung für einen Rasierapparat
>
> *„Let's do things better!"*
> Aus der gleichen Werbung für den Rasierapparat
>
> *„Hochnebelartige Bewölkung"*
> Aus einem Wetterbericht

Es hat sich was getan

In einem Buch mit dem Titel „Einfach, kurz und gut" eher vorsichtig über Lösungsorientierte Kurztherapie nachzudenken, mag verwundern. Aber gerade weil sich mit dem Namen, den sich das Verfahren gemacht hat, so gut Werbung machen läßt, gerade weil es so gut in die gesellschaftlich-ökonomische Landschaft paßt, gerade deshalb möchte ich den nachdenklichen Teil nicht denen überlassen, die auch den *Prämissen* Lösungsorientierter Kurztherapie nichts abzugewinnen vermögen.

So gesehen: Was hat sich denn getan? Lösungsorientierte Kurztherapie ist offensichtlich gesellschaftsfähig geworden. Sie hat sich einen Namen gemacht als ein Verfahren, mit dem in kurzer Zeit zu gelingen scheint, wozu andere erheblich mehr Aufwand betreiben müssen. So angenehm sich dieses Image auch auswirken mag, es kehrt wahrscheinlich den Umstand unter den Teppich, daß ihm eben <u>nicht</u> das gelingt, wozu andere viel mehr Aufwand betreiben müssen. Es gelingt ihm etwas anderes! Und dieses andere ist letztlich nicht billiger zu haben als das Herkömmliche. Aber vieles spricht dafür, daß die Folgekosten geringer sind.

„Einfach ist nicht leicht", bringt es Steve DE SHAZER (1996b) auf den Punkt. Und auch im Wunderland geht nicht alles „wie von selbst". Erst recht bedeutet Wunderland kein topographisches Ziel, in dem sich bis zum seligen Ende ausharren ließe. Wunderland liegt unterwegs, und sein Kennzeichen sind nicht Wunder sondern Wundern.

Was habe ich damit zu tun?

Es hat etwas gedauert, bis mir die Radikalität deutlich wurde, mit der DE SHAZER und KollegInnen vom BFTC auf Lösungen setzten und entsprechende Konzepte ausbauten[1]. Die Begriffe *Problemlösen* und *Lösungsorientierung* hatte ich offensichtlich nur vordergründig unterschieden, obwohl mir das Instrumentarium des Lösungen-Bauens als eigenständiger Ansatz immer vertrauter wurde. Im nachhinein scheint mir, als könnte ich das als ein Assimilieren lösungsorientiert-postmoderner Begrifflichkeiten in eine strukturalistisch abgefederte, interessierte und neugierige Problemlösungsmentalität beschreiben. Vielleicht machte es mir das etwas schwierig, mit DE SHAZER ins Gespräch zu kommen, wenn ich ihn auf verschiedenen Workshops bei der Arbeit sah und in Pausen Möglichkeiten dazu bestanden. Ich glaube, ich hatte ihn zu dieser Zeit mehr anerkannt als begriffen. Ich hatte nicht begriffen, daß diese Art, seine Arbeit verstehen zu wollen, nur – bestenfalls und im guten Sinne – produktives Mißverstehen nach sich ziehen könne. Theoretisch schien mir das mittlerweile ziemlich klar, und ich hatte die entsprechenden Passagen in seinen Schriften selbst oft genug zitiert[2]. Praktisch blieb ich jedoch auf Lösungen als die interessanteren *Inhalte* fixiert: Probleme als strukturelles Merkmal einer Ausgangslage und Lösungen als strukturelles Merkmal eines Ergebnisses, sozusagen! Mir scheint es folgerichtig, daß ich aus einem solchen Blickwinkel heraus nach so etwas wie einem Bauplan von „richtigen" Lösungen suchte.

DE SHAZERS Demonstrationen seiner Arbeit lösten in mir dann in der Regel ein gelegentlich ärgerliches Suchen nach dem Sinn aus, den seine Art, mit den Leuten zu sprechen, mache. Letztlich kam ich nicht um einen Eindruck herum, ich sei zu beschränkt, um den „Dreh" zu kapieren. Was mich tröstete: In meiner Arbeit mit KlientInnen funktionierte vieles

---

[1] BERG 1992, BERG & DE SHAZER 1993, BERG & MILLER 1993; DE SHAZER 1988, 1989a, b, 1991, 1992, 1996a, 1996b; DE SHAZER & BERG 1997; MILLER 1997, O'HANLON & WEINER-DAVIS 1988; WALTER & PELLER 1992, WEINER-DAVIS et al. 1987.

[2] Beispielsweise „ Derartiges Mißverstehen konstituiert Gespräche, es macht sie im Grunde erst möglich" (1996a, S.74) oder „Vielmehr sind es erst Mißverständnisse, die es ermöglichen, daß Bedeutung zustande kommt, daß etwas einen, wenn auch noch so flüchtigen Sinn bekommt" (1996a, S.45), vgl. auch DE SHAZER 1992, S.86 ff.

von dem, was ich als Instrumentarium gelernt hatte. Es funktionierte bei KlientInnen selbst das, was mir selbst offensichtlich eher schwer fiel: den Blick aus der Lösungs-Scheuklappe zu befreien, um gelöster mit Anforderungen umgehen zu können:

Ein kleines Beispiel für Lösungsfixierung als Problem-Mittel und produktiver Stolperstein für einen Lösungs-Kontext:

Im Verlauf einer Paartherapie-Stunde haben KlientIn und Therapeut sich auf eine kurze Phase geeinigt, in der eine Art Mikro-Coaching für das Aufbauen einer „kooperativen Sequenz" stattfinden soll. Ausgehend von den „drei Regeln der Kooperation"[3] hatte die Ehefrau (F) an ihren Mann (M) gerichtet mit der Aussage begonnen:

F: „Ich möchte mit Dir unbedingt über Dein Verhalten unserer Tochter gegenüber sprechen."

M: (blickt kurz auf seine Frau, bewegt den Kopf ruckartig zurück) „Das ist halt so!"

Frage Th: „Ist das jetzt von Ihnen als ein kooperativer Schritt gedacht?"

M: (lehnt sich zurück) „Ja, das heißt,....ich habe da jetzt auch keine Lösung zu......Das muß halt im Moment so bleiben, wie es ist."

Th als Coach: „Heißt das, Sie denken sofort über eine Lösung nach... (M: nickt kurz, etwas irritiert, ernst).... Und wenn Sie erst einmal nur die Frage selbst aufgreifen, einfach nur versuchen, die Frage selbst auf sich wirken zu lassen, ..."

M: „..noch nicht direkt lösen......?!"

Th: „Ja, erst einmal nur einen weiteren kooperativen Schritt, etwa in der Art, daß Sie die Frage gehört haben und sich damit auseinandersetzen...."

---

[3] 1. Beantworte jeden kooperativen Schritt des/der anderen mit einem eigenen kooperativen Schritt.
 2. Beantworte jeden nicht-kooperativen Schritt mit einem eigenen nicht-kooperativen Schritt.
 3. Probier' gelegentlich eine (zufällige) Abwechslung von diesem Muster aus.

M: (lehnt sich zurück, setzt sich aufrecht, schaut seine Frau an) „Ja, das ist ein Thema, das ist mir wohl wichtig, ja, darüber möchte ich mit Dir sprechen."

Herr M hatte sich offensichtlich durch seinen fixen Blick auf Lösungen und durch – wie später deutlich wird – seinen Druck, „sofort eine Lösung parat zu haben", davon abgelenkt, daß er dazu *beitragen* kann, eine Lösung zu entwickeln. Als ich ihm („ganz im Vertrauen") meinen Eindruck „verrate", daß dieses sich Zeit nehmen zum Hinhören und drüber sprechen „manchmal schon die halbe Lösung" ist, lacht Frau F und sagt: „die ganze, manchmal schon die ganze Lösung", was wiederum Herrn M doch etwas irritiert, mit der „halben Lösung, manchmal" kommt er etwas besser zurecht, immerhin möchte er nicht ausschließen, daß man für Lösungen „auch etwas tun muß". In dieser Sequenz konnten KlientIn und Therapeut somit ein Problem-Mittel „Lösungsfixierung" als probaten Stolperstein nutzbar machen, der auf Lösungs-Kontexte verwies, in dem sich inhaltliche Varianten als Lösungen entwickeln können.

> *„Geld oder Leben!"*
> *Räuber mit Nachdruck*

> *„Geld oder Leben?"*
> *Opfer mit Zweifel*

Vom Problem „Problem oder Lösung" zur Lösung „Kontext"

Je mehr sich die ursprünglichen lösungsorientierten Trampelpfade zu ausgebauten Highways entwickelten, desto mehr begann ich, mit Unbehagen eine innere Diskrepanz zu beobachten. Ich begann, mich damit schwer zu tun, mich als lösungsorientierten Kurztherapeuten zu beschreiben.

Im nachhinein vermute ich, daß mein Unbehagen in dem Ausmaß wuchs, in dem mir dämmerte, daß bei aller offensichtlichen Lernbarkeit und scheinbaren Technikaufgeschlossenheit des Verfahrens dessen Prämissen wesentlich anspruchsvoller waren, als es zunächst den Anschein hatte (vgl. SUNDMANN 1998). Dies hatte auch mit den selbstrückbezüglichen Fallstricken der von DE SHAZER vertretenen poststrukturalistischen Positionen zu tun. Es läßt sich halt leichter über „Systeme als Prozeß" reden, als das darüber Gesagte *nicht* als Fakt zu betrachten...

Das Anspruchsvolle lag ebenso in der Herausforderung an die eigene Disziplin. Wenn Peter SUNDMANN schreibt: „Das Balancieren zwischen disziplinierter, zielgerichteter Arbeit und kreativer Problemlösung ist schwer" (1998, S.162), glaube ich zu wissen, wovon er spricht. Umso schwerer wiegt dann wiederum die Mahnung von Insoo Kim BERG: „Der wichtige Bestandteil an Selbstdisziplin ist, Deine eigene Agenda nicht den KlientInnen überzustülpen" (in: SHORT, 1997, S.18, Übers. W.L.). Und dann, als Resümee und Warnung zugleich: „Es ist keine glanzvolle Arbeit" (SUNDMANN 1998, S.164).

Das Anspruchsvolle lag allerdings auch in der eigenen Vertrautheit mit Problemen als gelegentlich verläßliche Begleiter im Alltag („im richtigen Leben"...). Zugespitzte Frage: Konnte ich lösungsorientiert arbeiten, wenn ich weiterhin auch an die Macht von Problemen glaubte? Oder wenn ich ihnen im Privatleben mehr Raum gab als in der Arbeit? Es geht hier wohl um die Frage der Authentizität: Wie sehr hätte ich mich als Person, mein Leben, in Einklang zu bringen mit Perspektiven, die sich mir beruflich im Umgang mit KlientInnen als nützlich erweisen? Immerhin: in der Flut der Literatur zum Thema beeindruckte mich beispielsweise ein Text wie der von Yvonne DOLAN (1997) über ein selbstverordnetes Gewichtreduktionsprogramm stets erheblich mehr als DE SHAZERS sprachphilosophische Untersuchungen[4]. Selten horche ich so auf, wie wenn Therese STEINER (1998) schreibt: „Meines Erachtens ist es nicht möglich, im Beruf lösungsorientiert zu arbeiten und zugleich in der eigenen Familie oder in der Freizeit einem anderen Denkansatz verpflichtet zu sein. Das ist ein 'point-of-no-return'" (1998, S.118).

Mag sein, daß solcherlei Skrupel vielleicht lustig wirken oder peinlich, je nachdem. Forschungsergebnisse geben jedoch gewichtige Hinweise darauf, daß manches davon als kritische Variable im Arbeitsalltag eine Rolle spielen könnte: Die Untersuchung von BACHELOR (1991)[5] zum Thema *Umgang mit Therapieabschlüssen* hat es jedenfalls in sich. BACHELOR fragte sowohl KlientInnen als auch TherapeutInnen einer Reihe von erfolgreich abgeschlossenen Arbeiten unter anderem nach deren jeweiliger Vorstellung davon, wie die Arbeit beendet worden sei. Die TherapeutInnen tendierten zu der Auffassung, daß die Entscheidung über die Beendigung in beiderseitigem Einverständnis geschehen war. Demgegenüber berichteten die meisten KlientInnen, sie hätten das Ende als eine einseitige Vorgabe der TherapeutInnen erlebt. Linda METCALF und KollegInnen, die dieses Ergebnis in ihrem Beitrag zum *Handbook of*

---

[4] wie etwa die im gleichen Heft der *Contemporary Family Therapy* : DE SHAZER 1997.

[5] zit. nach METCALF et al. 1996

Solution-Focused Brief Therapy zitieren, ziehen in Erwägung: „Es kann darüber spekuliert werden, daß Ängste der TherapeutInnen über die Länge der Therapie dazu beigetragen haben, die Zustimmung der KlientInnen zum Abschließen der Arbeit in dieser Weise mißzuverstehen" (1996, S.343, Übers. W.L.).

> *„Just because I am solution focused*
> *does not mean, that I'm problem phobic."*
> Insoo Kim BERG *(in* SHORT *1997, S.18)*

Probleme als Bindeglied

„Probleme" im Kontext Lösungsorientierter Kurztherapie mit spitzen Fingern anzufassen und sie zu meiden wie der Teufel das Weihwasser, dürfte ein wenig hilfreiches Mißverständnis sein. Sprachlich eingängig hat bereits LUDEWIG (1988) Probleme als „Bindeglied klinischer Systeme" bezeichnet. Mir scheint es wichtig und weiterführend zu sein, den Stellenwert von „Problemen" im Rahmen lösungsorientierter Kurztherapie nüchtern abzuklopfen und auf seine hilfreichen Facetten hin zu untersuchen (HARGENS 1995, 1998). DE SHAZER selbst ebnet den Weg: „Natürlich ist nicht jedes Gespräch über Probleme problematisch. Manchmal ist es äußerst nützlich. Wenn eine Klientin z.B. noch nie mit irgendjemandem über ihr Problem gesprochen hat, dann bedeutet es, daß sie etwas anderes macht als bisher, wenn sie über das Problem spricht" (1996a, S.100).

DE SHAZER scheint jedoch grundsätzlich davon auszugehen, bei allem gelegentlichen Nutzen des Thematisierens von Problemen sei es hilfreicher, Lösungs-Bypässe zu legen, Problembeschreibungen zwar zur Kenntnis zu nehmen, aber nicht aktiv deren Intensität oder Ausmaß zu forcieren (vgl. KAIMER 1998). Dem widerspricht J. Scott FRASER, der die Notwendigkeit unterstreicht, „Problem" als Kontext für „Lösung" ernstzunehmen (1995, 1996, 1997). Am Beispiel der Geschichte des japanischen Fischers (DE SHAZER 1992) dekliniert er mögliches dramatisches und tragisches Mißlingen, wenn Lösungsideen nicht kritisch gegenüber dem Kontext reflektiert werden, in dem sie eine Rolle spielen sollen, unter anderem und nicht zuletzt im Kontext dessen, was als Problem gilt.

Aber auch hier: DE SHAZER beschreibt im Grunde nichts anderes, wenn er als Lösung definiert: „ein gemeinsames Produkt von TherapeutIn und Klient, die miteinander darüber sprechen, was das Problem/die Beschwerde nicht ist." (1996a, S.76). Es geht, wenn ich das recht (miß)-verstehe, eben nicht um ein ausschließendes: Wer sich auf Lösungen konzentriert, darf Probleme keines Blickes würdigen. Im Gegenteil: Wer sich auf Lösungen konzentriert, wird ohne ernsthaftes Würdigen – und das heißt auch: ohne Mitwirkung des „Problems" – nicht viel weiter kommen. SCHMIDT (1997) mahnt ausdrücklich "Wertschätzung für das bisherige Problemerleben auf seiten des Klienten" an (S.89). KlientInnen müssen ein Gefühl dafür bekommen, daß sie nicht nur etwas anderes tun, sondern daß dieses „andere" auch sinnvoll in ihr Leben paßt, in ein Leben, in dem eben auch Probleme vorkommen. Es geht nicht darum, „clean" zu werden, sondern darum, die Lebensmöglichkeiten und den Blick zu weiten. Der Transfer in den Alltag ist dann keine zusätzlich herausfordernde Aufgabe oder gar eine Schwierigkeit (vgl. SCHMIDT 1997, S.90), sondern eine eher selbst-verständliche Perspektive.

Vom Problem zum Wunder

Auf einem solchen Hintergrund erscheint es in der Tat problemlos möglich, sich über die lösungsrelevanten Ressourcen von Problemen nicht nur zu wundern, sondern sie zu nutzen und auszubauen. Das explizite Stellen der Wunderfrage wurde zu einem der Kennzeichen des BFTC (DE SHAZER 1998, DE SHAZER & BERG 1997), "Wundermethode" (MILLER & BERG 1997) zu einem verkaufsfördernden Begriff. Selbst im neuen GRAWE (1998) findet die Wunderfrage – im Unterschied zu fast allen anderen Äußerungsformen lösungsorientierten Vorgehens – Erwähnung, wenn auch eingegrenzt „als Massnahme zur Steigerung der Wünschbarkeit" (S.62). Wichtiger erscheint mir, daß der Begriff des Wunders tatsächlich nahe am Erleben von KlientInnen wirkt. Inmitten des erlebten Übels ist der Gedanke an ein Wunder, der Wunsch danach, eine zwar oft bereits selbst relativierte, aber dennoch nahe Vorstellung. "Wunder!? Gibt's nicht... (für mich)... (aber wenn doch...) (schön wär's doch...) vielleicht (vielleicht schon besser als vielschwer...)...".

Das heißt für mich: selbst wenn ich die häufig zitierten Worte benutze, wie die "Wunderfrage" zu formulieren ist, stelle ich *nicht* die "Wunder"-Frage. Ich beziehe mich auf die KlientInnen und wie sie sich von dieser und ähnlichen Fragen anregen lassen, ihre Möglichkeiten (vielleicht neu oder einfach: wieder entdeckt) ins Spiel zu bringen. KlientInnen zeigen sich dann oft erstaunt, sie *wundern* sich. Insofern arbeite ich auch *nicht* mit der Wunderfrage (Singular), sondern mit *Verwunder-Fragen* (*Plural*).

Von Wunder zu Wunder

Frau A hatte bei der Anmeldung bei einem Kollegen eine ganze Reihe von Sorgen und Problemen geschildert: ihr Sohn, 11 Jahre alt, verweigere die Mitarbeit in der Schule, schwänze sie oft, er verhalte sich jähzornig gegenüber anderen Kindern, auch gegenüber seinem Bruder, er wirke verschlossen und verhalte sich manchmal wie ein kleines Kind.

Frau A ist vom Vater ihrer beiden Kinder geschieden. Sie arbeitet als Verkäuferin in einem Betrieb. Sie wünscht sich, daß ihr Sohn mehr Kontakt zu seinem Vater haben könnte, aber der sei so unzuverlässig, das mache alles nur noch schwerer.

Der Kollege hatte mit Frau A vereinbart, daß sie sich bis zum nächstmöglichen ausführlichen Gespräch Zeit dafür nehme, sich ihre Ziele noch klarer vorzustellen und in der Zwischenzeit auf Ausnahmen vom Beklagten zu achten. Außerdem hatte er mit ihr klar vorstrukturiert, wie sie sich in den nächsten Tagen gegenüber ihrem Sohn verhalten könne, so daß er von ihr klare Anweisungen hören könne, deren Befolgen sie auch überprüfe.

Das nächste Gespräch hat Frau A bei mir. Sie wirkt auf den ersten Blick groß und kräftig, ihr Gesicht verrät jedoch deutliche Spuren schmerzhafter und anstrengender Erfahrungen. Was hat sich seit dem ersten Kontakt zu uns verändert? Ja, das sei in der ersten Woche richtig gut gelaufen. Der Sohn habe sich passabel verhalten, auch sein Vater, wenn es zum Gespräch kam. Die detaillierten Beschreibungen der Erfahrungen dieser Woche „klingen wie ein Wunder, wie?", Ja, wie ein Wunder, sagt Frau A. Sie hat „einfach das getan", was der Kollege mit ihr erarbeitet hat, klar, eindeutig und kraftvoll gesagt, wo's langgeht. Und der Sohn hat erstmal geguckt, und dann sich daran gehalten, der Vater ebenso.

Ja, nur leider, jetzt ist das nicht mehr so, danach habe sich ihr Sohn ganz stur gestellt. Jetzt mache er gar nichts mehr. Ist alles so wie vorher? Nein, nicht ganz, der andere Sohn, der vorher Schwierigkeiten machte, der hat sich bis jetzt an die Veränderung gehalten. So daß sie sich jetzt auf die anderen konzentrieren kann? Ja, so kann man das sehen, sagt Frau A.

Also, was könnte weiterhelfen? Wie ist das mit dem „ersten Wunder" gewesen? Hat Frau A bei sich selbst in dieser Zeit Veränderungen bemerkt? Es hat ihr gut getan, sie ist aufgelebt. Das heißt, was sie da bei dem ersten Wunder erlebt hat, das könnte eigentlich die Lösung sein. Ja, genau, wenn nur die beiden anderen, der Sohn und sein Vater mitspielten. Ich erfahre, daß der Auslöser für diesen „Rückfall" darin bestand, daß Sohn und Vater wieder miteinander „mauschelten", Frau A sich vorstellte, daß das wegen der Unzuverlässigkeit des Vaters wieder „schief gehen" müsse, sie dann wieder der „Prellbock" wäre und sie merkte, wie ihre Kraft schwand, ihre eigene Zuversicht in die Erfolgsaussichten dessen, was sie bis dahin so gut auf den Weg gebracht hatte.

Es bräuchte wohl so was wie ein „zweites Wunder"? Ja, ein zweites Wunder wäre gut. Worin könnte das bestehen. Das scheint erst einmal viel schwieriger als das erste Wunder. Gibt es Ressourcen? Ja gut, der Sohn kommt zwei- bis dreimal die Woche pünktlich, fragt vorher, ob er rausdürfe. Ist das selbstverständlich für die Mutter? Nein, selbstverständlich ist das nicht für sie. Und was hinzukommt, er erzählt ihr abends auch noch, was er erlebt hat. Das, sagt die Mutter, sei alles sehr schön so, sie liebe ihre Kinder sehr.

Darüber kommt sie auf ihre eigene Kindheit zu sprechen: Kinderheim, Prügel vom Vater, jetzt noch gesundheitliche Beeinträchtigungen von einem Treppensturz als Prügelfolge. „Ohne Korsett läuft bei der Arbeit gar nichts", sagt die Mutter.

Es entwickelt sich im Gespräch für mich der Eindruck einer Frau, die ein hartes Leben zu bewältigen hatte und es in für mich beeindruckender Weise gemeistert hat. Sie hat vieles gegen Widerstände aufrechterhalten, durchgehalten, vorangebracht, nicht aufgegeben, teilweise unter Schmerzen ertragen und sich bei aller niederdrückenden äußeren Belastung gut gehalten. Ob sie darauf auch so stolz ist, wie es angebracht sei? Stolz? Nein, kein Gefühl dafür, sagt die Mutter, etwas verwundert.

Schließlich: „Angenommen, Sie würden spüren, wie stolz Sie sein können auf all das, was sie überstanden haben, geleistet, geschafft unter diesen wirklich sehr schwierigen Bedingungen, wie würde das die Situation andern, in der Sie sich bisher als „Prellbock" gefühlt haben? Bisher ging dann die Kraft weg. Wie würde Sie das Gefühl, stolz sein zu können und stolz zu sein, wie würde Sie das stärken, so daß Sie auch dann genauso eindeutig, kraftvoll und konsequent sagen können, wo's lang geht, wie beim „ersten Wunder"?"

Frau A lacht, und sie wirkt, als ob die Idee des Stolz-sein-könnens bereits etwas Raum bekommen hat in ihr. Das mache Sinn, sagt sie, und als ich nach dem frage, was sie in dieser Stunde Neues erfahren habe, da ist es, daß ich den Stolz für möglich gehalten hätte in ihrer Situation.

Sie nimmt eine Anregung mit: täglich 5 Minuten Zeit für sich nehmen, in dieser Zeit nichts anderes tun, als nachzuspüren: Wo ist mein Stolz, wie macht er sich bemerkbar, mein Stolz auf all das, was ich bisher geleistet habe?

Unbesungene Wunder und HeldInnen

Angenommen, es geschieht ein Wunder, und jemand merkt es *nicht*, ist das ein Wunder? Wohl nicht, wenn Wunder als inhaltliche Veränderungen ohne weitere Vernetzung betrachtet werden. So mancher wundervolle Ausblick entpuppte sich sang- und klanglos als Fata Morgana, mit schwererem Kater im Anschluß daran als zuvor.

Wer sich nicht auf die konfessionellen Seiten therapeutischen Tuns beschränkt, sondern auch (und vielleicht besonders) dessen professionelle Seiten bedenkt (vgl. GRAWE et al. 1994), kommt natürlich nicht um die Frage herum, was Wunder fördert, was es braucht, um Wunder als weiterführende Grundlage für nachfolgende gute Schritte zu nutzen, sie hinüberzuführen in alltagswirksame Handlungsmöglichkeiten. „Jeder kann die Wunderfrage stellen. Aber Du mußt wissen, was Du anschließend damit anfängst", mahnen DE SHAZER & BERG (in SHORT 1997, S.18, Übers. W.L.). Es geht darum, das externalisierte Wunder zu internalisieren: als Andockmöglichkeit für etwas, das ich tun kann. Andockmöglichkeit, mich (wieder) als ExpertIn für die Gestaltung meines Lebens zu begreifen.

So gesehen geht es gar nicht um Wunder. Erst recht nicht darum, als besonders geschickter Wunderexperte KlientInnen auf die „bright sides of life" zu drängen oder "blinden Sonnenbank-Optimismus" zu verbreiten (vgl. HESSE 1997b, S.50). Genaugenommen geht es darum, daß TherapeutInnen KlientInnen unverdrossen dabei zur Seite stehen, sich wieder wundern zu lernen. „Sich wundern" heißt dabei in erster Linie: wieder damit vertraut werden, daß es tatsächlich anders kommen kann, so oder so. Entweder, indem sie etwas anderes tun können (oder zulassen) oder indem sie sich darin üben können, etwas anders Geschehendes vielleicht etwas früher zu bemerken als gedacht. Die Aufgabe der TherapeutInnen besteht darin, das unvermeidliche „Schaukeln der Dinge" aufzugreifen und ihm die nötige weitere Aufmerksamkeit zu sichern[6]. Das Schaukeln der Dinge aus der bisherigen Scheuklappe heraus, auf

---

[6] „Vom Schaukeln der Dinge" nannte Mathias GREFFRATH (1984) sein Lesebuch über die *Essais*, d.h. die „Versuche" des Michel DE MONTAIGNE.

neue Ziele hin, diesmal solche, die den KlientInnen überschaubar, handhabbar und sinnvoll erscheinen[7].

Erfahrung, Instrumentarium und beruflicher Kontext der TherapeutInnen helfen dabei mit. Allerdings: Trotz anhaltenden Profilierungsdrucks mehren sich Hinweise darauf, daß das, was die TherapeutInnen an Spezifika ihrer Ausbildung und äußeren Unterscheidungsmerkmalen in die Arbeit einbringen, für deren Ergebnisse weniger relevant sein dürften als eine Reihe von allgemeinen Merkmalen, wie etwa das Gestalten der therapeutischen Beziehung (LAMBERT & BERGIN 1994, LEBOW 1997). Scott MILLER, Barry DUNCAN und Mark HUBBLE verweisen mit Nachdruck auf „vierzig Jahre Psychotherapieforschung", aus denen nicht viel anderes geschlossen werden könne, als daß der Beitrag der KlientInnen selbst zur Veränderung das entscheidende Kriterium sei. KlientInnen seien die „unsung heroes of psychotherapy", die unbesungenen HeldInnen (MILLER et al. 1997, S.34ff.; HUBBLE et al. 1999). Die Autoren bauen ihre Argumentation auf den Untersuchungen von Michael LAMBERT (1992) auf, dessen Ergebnisse sie so zusammenfassen:

- 40% der Varianz von psychotherapeutischen Ergebnissen lassen sich mit „extratherapeutischen Faktoren" erklären (Merkmale der KlientInnen und ihrer Umgebung, inklusive der darin enthaltenen Zufälle und Zufälligkeiten),

- 30 % entfallen auf die Qualität der therapeutischen Beziehung,

- zu je 15% lassen sich therapeutische Techniken einerseits und „Erwartungen, Hoffnung, Placebos" andererseits als ergebnisrelevant beschreiben.

Auch wenn dieses Bild die Bedeutsamkeit therapeutischer Techniken relativiert, der *persönliche* Beitrag der TherapeutInnen bleibt unbestritten: therapeutische Beziehung geht nicht ohne sie. Und die 40% extratherapeutische Faktoren als Quelle therapeutischer Veränderung zu würdigen und weiter zu fördern, ist auch ihre Aufgabe! Entscheidend bleibt jedoch, wie und wie *für die KlientInnen nachvollzichbar* TherapeutInnen deren Existenz und Realität akzeptieren. Und wie sie deren Existenz und Realität aufgreifen in Richtung derjenigen Ziele, die für die KlientInnen den Unterschied machen, der *für sie* einen Unterschied macht

---

[7] vgl. ANTONOVSKYS Überlegungen zum „sense of coherence" als zentralem Konzept einer *Salutogenese*, und Verstehbarkeit, Handhabbarkeit, Bedeutsamkeit als deren kritischen Variablen (1997, S. 33 ff.)

(DUNCAN et al. 1997a, 1997b, 1998; MILLER et al. 1997). Insofern mag es nicht verwundern, wenn BEYEBACH & MOREJON feststellen: „zur Zeit gibt es keine Möglichkeit vorherzusagen, wie Klienten von der lösungsorientierten Therapie profitieren werden, und inwiefern Klienten dies nicht tun werden" (1998, S.271).

(M)Ein Weg: Das Entwickeln Klinischer Kontrakte

Je weniger ich um die Erkenntnis herumkam, meine Beiträge zum therapeutischen Geschehen seien zwar wichtig, aber nicht allein entscheidend, desto mehr war ich daran interessiert, einen Weg zu finden, der sowohl die Autonomie derjenigen berücksichtigte, die um Hilfe baten, als auch das zum Ausdruck brachte, was ich denn dazu tat, daß sich etwas veränderte (oder nicht)[8]. Im weiteren Verlauf meiner Auseinandersetzung damit schälte sich für mich als Konzept das „Entwickeln Klinischer Kontrakte" heraus und „Beisteuern" als entscheidender Begriff zur Charakterisierung professioneller Leistungen (LOTH 1996, 1998a). Kennzeichnend für das Entwickeln Klinischer Kontrakte ist das Ausgehen von den Anliegen der Hilfesuchenden und das Erarbeiten von passenden Aufträgen. Das Konzept der Kundigkeit von Hilfesuchenden ist dabei von grundlegender Bedeutung sowie eine Optik, die sich auf Ressourcen konzentriert. In einer solchen Sichtweise wird es möglich, auch das zeitweise Verharren in Problembezügen als Ressource anzuerkennen und zu würdigen. „Gelöst" wird zu einem Begriff, der sich auf das Miteinander bezieht und daher sowohl „Lösungen" als auch „Probleme" miteinschließen kann. Und Beisteuern? „Beisteuern ist nicht das gleiche wie Steuern. Es ist aber auch nicht das gleiche wie einfach dabeizusitzen. Beisteuern meint die Kompetenz, sich erkennbar, verantwortlich und anschlußfähig daran zu beteiligen, Perspektiven zu weiten und neue Möglichkeiten zu erschließen, ohne dies einseitig und allein entscheidend tun zu können." (LOTH 1998a, S.41f.). Wichtig dabei ist, daß das Entwickeln Klinischer Kontrakte kontinuierlich voranschreitet inklusive des regelmäßigen Überprüfens, wie es um den Kontrakt-Status bestellt ist: erfüllt oder noch nicht erfüllt? Professionelles Beisteuern heißt hier: die Idee des Ziels (auf das sich etwas hinentwickeln soll) stets präsent

---

[8] Was ich hier als „(m)einen Weg" beschreibe ist nicht denkbar ohne die Beiträge meiner KollegInnen in der Beratungsstelle für Eltern, Jugendliche und Kinder in Leichlingen: Stephanie BERGER, Hanna KERKHOFF-HORSTERS, Uwe LABATZKI, Iris LINDEMANN, Birgit OSEMANN und Michael SCHULZ. Der Kontext der Beratungsstelle bildet den Resonanzboden für die geschilderten Ideen und deren kontinuierliche Weiterentwicklung.

zu halten. Und: das Überprüfen stets zu ermöglichen. Es heißt nicht: Das Erreichen des Ziels vorzugeben. Die Erfahrung der letzten Jahre spricht dafür, daß auf diese Weise eher kürzere Arbeiten zustandekommen, in der Regel weniger als 10 Termine. Allerdings ist dies für uns ein nachrangiges Ergebnis. Entscheidend ist die durchschnittlich erreichte Quote von ca. 75% kontrakterfüllter Arbeiten, so wie sie sich in der gemeinsamen Betrachtung mit den KlientInnen darstellte.

> *Dan SHORT: „What is it like, living with a solution oriented therapist?"*
> *Insoo Kim BERG: „We don't think about it that way.*
> *We never talk about business when we are together"*
> *Steve DE SHAZER: „Therapy is a job we do in the office*
> *and we leave it in the office."*
> *(in: SHORT 1997, S.19)*

Resümee

Ich suchte nach einem für mich gangbaren Weg, wie das professionelle Konzentrieren auf Lösungsmöglichkeiten zu etwas anderem führt als zu einer abgehobenen und künstlich wirkenden Attitüde. „Unerschrockenes Respektieren" (HARGENS 1995) wurde zu einem Leitmotiv für mich. Mir wurde deutlich, daß ich – um den Faktor Disziplin nicht überstrapazieren zu müssen – dazu eine versöhnliche Form finden sollte, mit der Alltagswirksamkeit von Problemen umzugehen. Leben war stets mehr als Probleme, aber eben auch mehr als Lösungen.

Eine wichtige Unterscheidung wurde mir auf diesem Weg diejenige zwischen *Lösungsorientierung* und *Lösungsfokussierung* (vgl. HARGENS 1997, KAIMER 1998, LOTH 1998b, O'HANLON 1999)[9]. Ich orientiere mich an Lösungen, unterstütze sie aktiv, lasse jedoch Spielräume für Umwege. Insofern dürfte mich mein Weg eher in Richtung Ressourcenorientierung führen als in Richtung Lösungsfokussierung (vgl. HARGENS 1998, LOTH & WALTER 1998) Mir eröffnet eine solche Perspektive mehr Spielräume, dies als eine Voraussetzung dafür, sie auch KlientInnen mitzu-teilen. Das kann praktisch bedeuten, auch solche Bereiche der KlientInnen-Erzäh-

---

[9] Bill O'HANLON verweist auf Don NORUM als Schöpfer des Begriffs „Lösungsorientierte Therapie". Dieser habe ihn schon 1978 in seinem Vortrag „The Family Has The Solution" geprägt, „längst bevor DE SHAZER und ich unsere Modelle formuliert hatten" (O'HANLON 1999, S.3). O'HANLON entschloß sich wegen einer Reihe von Unterschieden zum Milwaukee-Modell von seinem Ansatz als von „*Möglichkeiten-Therapie*" zu sprechen (vgl. O'HANLON & BEADLE 1998).

lungen nicht nur zuzulassen, sondern auch aktiv aufzugreifen, die nicht spezifisch auf Lösungen zielen, die jedoch auf diese Weise damit in Verbindung kommen können. Probleme, so wird deutlich, betrachte ich auf diese Weise als lösungsrelevant. Als praktikabler Weg erschloß sich für mich dann das Beisteuern beim Entwickeln Klinischer Kontrakte (s.o.).

Mag sein, daß in den Gründerjahren einer Bewegung die zunehmende Sicherheit im Umgang mit deren kennzeichnenden Symbolen, Ritualen und Handlungkatalogen die spannendste Perspektive ist. Mit zunehmender Konsolidierung und beginnender Alltagsroutine kommen die üblichen anderen Fragen dann nach. Dazu gehört die „Gretchenfrage", die nach der Stimmigkeit von professionellem Angebot und persönlichem Leben. „Study your own business!" schleuderte Steve DE SHAZER einer Fragerin während eines Workshops ziemlich unwirsch entegegen, als sie ihn entsprechendes zu fragen wagte. Ich fand das so cool wie seltsam gleichzeitig, und diese Situation beschäftigte mich lange. Jetzt denke ich, daß DE SHAZER wohl recht hatte: „Study your own business!" bedeutet doch letztlich nichts anderes als: Werde vertraut mit Deinem Leben, arbeite daran und damit, nimm' das als Grundlage, auf der Du die Techniken und Verfahrensvorschläge überprüfst und anwendest. Vielleicht war es Pech für die Fragerin, daß sie nicht andersherum gefragt hat, etwa danach, was gute Grundlagen für die Ausbildung zur Lösungsorientierten KurztherapeutIn seien. Da hätte DE SHAZER ihr, wie an anderer Stelle einem anderen Frager, vielleicht erzählt, daß er viel von seiner Ausbildung als Musiker profitierte, etwa hinsichtlich der Bedeutsamkeit von Pausen, Rhythmus und Zusammenspiel.

Zusammengefaßt führen mich diese und ähnliche Überlegungen zu zwei Schlußfolgerungen für die Ausbildung (oder vielleicht besser Entwicklung und Selbsterziehung) von Lösungsorientierten TherapeutInnen.

Zum einen: Es braucht ein sorgfältiges Training des Instrumentariums. Es kann vermutlich nichts schaden, dabei auch auf so formalisierte Reflexionshilfen zurückzugreifen wie das *Ratinginventar lösungsorientierter Interventionen RLI* (SCHIEPEK et al. 1997, HONERMANN et al. 1999). Es gehört für mich dabei jedoch zu den wichtigsten Qualitätsmerkmalen, das Benutzen von Instrumentarien und Techniken kontextsensibel zu handhaben, sowie zwischen Technik und Haltung zu unterscheiden. Das ist manchmal leichter gesagt als getan. Ferdinand WOLF ermutigt dazu, dies offen zu reflektieren: "Ich gebe zu, dass es mir oft schwer fällt, diesen vier für mich relevanten Grundhaltungen entsprechend zu handeln. Ich sehe sie jedoch als Leitlinien, zu denen ich immer wieder zurückzukehren habe, um meine Arbeit zu überprüfen." (1999, S.17). Meines Erachtens ist es genau eine solch ebenso selbstkritische wie vorwärtsgerichtete Perspektive, die es ermöglicht, Technik und Handwerkszeug *dienstbar* zu machen und zu „dem Eindruck eines von Empathie und genauer Beobachtung im Sinne von außerordentlicher Klientenorientierung und –fokussierung getragenen Prozesses" zu kommen (WOLF 1999, S.22).

Jürgen HARGENS' (1999) Bekenntnis zu seiner Sicht von Professionalität hilft mir ebenfalls weiter: "Verhaltensweisen, die bestimmten professionellen Standards folgen *und* die es erlauben, daß die Standards auf verantwortungsvolle wie überlegte Weise durch Umstände geschaffen werden" (S.62, Übers. W.L.). Professionelles Verhalten folge somit nicht einfach Regeln, sondern einer Art von "geleiteter Intuition" (*guided intuition*). "Das heißt nicht, daß ich willkürlich handele – mein Training und meine professionelle Grundlage leiten meine Entscheidungen und prägen (*inform*) meine geleitete Intuition" (S.62). „Lösungsorientiert" wird so für mich zu einem Kürzel für: „*Wie ich mich in komplexen Lebens- und Problemsituationen als Teil einer Situation verstehe und verhalte, in der Ideen über Lösungen und Ressourcen schließlich weiterführen und beim Orientieren helfen*". Einverstanden, das Kürzel klingt prägnanter. Unhandlich dürfte die Langform jedoch nur in dem Fall werden, in dem die zweite Schlußfolgerung keine Rolle spielte.

Die zweite Schlußfolgerung: *Selbsterfahrung* bleibt ein wichtiger Bestandteil professioneller Kompetenz. Auch wenn dieser Begriff noch immer mit dem Parfüm der Human Potential Movement-Jahre überdüngt erscheint: ohne wird's zum technokratie-anfälligen Formalismus. Auch wenn HARGENS & GRAU (1996) in ihrer Diskussion ausbildungsrelevanter Fragen die Notwendigkeit von Selbsterfahrung zu relativieren scheinen: Ich könnte mir ohne die Bereitschaft zum Auseinandersetzen mit der eigenen Person nicht vorstellen, wie sonst die zentrale Frage zu beantworten wäre, die sie aufwerfen, "inwieweit das Training ausschließlich das Erlernen von Techniken umfaßt oder inwieweit es auch die Klärung des zugrundeliegenden Menschenbildes mit einbezieht und handlungsleitend macht" (S.181). Vielleicht hilft es da weiter, wenn Günter SCHIEPEK an prominenter Stelle und programmatisch vom „Ausbildungsziel: Systemkompetenz" spricht (1997). Es heißt da u.a..: „Systemorientierte Ausbildungen bedürfen (...) der Möglichkeit einer kompetenten, fremdunterstützten Selbstthematisierung des eigenen psycho-emotionalen „Funktionierens" in bestimmten Handlungskontexten" (S.200) und nähert sich dem angemahnten Begriff über den Umweg einer Adjektivierung als „kontextueller Selbsterfahrung" (S.200). Das Adjektiv „kontextuell" verweist darauf, daß „Selbsterfahrung" hier nicht als sich selbst genügende emotionale Erlebnisqualität gemeint ist (Parfüm verwehe!), sondern „richtet sich vielmehr – wiederum ressourcenorientiert – auf die emotionale Qualität interaktiver Szenarien, die Erweiterung von Handlungsspielräumen, die Akzeptanz von Verletzlichkeiten und persönlichen Grenzen, die Betroffenheit von Selbstwertgefühlen und Selbst-Schemata, die persönliche Ausstrahlung und die persönliche Lebensqualität." (S.200).

Das sorgfältige Auseinandersetzen mit der eigenen Lebenserfahrung erscheint mir so als ein notwendiger Kontext dafür, sich nicht "kontraphobisch" auf Lösungen einzuigeln und damit den Spielraum der KlientInnen ohne Not entscheidend zu verringern. Erst das lebenspraktische Vertrautsein mit dessen Irrungen und Wirrungen ermöglicht, wie ich es sehe, die Verbindung von geduldigem und respektvollem „Hören, was die KlientInnen sagen" (DE SHAZER in KELLER & SCHUG 1992) und dem disziplinierten, neugierigen Wachsein für das konzentrierte Fördern von lösungsrelevanten Schritten. Erst diese Grundlage dürfte TherapeutInnen den notwendigen langen Atem bei dieser Arbeit geben (und damit versöhnen, daß sie sich nicht als so „glanzvoll" erweist, sondern vielmehr als diszipliniert und bescheiden). Ebenso sehe ich darin eine entscheidende Grundlage dafür, neugierig zu bleiben trotz der gleichen Fragen, immer wieder.... Immer wieder die gleichen Fragen? Vielleicht...

„Wiederholung ist eine wunderbare Einrichtung. Im wirklichen Leben wiederholen wir uns ja auch dauernd, beim Essen, beim Sex oder bei der Arbeit. Wer du bist, hat doch damit zu tun, welche Geistesgegenwart du aufbringst, diese sich wiederholenden Tätigkeiten anders zu verrichten".

Der Schauspieler William DAFOE
(in PEITZ 1997, S.14)

Literatur

ANTONOVSKY, Aaron 1997. Salutogenese. Zur Entmystifizierung der Gesundheit. Tübingen: dgvt-Verlag.

BACHELOR, A. 1991. Comparison and Relationship to Outcome of Diverse Dimensions of the Helping Alliance As Seen By Clients and Therapists. Psychotherapy 28: 534-549.

BERG, Insoo K. 1992. Familien-Zusammenhalt(en). Ein kurztherapeutisches und lösungsorientiertes Arbeitsbuch. Dortmund: verlag modernes lernen.

BERG, Insoo K. & Steve DE SHAZER 1993. Wie man Zahlen zum Sprechen bringt: Die Sprache in der Therapie. Familiendynamik 18(2): 146-162.

BERG, Insoo K. & Scott D. MILLER 1993. Kurztherapie bei Alkoholproblemen. Ein lösungsorientierter Ansatz. Heidelberg: Carl Auer.

BEYEBACH, Mark & Alberto R. MOREJON 1998. Lösungsorientierte Therapie in Spanien: Die Erfahrungen der Salamanca Gruppe. In: EBERLING, Wolfgang & Manfred VOGT-HILLMANN [Hrsg.], S.252-280.

DE SHAZER, Steve 1988. Therapie als System. Entwurf einer Theorie. In: REITER, Ludwig; Ewald J. BRUNNER & Stella REITER-THEIL [Hrsg.], S. 217-229.

— 1989a. Wege der erfolgreichen Kurztherapie. Stuttgart: Klett-Cotta.

— 1989b. Der Dreh. Überraschende Wendungen und Lösungen in der Kurzzeittherapie. Heidelberg: Carl Auer.

— 1991. Muddles, Bewilderment, and Practice Theory. Family Process 30: 453-458.

— 1992. Das Spiel mit Unterschieden. Wie therapeutische Lösungen lösen. Heidelberg: Carl Auer.

— 1996a. „Worte waren ursprünglich Zauber". Dortmund: verlag modernes lernen.

— 1996b. „Einfach ist nicht leicht" ... „Tun ist wissen". Ein Stück Interview. Ein Stück Vorwort. In: EBERLING, Wolfgang & Jürgen HARGENS [Hrsg.], S.7-12.

— 1997. Some Thoughts on Language Use in Therapy. Contemporary Family Therapy 19(1): 133-142.

— 1998. Radical Acceptance. http://www.brief-therapy.org/rad2.htm [S.2-5].

DE SHAZER, Steve & Insoo Kim BERG 1997. „What works?" Remarks on Research Aspects of Solution-Focused Brief Therapy. J. Family Therapy 19(2): 121-124.

DOLAN, Yvonne 1997. I'll Start My Diet Tomorrow: A Solution-Focused Approach to Weight Loss. Contemporary Family Therapy 19(1): 41-48.

DUNCAN, Barry L.; Mark A. HUBBLE & Scott D. MILLER 1997a. Psychotherapy with 'Impossible Cases'. The Efficient Treatment of Therapy Veterans. London/ New York: Norton, dtsch `Aussichtslose Fälle`. Die wirksame Behandlung von Psychotherapie-Veteranen. Stuttgart: Klett-Cotta, 1998.

— 1997b. Stepping Off the Throne. The Family Therapy Networker 21(4): 22-33.

DUNCAN, Barry L.; Scott D. MILLER & Mark A. HUBBLE 1998. Is the Customer Always Right? Maybe not, but it's a good place to start. The Family Therapy Networker 22(2): 81-99.

EBERLING, Wolfgang & Jürgen HARGENS [Hrsg.] 1996: Einfach, kurz und gut. Zur Praxis lösungsorientierter Kurztherapie. Dortmund: borgmann publishing.

EBERLING, Wolfgang & Manfred VOGT-HILLMANN [Hrsg.] 1998. Kurzgefaßt. Zum Stand der lösungsorientierten Praxis in Europa. Dortmund: borgmann publishing.

FRASER, J. Scott 1995. Strategic Intervention: Constructing the Process of Rapid Change. In: WEAKLAND, John H. & Wendel A. RAY [Hrsg.] Propagations. Thirty Years of Influence from the Mental Research Institute. New York: Haworth, S. 141-153.

— 1996. Solution-Focused Therapy – As a Problem. In: RAY, Wendel A. & Steve DE SHAZER [Hrsg.] Evolving Brief Therapies: Essays in Honour of John Weakland. Galena, II.: Geist + Russell (Kap. 15, in press).

— 1997. Prozeß, Probleme und Lösungen in der Kurzzeittherapie. Z.System.Ther. 15(2): 88-103.

GRAWE, Klaus 1998. Psychologische Psychotherapie. Göttingen: Hogrefe.

GRAWE, Klaus; Ruth DONATI & Friederike BERNAUER 1994. Psychotherapie im Wandel. Von der Konfession zur Profession. Göttingen: Hogrefe.

GREFFRATH, Mathias 1984. Vom Schaukeln der Dinge. Montaignes Versuche. Ein Lesebuch. Berlin: Wagenbach.

HARGENS, Jürgen 1995. Kurztherapie und Lösungen – Kundigkeit und respektieren. Familiendynamik 20(1): 32-43.

— 1997. Lösungen im Fokus und Ressourcen im Geist: Lösungsorientierte Kurztherapie als experimentelles Setting? In: EBERLING, Wolfgang & Manfred VOGT-HILLMANN [Hrsg.], S. 74-96.

— 1998. Von Lösungen zu Ressourcen oder: Wie lassen sich Haltungen operationalisieren? Und wie noch? Und was geschieht mit Problemen? Z.System.Ther. 16(1): 4-8.

— 1999. Be Yourself, Whoever You (Think You) Are. In: Voices 35(1), pp.61-63.

HARGENS, Jürgen & Uwe GRAU 1996. Fortbildung – Bildung "fort von..." oder "hin zu"? In: EBERLING, Wolfgang & Jürgen HARGENS [Hrsg.], pp. 179-198.

HESSE, Joachim [Hrsg.] 1997. Systemisch-lösungsorientierte Kurztherapie. Göttingen: Vandenhoeck & Ruprecht.

HESSE, Joachim 1997b. Lösungsorientierte Psychotherapie als Selbsthilfe? In: HESSE, Joachim [Hrsg.], pp. 49-54.

HONERMANN, Hermann; Peter MÜSSEN, Andrea SENKBEIL & Günter SCHIEPEK 1999. Ratinginventar lösungsorientierter Interventionen – RLI. Ein bildgebendes Verfahren zur Darstellung ressourcen- und lösungsorientierten Therapeutenverhaltens. Göttingen: Vandenhoeck & Ruprecht.

Hubble, Mark A., Barry L. Duncan & Scott D. Miller [Hrsg.] 1999. The Heart & Soul of Change. What Works in Therapy. Washington, DC: APA, dtsch. i.V. Dortmund: verlag modernes lernen.

Kaimer, Peter 1998. Lösungsfokussierte Therapie. http://www.uni-bamberg.de/ ~ba2pk99/DOKUMENT/STATESFT.HTM, veröffentlicht in: Psychotherapie Forum 7(1): 8-20, 1999.

Keller, Thomas & Roswitha Schug 1992. Dem Klienten zuhören – ein Interview mit Steve de Shazer. Z.System.Ther. 10(4): 279-287.

Lambert, Michael J. 1992. Implications of Outcome Research for Psychotherapy Integration. In: Norcross, John C. & Michael R. Goldfried [Hrsg.] Handbook of Psychotherapy Integration. New York: Basic.

Lambert, Michael J. & Allen E. Bergin 1994. The Effectiveness of Psychotherapy. In: Bergin, Allen E. & Sol L. Garfield [Hrsg.] 1994. Handbook of Psychotherapy and Behavior Change. 4th. ed. New York: Wiley. S.143-189.

Lebow, Jay 1997. The Integrative Revolution in Couple and Family Therapy. Family Process 36(1): 1-17.

Loth, Wolfgang 1996. Klinische Kontrakte entwickeln: ein Weg zum Abstimmen von Angebot und Nachfrage in der Praxis professioneller psychosozialer Hilfe. Z.System.Ther. 14(2): 137-147.

— 1998a. Auf den Spuren hilfreicher Veränderungen. Das Entwickeln klinischer Kontrakte. Dortmund: verlag modernes lernen.

— 1998b. Lösungsmittel – Sich lösen vom Mittel? Z.System.Ther. 16(1): 9-17.

Loth, Wolfgang & John L. Walter 1998. Vom Lösungsfokus zur Persönlichen Konsultation. Ein E-Mail-Interview. Systhema 12(3); pp.263-276.

Ludewig, Kurt 1988. Problem – „Bindeglied" klinischer Systeme. Grundzüge eines systemischen Verständnisses psychosozialer und klinischer Probleme. In: Reiter, Ludwig; Ewald J. Brunner & Stella Reiter-Theil [Hrsg.] 1988, S. 231-249.

Metcalf, Linda; Frank N. Thomas, Barry L. Duncan, Scott D. Miller & Mark A. Hubble. 1996. What Works in Solution-Focused Brief Therapy – A Qualitative Analysis of Client and Therapist Perceptions. In: Miller, Scott D.; Mark A. Hubble & Barry L. Duncan [Hrsg.], S.335-349.

Miller, Gale 1997. Systems and Solutions: The Discourses of Brief Therapy. Contemporary Family Therapy 19(1): 2-22.

Miller, Scott & Insoo Kim Berg 1997. Die Wundermethode. Ein völlig neuer Ansatz bei Alkoholproblemen. Dortmund: verlag modernes lernen.

MILLER, Scott; Barry L. DUNCAN & Mark A. HUBBLE 1997a. Escape From Babel. Toward a Unifying Language for Psychotherapy Practice. London/ New York: Norton.

MILLER, Scott; Mark A. HUBBLE & Barry L. DUNCAN [Hrsg.] 1996. Handbook of Solution-Focused Brief Therapy. San Francisco: Jossey-Bass.

O'HANLON, William H. 1999. Frequently Asked Questions About Possibility Therapy. http://www.brieftherapy.com/html docs/whatis.htm.

O'HANLON, William H. & Sandy BEADLE 1998. Das wär' was. Ein Wegweiser ins Möglichkeiten-Land. 51 Methoden für eine kurze und respektvolle Therapie. Dortmund: borgmann publishing.

O'HANLON, William H. & Michelle WEINER-DAVIS 1988. In Search of Solutions. A New Direction in Psychotherapy. New York: Norton.

PEITZ, Christiane 1997. „Der Leibhaftige" (C.P. im Gespräch mit dem Schauspieler William Dafoe), ZEIT-Magazin Nr. 25/1997 (13.6.1997): 10-15.

REITER, Ludwig; Ewald J. BRUNNER & Stella REITER-THEIL [Hrsg.]1988. Von der Familientherapie zur systemischen Perspektive. Berlin: Springer. [2., veränderte Auflage, 1997].

SCHIEPEK, Günter 1997. Ausbildungsziel: Systemkompetenz. In: REITER, Ludwig; Ewald J. BRUNNER & Stella REITER-THEIL [Hrsg.]. 2., veränderte Auflage. S. 181-215.

SCHIEPEK, Günter; Hermann HONERMANN, Peter MÜSSEN & Andrea SENKBEIL 1997. „Ratinginventar lösungsorientierter Interventionen" (RLI). Die Entwicklung eines Kodierinstrumentes für ressourcenorientierte Gesprächsführung in der Psychotherapie. Z. Klinische Psychologie 26(4): 269-277.

SCHMIDT, Gunther 1997. Gestaltungsmöglichkeiten systemisch-lösungsorientierter Therapie – Verknüpfungen und Varianten. In: HESSE, Joachim [Hrsg.], pp. 75-94.

SHORT, Dan 1997. Interview with Steve de Shazer and Insoo Kim Berg. The Milton H. Erickson Foundation Newsletter 17(2): 18-20.

STEINER, Therese 1998. Beratung von Kindern, Jugendlichen und Eltern im Rahmen ambulanter Hilfen. In SPIESS, Walter [Hrsg.] Die Logik des Gelingens. Lösungs- und entwicklungsorientierte Beratung im Kontext von Pädagogik. Dortmund: borgmann, S. 101-118.

SUNDMANN, Peter 1988. Die Kehrseite der Lösungsorientierung. In: EBERLING, Wolfgang & Manfred VOGT-HILLMANN [Hrsg.], S. 154-166.

WALTER, John L. & Jane E. PELLER 1992. Lösungs-orientierte Kurztherapie. Ein Lehr- und Lernbuch. Dortmund: verlag modernes lernen.

WEINER-DAVIS, Michele; Steve de SHAZER & Wallace J. GINGERICH 1987. Building on Pretreatment Change to Construct the Therapeutic Solution: An Exploratory Study. J. Marital and Family Therapy 13(4): 359-363.

WOLF, Ferdinand 1999. Persönliche Betrachtungen zum Thema Haltungen und Interventionen in der lösungsorienterten Kurztherapie. Systeme 13(1), pp. 15-23.

Was muß gedreht werden, damit Kurztherapie so kurz wie möglich sein kann?

Gerda Klammer

> *„Jede Sichtweise ist gewissermaßen wie das Brett vor dem Kopf, das uns die Welt bedeutet."*
> BUCHHOLZ 1998, S. 569

Einleitung: Mein Zugang zum Thema

Ich hatte die Gelegenheit, als Dolmetscherin bei DE SHAZER in einer therapeutischen Sitzung dazwischen zu sein. Das Ehepaar holte auf seine kurzen, präzisen Fragen lange aus und tendierte dazu, mit Geschichten zu antworten. DE SHAZER wurde es zunehmend unbehaglicher, wenn ich versuchte, die Beiträge des Paares möglichst präzise zu übersetzen. Als ich in der Pause während der Therapiestunde diese Unstimmigkeit klären wollte, antwortete er: „Sagen Sie doch nur 2-3 kurze Sätze." Das war eine *klare Anweisung.* Ich versuchte damals, in meiner therapeutischen Arbeit vor allem darauf zu hören, was die Klientinnen und Klienten neben den direkten Bedeutungen von Worten noch kommunizierten und die Vieldeutigkeit des Gesagten zu verstehen. Ein vorheriger längerer Aufenthalt bei Harry GOOLISHIAN, der ein guter Geschichtenerzähler war und auch Klientinnen und Klienten in geduldigster Weise zuhörte, hatte mich vor allem geprägt.

Als Dolmetscherin war es meine Aufgabe, die beiden Sprachräume von dem Klientenpaar und dem Therapeuten zusammenzubringen, was den Bereich der Sprachkenntnisse in beiden Sprachen weit überstieg. Ich dachte mir, DE SHAZER will keine Geschichten, sondern präzise Wortbedeutungen hören oder nützen. Oder waren die Details der Antworten gar nicht so wichtig? Was wollte er wirklich hören? Was wollte er mit den Fragen bezwecken? Was wollte er mit seinen Fragen anregen und eröffnen?

Er bezieht sich auf eine andere Ebene der Sprache, die im therapeutischen Prozeß nützlich werden kann und soll, so war meine Hypothese aus dieser direkten Erfahrung, die meine weitere Suche nach meinem Verständnis von Kurztherapie leiteten. Beim Übersetzen von DE SHAZERS Artikel „*Therapie als System. Entwurf einer Theorie*" für das Buch von Ludwig REITER u.a. „Von der Familientherapie zur systemischen Perspektive", das 1988 erschienen ist, ergab sich für mich eine weitere intensive Beschäftigung mit DE SHAZERS Sätzen, Denken und Formulierungen.

Eine weitere wichtige Verstörung in diesem Zusammenhang bot mir die Erfahrung mit einem von mir geäußerten Satz, den VARGA VON KIBED bei einem Seminar in faszinierender Weise dekonstruierte. Es sollte ein Satz sein, der einem im Ohr hängen geblieben ist.

Zu den von meiner Schwester öfter zu mir gesagten Satz („Es ist schade, daß du versucht hast, mit deinen Krisen allein fertig zu werden.") hatte er viele Gedanken über meine Schwester und mich und unsere Beziehung zueinander geäußert, auch einen Teil unserer Beziehungsvergangenheit aufgerollt, ohne über mich oder meine Schwester Informationen zu haben. Er wußte nicht einmal, welche Art von Bekanntheit oder Beziehung der Sprecher des Satzes zu mir hatte.

VARGA VON KIBED braucht nur einen Satz, um die Vielschichtigkeit der Bedeutungen von dem zu erfassen, was Klienten und Klientinnen mitteilen! Allerdings ist mir die Unbrauchbarkeit von Diagnostik für Betroffene auch vertraut. Ein weiteres Infragestellen tat sich somit auf. Man könnte nun annehmen: wenn die Mitteilung nur kurz sein braucht, um Wesentliches zu kommunizieren, sollten auch Veränderungen in kurzer und präziser Weise zu bewirken sein.

VARGA VON KIBED hörte von mir nur den einen Satz, der mir öfter in den Sinn kam. Für mich löste sich dadurch meine Ambivalenz, meine eigentliche Unverständlichkeit, was dieser Satz wohl alles kommunizieren soll. Ich hatte ihn nach dem Seminar vergessen und mußte in meinen Unterlagen wieder suchen, wie der Satz lautete und worum er handelte, um ihn hier verwenden zu können, so unwichtig ist er für mich durch die Beschäftigung im Seminar geworden.

Können Therapeuten und Therapeutinnen genauso präzise (Auf-) Lösungen bei Klienten und Klientinnen in Gang bringen? Vielleicht mag man Klienten und Klientinnen im Verstehensprozeß mehr Geduld und fehlende Übung, in dieser Art zu sprechen und zu verstehen, zuerkennen, aber im Prinzip müßte die Verstörung bzw. die (Auf-) Lösung elegant zu erzielen sein, wenn sie präzise gesetzt und dort ansetzt, wo die lokale Störung entstanden ist oder als Störung wirkt. Dann muß nicht das Erfassen der Inhalte bzw. der Verstehensprozeß von dem, was den Klienten/die Klientin bewegt, Inhalt der Therapiestunde werden, sondern es geht eher darum, dorthin zu schauen, wo die Einengung passiert (ist).

Um handlungsfähig zu werden, ist es vielleicht nur notwendig, eine Ebene der Abstraktion, eine Sprachebene 2. Ordnung zu benützen, die von Klienten und Klientinnen mit deren konkreten Inhalten, mit dem, was sie beschäftigt und beunruhigt, gefüllt wird. Auf diesen für sie konkreten Hintergrund können sie die therapeutischen Interventionen nützen (sie selbst wissen ja um ihre Situation und ihr Problem Bescheid, sie sind die Experten und Expertinnen für ihre Lage und ihr Problem und ihre Ressourcen und Möglichkeiten, es ist quasi Service für Therapeuten und Therapeutinnen, darüber zu erzählen, damit diese sich orientieren können).

Es scheint sich hier um eine Psycho-Logik zu handeln. Vielleicht setzt Therapie, wie sie DE SHAZER und ähnlich Denkende ausüben, auf einer Ebene der Abstrahierung vom Konkreten an, die mit und in Sprache vorgenommen wird und auf jener Ebene Denkprozesse anregt, die neu ordnen und umstellen helfen und damit das Brett vor dem Kopf bewegt werden kann oder verschwindet und die Sicht frei wird.

Fokus therapeutischer Arbeit sind Relationen, nicht Inhalte? Die Beziehung zwischen den Wörtern, Bildern von der Wirklichkeit und der Wirklichkeit, wie sie den Betroffenen im Tun erscheint und entgegentritt, ist Ziel, nicht primär die Bedeutungen und die elementaren Inhalte selbst – dies wäre zumindest eine Spur, die sich lohnt zu verfolgen – so dachte ich. DE SHAZERS Beispiele zielen m. E. immer auch auf die Ebene der konkreten Konsequenzen für den Alltag, auf die Handlungsebene.

Die Spannung von Konkretem und Allgemeinem, von Inhalten, die Klienten und Klientinnen vertraut sind, und von den abstrakteren „psychologischen" Werkzeugen, die Therapeuten und Therapeutinnen zu gebrauchen verstehen, versuche ich im Folgenden zu beschreiben. Dies sollte dann ermöglichen, ein Verständnis dafür zu entwickeln, warum Kurztherapie tatsächlich kurz sein *kann*. Ich werde auch versuchen zu ergründen, was Therapeuten und Therapeutinnen voraussetzen und als solches als gegeben respektieren, damit sie sich mit ihren Interventionen auf das Wesentliche beschränken und kurz bleiben können.

Zusätzlich möchte ich noch sagen, daß all das wohl bereits DE SHAZER gesagt hat, es aber lange gedauert hat, bis *ich* es so verstehen konnte, wie ich es hier in diesem Artikel versuche, nachvollziehbar zu machen. Weiters hatten Diskussionen mit meinem Kollegen Joachim Hinsch wesentlich zu meinem Verstehen beigetragen.

Die Bedeutung des Kontexts, in dem Sprache verwendet wird

Um 1990 erschienen viele systemische Arbeiten über sprachliche Aspekte in Therapien. Hier möchte ich nur einige Aspekte hervorheben:

Boscolo u.a. untersuchten Schlüsselwörter mit ihren reichhaltigen Konnotationen auf ihre Brauchbarkeit zum Initiieren und Markieren von Veränderungen. Fischer beschäftigte sich mit dem wirklichkeitskonstruktiven Charakter der Sprache. Das Erfinden neuer Sprachspiele soll dazu beitragen, die Brüche der Selbstinterpretation der Klienten und Klientinnen bzw. der Familie zu überbrücken (1990, S.190). 1990 und 1993 wurden je ein Heft *Familiendynamik* dem Thema gewidmet. Efran, Lukens und Lukens Buch über „Sprache, Kultur und Wandel" wurde 1992 ins Deutsche übersetzt, ebenso Lynn Hoffmans Buch „Therapeutische Konversationen", das eine Sammlung von zwischen 1986 und 1993 publizierten Artikeln beinhaltet.

Boscolo u.a. schrieben 1992, daß in systemischen Therapien zunehmend analysiert wird, wie Sprache benutzt wird. „Die Sprache ist nicht nur als ein Mittel zum Übermitteln, sondern auch zum Konstruieren von Bedeutungen – und dadurch als ein Mittel zum Konstruieren von Realität – aufzufassen" (1992, S.109). Ich denke, es ist mehr ein Skizzieren (für den/die TherapeutIn) als ein Konstruieren, da das in Sprache Geäußerte für den Zuhörer wohl eine Konstruktion sein mag, für den Sprecher allerdings ein lokales, im Moment im jeweiligen Dialog mit dem Gegenüber entstehendes Kondensat von Erlebtem, Gedachtem, ihn oder sie Berührendem bzw. Wichtigem, das kommuniziert werden sollte. Ausgesprochenes und Übermitteltes gibt die Vieldeutigkeit der Bedeutungen nur in sehr verkürzter Form wieder und kann den geschichtlich entstandenen Teil des Gewachsenen und Überdeterminierten, aber auch flexiblen und mehrdeutigen Bedeutungsgehalt nur bruchstückhaft andeuten. Retzer unterschied 1995 zwischen erlebtem Leben, Beschreibung (erzähltem Leben, das mit der jeweiligen Lebensumwelt verschränkt ist) und Erklärung. Er verband das Luhmannsche Konzept und Maturanas Autopoiese mit Wittgensteinschen Ansätzen und entwickelte eine Theorie über Metaphern, die für therapeutische Zwecke nützbar ist. Psychotherapie nimmt dabei die Funktion eines sprachlichen Übergangsrituals vom Problem zur (Auf-) Lösung ein.

Die Sprache, die in der Therapiestunde Verwendung findet, soll nach Möglichkeit an den Kontext der Lebenswelten der Klienten und Klientinnen anknüpfen können. Durch zirkuläre Fragen wird der imaginierte Bedeutungsgehalt der Beschreibungen des vom Klienten/der Klientin mitgeteilten Inhalts auch aus seiner/ihrer und aus der Sicht von ihm bzw. ihr wichtigen Menschen in die Therapiestunde mit hereingebracht, womit versucht wird, die lokale Sprache der Therapie selbst an den Sprachraum des Klienten oder der Klientin außerhalb der Stunde anschlußfähig zu halten. Dies wiederum erleichtert den Anschluß an den lokalen Sprachraum außerhalb bzw. nach der Therapiestunde. Es ist somit wichtig, die Sprache der Klienten und Klientinnen aufzugreifen, sich darin orientieren zu können und in deren Sprache zu antworten. Nicht die Beschreibungen der Klienten und Klientinnen werden in das Schema der Therapierichtung übersetzt, sondern Therapieinhalte müssen sich in die Sprache und Lebenswelt der Klienten und Klientinnen einfügen, um von innen heraus Veränderung zu bewirken (SHOTTER 1996).

Der Dialog als Werkzeug des systemischen Therapiegesprächs

Vorerst möchte ich die Sprache und den Sprechakt selbst in den Mittelpunkt rücken. Durch Sprache werden wir uns selbst als Wesen bewußt und können unsere Bestimmung überdenken und bewerten (EFRAN et al. 1992). Dies wird vor allem im therapeutischen Dialog zum expliziten Thema; es ist sogar oft Zweck oder zumindest wichtiger Bestandteil zur Konstituierung einer therapeutischen Situation. Ein unmittelbar wirkendes Korsett für Sprache und Gesprochenes stellt der zeitliche Charakter dar. „Zeit ist kein direkt wahrgenommener Aspekt physikalischer Realität. Sie ist ein ordnendes System, eine Sprachformel für das Beobachten" (EFRAN et al. 1992, S. 55). Wir können die Welt nie als gleichzeitiges, vereintes Ganzes erfassen. „Um sie zu erkennen, gebrauchen wir als erstes Sprache, um sie dann in eine Reihe getrennter bestimmbarer Objekte und Ereignisse zu unterteilen. Glücklicherweise gewöhnen wir uns so sehr an die Teile, die wir erzeugt haben, daß wir handeln, als seien diese Unterteilungen Aspekte der Natur, die vor unserem Erscheinen auf der Bildfläche existieren" (a.a.O., S. 57). So ist auch mitgeteilte Sprache immer ein ordnendes System für das, was wir bisher gedacht, erfahren, erwünscht, usw. haben. Das im Gespräch Entstehende ist ein Kondensat des möglichen Ausdrückbaren, ein Aspekt aus einem bestimmten Blickwinkel, eingebunden in den jeweils lokal stattfindenden Dialog. Es ist auch ein zu jemandem Gesprochenes; d.h. die Mitteilung hat auch appellativen Charakter. Das Entstandene bildet wiederum ein geschichtliches, vielleicht erinnernswertes oder in Zukunft wirkendes Detail der Narrative der Klienten, Klientinnen, Familien, Bezugsysteme und Therapeuten und Therapeutinnen.

VARGA VON KIBED hat meinen in der Einleitung erwähnten Satz, der im Kondensat für mich rätselhaft und nicht ganz auflösbar war, wieder in Teile zerlegt, so daß die Vielschichtigkeit für mich besser verstehbar wurde. Das von meiner Schwester verwendete ordnende System (so wie sie es ausdrückte) verstellte mir den von ihr intentierten appelativen Charakter oder meine rezeptive Fähigkeit. Irgend etwas daran verstand ich nicht. Der Satz wurde zu einem Detail verfestigt, der über den Dialog hinaus Bestand hatte und erinnernswert blieb.

Mit der Sprache formen und informieren wir einander. Wir teilen und entwickeln den (gemeinsam) zu schaffenden Kontext, der wiederum unsere Fragen und Bemerkungen mitformt. Ethische Haltungen leiten den Diskurs mehr als Muster und der Versuch, „Wahrheit" zu finden. Laut SHOTTER (1993) haben wir in einem Dialog die ethische Verpflichtung, aufeinander zu reagieren. Der Therapeut oder die Therapeutin stellt sich als Gesprächspartner/in zur Verfügung, wobei durch die Rollenzuschreibung festgelegt ist, daß der Fokus des Gesprächinhalts die Anliegen der KlientInnen sind.

Der Satz meiner Schwester hatte sich erhärtet. Ich bin aus dem Dialog mit ihr ausgestiegen. Ich habe ihn nicht mehr mit ihr weiter geklärt. Die neue Beschäftigung mit dem Satz ermöglichte eine Veränderung bzw. eine Verflüssigung, so daß der Satz an und für sich in seiner überhöhten Bedeutung aufgelöst wurde und ich wieder bereit wurde, mit meiner Schwester diesbezüglich mehr in Dialog zu treten, als mich zu verteidigen oder zu rechtfertigen.

Die Offenheit des Gesprächskontextes, des am Weg des Verstehens Bleibens und nicht verstanden Habens betont den Prozeßcharakter. Das andere nicht als ein Bekanntes, ein bereits Erfaßtes oder schon Erkanntes einzustufen, verlangt nach einer Kontinuität in der Artikulation. Dieses im Gespräch miteinander Verbinden und gleichzeitig Offensein findet in einem moralischen Diskurs statt, der nach einer ethischen Haltung verlangt. Ein sich Wegwenden oder Abschließen des Diskurses bewegt sich auf Vorurteile, Diagnosen oder Einfrieren von Sichtweisen zu Fakten zu; weitere Informationssuche wird eingestellt, ein Bild, eine Sichtweise, eine Geschichte wird festgehalten; der Dialog wird zum Monolog verengt.

Im therapeutischen Prozeß schafft das Nichtwissen Motivation für weitere Beteiligung und Neugier, idealerweise auf Seiten beider Gesprächspartner/innen. Das therapeutische Gespräch ist nützlich, solange es im Prozeß des miteinander Kommunizierens Offenheit für das noch Anzusprechende, noch nicht alles Wesentliche Gesagte, Beantwortete oder Erfahrene gibt und das Ziel der Therapie nach wie vor zentraler Motor für das Gespräch bleibt – so die Annahme, die der narrativen Richtung zugrundeliegt.

Ich war offen für neue Sichtweisen. Ich erlaubte VARGA VON KIBED mit meinem Satz zu spielen. Meine Offenheit für das noch Anzusprechende ermöglichte, neue Aspekte auch zu hören und ihre Nützlichkeit für mich zu überlegen.

Klarheit schaffen und wieder erweitern ins noch nicht Klare oder Erfaßte, sind Motoren des Gesprächs. Die Bedeutungen der Worte selbst können im sozialen diskursiven Prozeß Gegenstand von Veränderungen bzw. Verflüssigen von bisher als feste Bestandteile Angenommenen sein. Oder mit Worten DE SHAZERS:

„Die Therapie-Einheit läßt sich als ein sich selbst enthaltendes linguistisches System verstehen, das Bedeutungen mittels Verhandlungen zwischen TherapeutIn und KlientIn hervorbringt. Ein therapeutisches Interview ist ein Zusammenbringen verschiedener Bedeutungen und dem, was immer als Ergebnis dessen gilt, wie TherapeutIn und KlientIn verhandeln...das Zweitrangige wird erstrangig und das Erstrangige wird zweitrangig." (1992, S. 80)

Parallelen zwischen philosophischen und therapeutischen Sprachspielen

WITTGENSTEINS Schriften haben systemische Therapeuten und Therapeutinnen nachhaltig und sichtbar beeinflußt (z.B. DE SHAZER, GOOLISHIAN, FISCHER, VARGA VON KIBED, ESSEN, SHOTTER). Gewißheit, Wirklichkeit, Erkenntnis und Gewissen sind nur ein paar von WITTGENSTEINS Überlegungen, die auch therapeutisch nützbar gemacht werden. Hier möchte ich vor allem auf die Sprachspiele eingehen, da sie mir für die Bedeutung und

Nützung der Sprache in den kurztherapeutischen Sitzungen besonders hilfreich erscheinen.

Für WITTGENSTEIN ist das Sprachspiel die Sprache und die Tätigkeiten, mit denen sie verwoben sind (1971, #7). Worte und Sätze bekommen im Zusammenhang Bedeutung (1971, #49), wobei Bedeutungen je nach Zweck, Verwendung usw. verändert werden können.

Bedeutungen werden aus Erinnerungen zu einem bestimmten Zweck zusammengetragen. Ähnlich dem Verständnis vom therapeutischen Ziel bei GOOLISHIAN und ANDERSON spricht WITTGENSTEIN vom Ziel, philosophische Klarheit zu erlangen, was für ihn heißt, „daß die philosophischen Probleme vollkommen verschwinden sollen" (1971, #133). „Nicht mehr von Fragen gepeitscht zu werden, die sich selbst in Frage stellen und diese zu einer Ruhe zu bringen" (1971, #133). In diesem Sinne sprechen GOOLISHIAN und ANDERSON auch von Problemauflösung. Nichts steht mehr der Spontaneität und dem gewünschten, antizipierten oder im Grunde zu vermeidenden Verhalten (Fragen, Bedenken, Skrupel) im Wege, was prinzipiell doch noch zu beseitigen oder zu lösen wäre.

Durch Sprache berühren sich Erwartung und Erfüllung (1971, #445). Durch Änderung von Sprachspielen ändern sich auch Begriffe und mit den Begriffen auch die Bedeutungen der Wörter (1977, #65). Gewisse Sätze von der Form der Erfahrungssätze können erstarren und dienen als Leitung für die nicht erstarrten, flüssigen Erfahrungssätze. Das Verhältnis könnte sich mit der Zeit aber auch ändern (1977, #96).

Das Sprachspiel bringt etwas Unvorhersehbares mit sich. Laut WITTGENSTEIN ist es nicht begründet, nicht vernünftig oder unvernünftig. „Es steht da – wie unser Leben" (1977, #559). „Wenn sich die Sprachspiele ändern, ändern sich die Begriffe, und mit den Begriffen die Bedeutungen der Wörter" (1977, #65).

In der Therapiestunde gehen wir mit den Klienten und Klientinnen ein Sprachspiel ein, dessen Inhalt sich nicht auf die Begegnung zwischen KlientIn und TherapeutIn per se richtet, sondern das Spiel kommt zustande, weil Vergangenes (Verwundungen, traumatische Erfahrungen, befürchtete Wiederholungen, Probleme, ..) oder zu Erwartendes (Wünsche, Sorgen, Zielvorstellungen, Ängste,...) verhärtet ist bzw. etwas oder jemand im Weg steht. Der Klient/die Klientin bringt das „Spielzeug", das wieder „zum Spielen" gebracht werden sollte. Der Therapeut/die TherapeutIn ist auf die vom Klienten/ der Klientin abstrahierte Form der Darstellung der Lebenswelt, dem jeweiligen Verständnis und dem Diskurs in einer lokalen Sprache angewiesen. Der Zweck dieser Art von Spiel ist nicht nur auf den Moment des Spielens allein bezogen. Idealerweise sollte sich etwas verschieben bzw. auflösen, das über das Spiel hinaus Bestand hat.

WITTGENSTEIN war laut SHOTTER nicht daran interessiert, unsere Theorien zu ändern, sondern unsere Sensibilität und Reagibilität, unsere besondere Art zu sein. „Denn wenn WITTGENSTEIN recht hat und wir uns nicht einfach ändern können, indem wir einfach ‚eine Theorie in Praxis umsetzen‘, dann können wir uns nur durch eine Um-Ordnung unserer tatsächlichen Beziehungen zu anderen, d.h. durch ein Entwickeln neuer Praktiken, ändern – und das ist oft nicht einfach" (SHOTTER 1996, S. 295, Übers. G.K.). Später schreibt er, daß alles, was jemand tut, auch durch das Zusammentun in einem Kontext mitbestimmt ist. „Es ist, als wäre die jeweilige Situation eine „thrid agency" im Austausch mit den 'eigenen' Erfordernissen" (SHOTTER 1996, S. 297, Übers. G.K.).

Das Spiel kann nur in einem Kontext des allgemeinen Sprachgebrauchs und des historisch gewachsenen, kulturellen und moralischen Ethos der KlientInnen und auch im Anschluß an die dominanten oder auch nicht so dominanten Diskurse der TherapeutInnen in ihrer Disziplin und dem Selbstverständnis davon, was Therapie ist, erfolgen. TherapeutInnen stellen ihre Spielzeugattribute oder ihre Art und Kreativität, spielen zu können, zur Verfügung: ihre Erfahrung, Theorie und Methodik. Vorrangig ist, an das von KlientInnen Dargebotene und Erwartete Anschluß zu bekommen: d.h. gleich mitspielen zu können. Das Erzählte und Gehörte, das Vorverständnis und die Reaktionen auf Mitgeteiltes, die wiederum punktuelle Verdichtungen darstellen, bilden mit dem von KlientInnen und TherapeutInnen Gesagten eine gemeinsame Geschichte, die im therapeutischen Kontext in der Stunde notwendigerweise und erwünschterweise auch von TherapeutInnen mitgeprägt ist.

Einige Aspekte von dem Spiel, das VARGA VON KIBED und ich mit meinem Satz spielten: „Es ist schade, daß du versucht hast, in Krisen allein fertig zu werden", wurden umgewandelt in: es wäre schön gewesen, hättest du mich beigezogen. Dieser Satz ist wohl vergangenheitsorientiert. Läßt es noch Veränderung zu? Oder wird die Vergangenheit auch anders bewertet? Könnte es anders gewesen sein? Daß es schön wäre, daß du mich in Zukunft beiziehen würdest, könnte ein appellativer Charakter sein. Krisen sind ein Hindernis – in Krisen vergißt du, daß es mich gibt? Eine Ressource könnte es sein für zukünftige Krisensituationen, sich an die Schwester zu wenden. Aber auch da ist ein Hindernis möglich – ob das Beiziehen tatsächlich erfolgen wird?

Man könnte wieder auf den Ursprungssatz zurückgehen: „In Krisen allein fertig werden" kann ein Satz sein wie: ein Junge weint nicht. Oder die Krise wird von außen als Krise gesehen und vielleicht gar nicht als solche erlebt. „Allein fertig werden": wie sieht wer die Lösung? ...,daß du versucht hast.... deutet auf ein Element einer Beziehungsstörung hin? Intentionalität wird unterstellt, es sei ein bewußter Akt, und dies öfter, nämlich in mehreren Krisen. „Schade"- unter Umständen ein Gewinn? Ein Spiel des Bedauerns? Oder ein echtes Hindernis, Zugang zum Mitgefühl verstellt zu haben.......

Das von REITER entwickelte Konzept der klinischen Konstellation (1995) ist auch hier hilfreich, mitzudenken und dem therapeutischen Denkansatz näher als die philosophischen Sprachspiele. Es mahnt uns, die Komplexität des und hinter dem Besprochenen nicht zu vergessen, oder im WITTGENSTEINschen Spiel die vielen möglichen Varianten der Elemente (Worte, Begriffe, Bilder, Metapher...) und ihre Kombinationen nicht aus dem Auge zu verlieren. Die therapeutische Haltung des Nichtwissens und Annahme der Konstellationshypothese bei KlientInnen macht TherapeutInnen gewahr, daß nicht nur sein/ihr eigenes entstandenes Bild eine grobe Vereinfachung der Sachlage darstellt, sondern auch hilft, gewahr zu bleiben, daß von KlientInnen Ausgesprochenes und von TherapeutInnen Gedachtes nur wenige Aspekte der Vielschichtigkeit des Inhalts schlechthin präsentieren, und im besonderen des Auszudrückenden und somit dem in Sprache Ausgedrückten. Dies führt unweigerlich dazu, daß der Respekt vor der Kundigkeit der KundInnen erhalten bleibt. Besprochenes kann nicht in die gefährliche Nähe von Wissen oder Verstehen rücken.

Ähnliches ließe sich über die Vernetzung der Sprache und des Wahrnehmens von Seiten der KlientInnen selbst sagen. Auch für sie gilt, diese Verwobenheit und Komplexität mit anderen lokalen und dominanten Diskursen mitzudenken, auch ihre eigene Geschichte, Gedachtes und zu Erwartendes prinzipiell zu respektieren.

Gesellschaftliche Konventionen des Sprachgebrauchs

Kommunikation innerhalb einer Sprachkultur

Aus der Sicht der Postmoderne, vor allem des sozialen Konstruktionismus, wird das Subjekt (hier KlientIn oder TherapeutIn) in seinem biographischen, kulturellen und sozialen Kontext begriffen (z.B. GERGEN 1997). FeministInnen setzen sich vor allem dafür ein, daß die soziale Ideologie, die Sprachkultur und Konventionen auch mitgedacht und reflektiert werden (z.B. HARE-MUSTIN 1997). Die Analyse des „dominanten Diskurses" weist uns darauf hin, daß durch die Kontrolle und/oder Autonomie das Subjekt auch bezüglich seiner eigenen Sichtweisen in seiner lokalen Kultur nicht so ohne weiters einen selbstbestimmenden Platz finden kann. Sprache unterliegt einem gesellschaftlichen Konventionalismus und bleibt dadurch auch vorwiegend ein Instrument der Eloquenten, Mächtigen und der Mehrheit. Die lokalen Geschichten und deren Bedeutungen unterliegen großem Anpassungsdruck an die dominanten Narrative, d.h. an das Übliche, das in der Kultur Akzeptierte und oft auch Angesehene.

Andererseits wird durch Fragen, wie: „Was können Sie zur Veränderung beitragen? Woran können Sie merken, daß ein Wunder passiert ist? Was können Sie bewirken, daß Sie von 3 in Richtung 4 marschieren? Was wäre, wenn Sie sich für diese Lösung entscheiden?" ein Kontext so vorgegeben, daß es KlientInnen sehr wohl *auch* möglich ist, aktiv ihre Situation und Zuschreibungen zu beeinflussen und sich in den jeweiligen relevanten Diskursen einzubringen und vor allem wird vorausgesetzt, daß diese auch Veränderungen unterliegen können.

Das jeweilige therapeutische Gespräch zwischen KlientIn und TherapeutIn ist in einen breiteren Kontext eingebettet. Es ist nicht nur eine private Konversation, auch wenn sie von Seiten der TherapeutIn mit Verschwiegenheit belegt ist. Sprache und Sprachgebrauch ändern sich langsamer als lokale Kommunikation. Sie sind an anerkannten und wirksamen Sichtweisen orientiert, die relative Stabilität schaffen. Mit den jeweiligen kulturellen und regionalen Kontexten müssen sie koordiniert werden und damit auch anschlußfähig bleiben. Der breitere Kontext wird im Sprachgebrauch von SprecherIn und HörerIn nachvollzogen und an den Wissensstand der jeweils involvierten Personen angepaßt.

Positionierung und Bedeutung des Kurztherapiegesprächs

Aufgabe des Therapeuten oder der Therapeutin ist es, einen Kontext zu schaffen, in dem eine bessere Übereinstimmung zwischen Klientensystem und dem soziokulturellen Kontext entwickelt werden kann (SIMON 1993, S.151). Eine adäquate Anschlußfähigkeit an die linguistischen und sozialen Strukturen des KlientInnensystems zu finden, ist ein wichtiger Aspekt für die Nützlichkeit einer Therapie. Der Therapeut/die Therapeutin achtet auf die Stabilisierung des Fokus des Gespräches (Auftrag) aus einer ihm zugedachten, berufspolitisch und sozial anerkannten Rolle heraus. Er/sie wird hauptsächlich dort gebraucht, wo die Wahrnehmungs-, linguistischen und sozialen Strukturen der Hilfesuchenden von sich selbst oder deren wichtigen Bezugspersonen mit den sich Aufdrängenden in Kollusion sind und Orientierung fehlt (SIMON 1993).

Im kurztherapeutischem Gespräch soll ein Impuls zu einer Veränderung des Diskurses und damit auch oft des Wahrnehmungs- und Handlungsspielraumes gegeben werden, in dem der Klient/die Klientin steckt. Der therapeutische Diskurs selbst dient nur als Mittel zum Zweck: daß das Problem verschwindet oder keine weiteren Bedenken, Dilemmas usw. vorhanden sind. Der Fokus ist auf andere Diskurse gerichtet, in die der Klient/die Klientin involviert ist. Das kann auch der Diskurs sein, den der Klient/die Klientin mit sich selbst führt. Die Kunst der Kurztherapie besteht meines Erachtens darin, diese *Anschlußfähigkeit an die wichtigen, die KlientInnen beschäftigenden Diskurse möglichst rasch zu finden*, den Fokus bei diesen den/die KlientIn beschäftigenden Diskursen belassen zu können und dennoch durch Anregungen zu erweitern oder zu verändern, Auflösungen zu provozieren oder Informationen und andere Sichtweisen entstehen zu lassen, die nützlich erscheinen, so daß Verflüssigen von Festgefahrenem passiert.

Kurz kann Therapie dann sein, wenn der Dreh an den festgefahrenen, festsitzenden Stellen ansetzt, ohne die Umgebung bzw. das Umfeld zu erkunden oder selbst in Frage zu stellen. Die Impulse sollen ermöglichen, daß dort oder darüber wieder mehrere Sichtweisen eingenommen werden können, wo sich Eindeutigkeit und Unveränderbarkeit manifestiert hatten und etwas oder jemand im Weg stand. Das Ziel ist, wieder flexibel manövrieren oder sich positionieren zu können, so daß es für alle Involvierten auch wieder passen kann.

Wichtige bisher behandelte Annahmen sollen noch einmal herausgestellt werden:

1. Das Gesprochene und Ausgetauschte ist ein Kondensat, eine Abstraktion in einem kontinuierlichen Prozeß, der im jeweiligen Moment des Sprechens Vergangenes und Zukünftiges prinzipiell mit einschließt.

2. Das Nacheinander, das durch in Sprache Fassen notwendigerweise gefordert ist (damit Dialog zustandekommt), hat skizzierende, ordnende und konstruierende Funktion.

3. Man kann von einer Vielschichtigkeit der Ausdrucksweise und des Ausgedrückten ausgehen (Bedeutungsgehalte, Geschichtlichkeit, soziale Verankerungen, Vergleiche mit Ähnlichem...)

4. Zu beachten ist die Sprachverwendung und Einbettung in die lokalen, kulturellen, sozialen und politischen Kommunikationsbereiche und
   -Gepflogenheiten der KlientInnen mit den an den jeweiligen Anliegen
   wichtigen Beteiligten (lokale und dominante Diskurse).

5. Kurztherapie ist ein Feininstrument, das kleine Veränderungen an
   wichtigen Stellen initiiert oder anregt; alles andere kann sich potenti-
   ell verändern, wenn sich einzelne wichtige Elemente verändern,
   gleichsam den Worten und deren Bedeutungen in den Sprachspielen. Oder es kann so bleiben, aber der Klient oder die Klientin kann
   damit umgehen und zurechtkommen.

6. Kurztherapie ist ein begrenztes, gezielt eingesetztes Unterfangen.
   Es wird versucht, einen Unterschied einzuführen, der einen Unterschied macht, und dann darauf zu vertrauen, daß Klienten und Klientinnen diesen eingeführten, angebotenen, alternativen Aspekt auf ihre
   Weise nützen, was hilfreich werden kann.

7. Ziel ist es, Veränderungen in dem Kontext zu erzielen, in dem sich
   der Klient/die Klientin bewegt, wo es zu Problemen gekommen ist,
   bzw. Kontexte einzuführen, die Lösungen leichter kreieren.

Wo setzt der Dreh an?

Laut LUDEWIG ist für systemische Therapie konstitutiv, diese „als Hilfe für
autonome Menschen zu begreifen, um mit minimaler Einmischung opti-
male Veränderungen zu ermöglichen." (1992, S. 11)

Systemische TherapeutInnen stellen den Sprachgebrauch von KlientInnen und deren Sichtweisen prinzipiell nicht infrage. Es wird Klienten und
Klientinnen Selbstverantwortung und Kompetenz darin zugeschrieben
(der Klient/die Klientin ist ExpertIn). Er/sie sind kundig, was ihn/sie selbst
betrifft. TherapeutInnen behandeln das von KlientInnen Wahrgenomme-
ne, Erkannte und Geäußerte *respektvoll*. Falsch erkennen, hinters Licht
führen, verschleiern, lügen usw. werden nicht in Betracht gezogen. TherapeutInnen können bestenfalls andere Ideen und Sichtweisen haben,
die aber vorerst nicht relevant erscheinen. Sie sind in Angelegenheiten
der KlientInnen nie kundiger als diese selbst.

Die in der therapeutischen Konversation entstehende Komprimierung
im Gesprochenen, Gehörten und Ausgetauschten ist eine Abstraktion
der vielen Bedeutungsgehalte, die die Worte und das Bezeichnete für
KlientInnen haben und hatten. Ausgesprochenes ist immer eine Verkür-

zung, das ins zeitliche Korsett des zu Sprechenden gezwungen werden muß und kann als solches auch in seinen Andeutungen genügen.

Im kurztherapeutischen Vorgehen wird das von KlientInnen Gesprochene und der Lebenskontext, den das Gesprochene abbilden soll, als solches akzeptiert. Es wird nicht versucht, das Mitgeteilte zu hinterfragen oder es anders zu beleuchten. TherapeutInnen wollen nicht mehr über das hören, was KlientInnen bewegt, als sie selber erzählen. Sie hören eher dort genau zu, wo es um diese Verdickungen, Verstellungen oder Verknotungen geht. Der Fokus wird darauf gelegt, wie die Betroffenen die Knoten, die entstandenen Hindernisse oder das Brett vor dem Kopf loswerden könnten und vor allem daran gearbeitet, wie das Beseitigen zu bewerkstelligen ist oder repariert wird, indem die Aufmerksamkeit in Richtung eines gewünschten Zustands gelenkt wird. Der Fokus der Therapie wird somit auf die entstandene Erweiterung oder Verengung gelegt, damit das, was das Problemhafte zum Problemhaften gemacht hat, aufgelöst, integrierbar oder irrelevant wird.

Daß dieser Fokus in dem jeweiligen therapeutischen Gespräch nicht so einfach zu finden ist, ist jedem Praktiker und Praktikerin gewahr. Das Nützen einer offenen, mehr Relationen als Inhalte betonenden Sprache und Dialogform scheint dazu hilfreich zu sein, die KlientInnen ohnehin auf konkreten Gehalt beziehen und mit ihrem Sinn füllen, der gerade zu Debatte steht.

Das Nützen von

- Skalen, die Kategorisierungen und Übergänge einführen helfen,

- Aufstellungen und Darstellungen in einem anderen Medium, Spielen mit den Relationen zueinander und Kontexten, in die Elemente gestellt werden,

- Unterschieden, die einen Unterschied machen,

- der Wunderfrage, die eine relationale Beziehung zwischen Problemhaften und Problemfreien nützt,

- der Metapher mit dem Anbieten eines bestimmten Raumes bzw. eines bestimmten Klimas für das im Text zu Sagende,

- Paradoxien, die in ihrem vorübergehenden auf-den-Kopf Stellen von geltendem Muster und Sinn zu neuen Sichtweisen drängen,

- Leitdifferenzen, die Lösungsräume schaffen,

72

- unerschrockenem Zuhören, das Vorannahmen transparent und damit diskutierbar werden läßt

- und vieles mehr

scheinen therapeutisches Feinwerkzeug zu sein, um gezielt zu Auflösungen beitragen zu können, ohne das Ganze erfassen, erkennen oder auch nur erfragen zu müssen.

Die Erzählungen des Problems durch KlientInnen haben somit mehr vertrauensbildenden Charakter als das diese Informationen oder Dialoginhalte auch für TherapeutInnen inhaltlich relevant wären.

Sie dienen eher dem Anschluß-Finden an die Sprachkultur der KlientInnen. Sie erleichtern, in den Dialog mit den KlientInnen einsteigen können, bevor auf Veränderungen und Auflösungen konzentriert wird. Dies bedeutet jedoch nicht, daß gerade diese Inhalte für die therapeutische Intervention wesentlich wären. Sie helfen zu suchen, wo der Dreh ansetzen soll. Für KlientInnen sollen die konkreten Inhalte immer präsent sein, ohne daß TherapeutInnen darüber in extenso Bescheid wissen müssen.

Wozu aus meiner Sicht therapeutische Feinwerkzeuge gut sein können

Meines Erachtens liegt gerade in der Suche und Konzentrierung auf die wesentlichen Stolpersteine der therapeutische Erfolg der Gruppe um DE SHAZER, auch wenn sich dieser wundersam anhört. Es scheint eine Spur zu einer Psycho-Logik gefunden worden zu sein, die konkreter Inhalte der KlientInnen bedarf, die aber dem Therapeuten/der Therapeutin nicht in extenso mitgeteilt werden müssen, damit diese/r arbeitsfähig wird, weil sich diese auf die Ebene der Relationen und Möglichkeiten von Relationen konzentrieren. Inwiefern es dennoch für die therapeutische Tätigkeit wichtig ist, daß sich auch TherapeutInnen in dem konkreten Anliegen der KlientInnen orientieren können und das Umfeld der „Knoten" auch mitgeteilt bekommen, scheint von der Komplexheit oder Konkretheit des Problems abhängig zu sein, wie auch des Vorverständnisses des Problems von KlientInnen selbst.

Die Fokussierung der Therapiemethodik auf KundInnen mit klar umschriebenen Anliegen (was sie verändert haben wollen und an was sie arbeiten wollen) möchte ich jedoch in Perspektive gesetzt haben. DE SHAZER selbst spricht von zwei weiteren Gruppen von Menschen, die Therapie in Anspruch nehmen – die BesucherInnen und die Klagenden. Therapie ist nicht zuletzt auch eine Form, mit Menschen in Kontakt zu sein, ZuhörerInnen zu haben und persönliche Inhalte besprechbar zu machen und besprechen zu können, wenn dies außerhalb der Therapie kaum möglich, gewünscht oder gewagt wird. Im geschützten Raum bleiben sie ohne unmittelbare Konsequenzen im Alltag. Der Experimentierraum in der Therapiestunde läßt Probehandeln und Probedenken zu. Therapeutische Ziele scheinen für die Menschen mit jenen Anliegen wohl nicht mittels eines Drehs behandelbar zu sein.

Die Kategorien von BesucherInnen, Klagenden und KundInnen scheinen nicht so sehr die Motivation von KlientInnen einzuschätzen wie das Ziel der Inanspruchnahme von Therapie zu erfassen. Sie dienen quasi einer punktuellen Auftragsdiagnose, die hilfreich sein kann, um Ziele der KlientInnen im Vordergrund zu behalten.

Ich denke, es ist hilfreich, in einem Therapieprozeß darauf zu achten, worum es im Moment jeweils geht und wozu Konsens zwischen TherapeutIn und KlientIn besteht: ist die im Moment vorherrschende Intention (was die Klientin/den Klienten beschäftigt) – sich zu artikulieren, eine Sprache für bislang Vages und Berührendes zu finden, – sich mitzuteilen und die Inhalte zu einer sozial mitgeteilten Realität werden zu lassen, ohne mit dieser als Bestandteil der eigenen Geschichtlichkeit im Beziehungsgeflecht rechnen zu müssen, – oder über die Aspekte, die sie oder ihn belasten, Klarheit zu erlangen und im weiteren erst darüber reden zu können und zu wollen, wie Veränderungen möglich werden? All diese Intentionen können in jeder Stunde immer wieder präsent sein und immer wieder andere Aspekte in den Vordergrund rücken. Es obliegt dem Therapeuten/der Therapeutin, jeweils in das Sprachspiel des Klienten/der Klientin so einzusteigen, daß Mitspielen zustandekommt, und das jeweilige Spiel im Dienste des allgemeinen Auftrages bleibt, wofür Therapie in Anspruch genommen wird.

Ein möglicher Fokus ist beispielsweise auf die sozialkonstruktionistische Vernetzung des Klienten/der Klientin in seinem/ihrem sozialen Umfeld gerichtet, so daß er/sie und die ihm/ihr wichtigen anderen in respektvoller Weise miteinander in Kontakt sein und bleiben oder manchmal auch wieder kommen können. Dazu sind fallweise andere Feinwerkzeuge notwendig.

Wiederum ein anderer Fokus wäre zu setzen, wenn es um das Zurechtfinden mit den eigenen Erlebnissen, Bedürfnissen und Wünschen und deren Möglichkeitsräume und Realisierungen geht, wenn diese noch nicht so konkrete Formen und Eindeutigkeiten annehmen (können), eine Sonderform von Beschwerdeführer.

Nur jene Therapien als Therapien zu bezeichnen, die mittels des „Drehs" zu bewerkstelligen sind, ist eine starke Vereinfachung und Einengung der therapeutischen Tätigkeit, wie sie den Anliegen von Therapiesuchenden auch nicht entspricht. Ich denke jedoch, daß das Verstehen und das Beherrschen der Kunst des Benützens der Feinwerkzeuge punktuell sehr nützlich sind und damit auch viele Veränderungen im Sinne der KlientInnen bewirkt werden können. Die Wichtigkeit anderer Werkzeuge soll damit aber nicht in den Hintergrund gestellt werden.

Literatur

ANDERSON, Harlene & GOOLOSHIAN, Harry (1990). Menschliche Systeme als sprachliche Systeme. Familiendynamik 12: 212-243.

BOSCOLO, Luigi, BERTRANDO, P., FIOCCO, PM, PALVARINI, RP, PERIERA, J (1992). Sprache und Veränderung. Familiendynamik 14: 107-124.

BUCHHOLZ, Michael (1998). Die Metapher im psychoanalytischen Dialog. Psyche 52,6: 545-571.

DE SHAZER, Steve (1988). Therapie als System. Entwurf einer Theorie. In REITER, Ludwig u.a.: Von der Familientherapie zur systemischen Perspektive. Berlin, Heidelberg, New York: Springer, 217-230.

DE SHAZER, Steve (1990). Kreatives Mißverstehen. Systeme 4: 136-148.

DE SHAZER, Steve (1992). Doing therapy: A poststructural re-vision. J.Mar.Fam.Ther. 18: 71-81.

EFRAN, Jay S., LUKENS, Michael D, LUKENS, Robert L (1992). Sprache, Kultur und Wandel. Bedeutungsrahmen der Psychotherapie. Dortmund: modernes lernen.

FISCHER, Heinz Rudolf (1990). Sprachspiele und Geschichten. Zur Rolle der Sprache In der Therapie. Z. system. Ther. 15: 190-211.

GERGEN, Mary, DAVIS, Sara (1997). Toward a New Psychology of Gender. A Reader. New York: Routledge.

HARE-MUSTIN, Rachel (1997). Discourse in the mirrored room: a postmodern analysis of therapy. In: GERGEN, Mary, DAVIS, Sara (eds). Toward a New Psychology of Gender. A Reader. New York: Routledge, 553-574.

HOFFMAN, Lynn (1996). Therapeutische Konversationen. Von Macht und Einflußnahme zur Zusammenarbeit in der Therapie. Dortmund: verlag modernes lernen.

LUDEWIG, Kurt (1992). Systemische Therapie. Stuttgart: Klett-Cotta.

REITER, Ludwig (1995). Das Konzept der „Klinischen Nützlichkeit". Theoretische Grundlagen und Praxisbezug. Z. system. Ther. 13: 193-211.

RETZER, Arnold (1995). Sprache und Psychotherapie. Psychotherapeut 40: 210-221.

SIMON, G. (1993). Revisiting the notion of hierarchy. Family Process 147-156.

SHOTTER, John (1993) Conversational realities. From within persons to within relationships. Vortrag beim APA- Kongreß, Toronto, 21.8.1993.

SHOTTER, John (1996). Living in a Wittgensteinian world: Beyond theory to a poetics of practices. Journal of the Theory of Social Behavior. 26: 3, 293-311.

SHOTTER, John, KATZ, Arlene (1997) Living moments in dialogical exchanges. In: HANSEN V.(Ed) Dialog og Refleksjon: a Festschrift for Tom Andersen on the Occasion of his 60th Birthday. Univ. of Tromso, Norway.

WITTGENSTEIN, Ludwig (1971). Philosophische Untersuchungen. Suhrkamp Tb.

WITTGENSTEIN, Ludwig (1977). Über Gewißheit. Suhrkamp Tb .

"Jetzt machen wir uns daran, einen Neuweg-Pfad zu schaffen. Deshalb nimmst du eine Schaufel, du nimmst einen Rechen, du nimmst eine Haarnadel. Wenn du nur eine Haarnadel kriegst, dann nimm' eine Haarnadel und fang' an zu graben. Und du gräbst in jede Richtung: hoch und runter, rechts und links. Nicht in gerader Linie. Nichts Natürliches oder Interessantes verläuft in gerader Linie. Es ist eine Tatsache, es ist der schnellste Weg zum falschen Ort. Und tu' nicht so, als wüßtest du, wo du hingehst. Denn wenn du wüßtest, wo du hingehst, hieße das, du bist da gewesen, und du landest genau da, wo du herkommst."

Rifke,
in Naomi NEWMANS Stück
„Schneckengerade:
Wichtige Botschaften von der Mutter"
(zitiert nach ANDERSON & HOPKINS
„Das weibliche Antlitz Gottes, 1991)
aus: Lynn HOFFMANN, 1996.

Möglichkeiten erleben, Ressourcen erkunden, Lösungswege entdecken[1]

Joachim Hesse

„Wir bestehen alle nur aus buntscheckigen Fetzen, die so locker und lose aneinanderhängen, daß jeder von Ihnen jeden Augenblick flattert, wie er will; daher gibt es ebenso viele Unterschiede zwischen uns und uns selbst wie zwischen uns und den anderen."

Michel de MONTAIGNE

---

[1] Jürgen HARGENS danke ich für seinen langen Atem und Wolfgang LOTH für sein ermutigendes Beisteuern.

77

Vorwort

Der Leser kann den Text wie einen in Arbeit[2] befindlichen Quilt (Flicken-teppich) gebrauchen.

In dem gleichnamigen Film „*Quilt*" wird erzählt, wie sich über Jahre hin-weg Frauen aus unterschiedlichen Generationen miteinander treffen, um aus gebrauchten und brauchbaren Stoffresten etwas Neues entstehen zu lassen: einen Quilt. Beim Verknüpfen der Stoffteile unterhalten sie sich über ihre vergangenen, gegenwärtigen und zukünftigen Lebensge-schichten, greifen dabei die unterschiedlichen Stränge ihrer Lebensfä-den wieder auf, knüpfen daran an und spinnen sie weiter. So strickt jede im Austausch mit den anderen weitere Teile ihres Lebensteppichs.

Ein Quilt zeigt auf der Vorderseite eine Widerspruchsvielfalt unterschied-lichster Farben, Formen und Muster. Auf der Rückseite ist manchmal nur ein Gewirr verschiedenster und scheinbar unzusammenhängender Fäden erkennbar. Beide Seiten bilden zusammen einen Quilt: Eine Ein-heit in der Vielfalt ihrer Unterschiede.

Wie bei einem Quilt bringt der Leser die unterschiedlichen und sich wohl auch widersprechenden Textteile auf seine Art und Weise zusammen. Vielleicht kann er dabei manchmal nicht genau unterscheiden, ob er sich auf der Vorder- oder Rückseite des Textteppichs (bzw. Gewebes) befin-det. Je nachdem, auf welcher Seite er glaubt zu wandern und welche Fäden er dabei aufgreift und miteinander verknüpft, können sich unter-schiedliche Strickmuster ergeben. Beim Zurücklegen der Strecke zwi-schen den einzelnen Textpassagen ergeben sich unterschiedliche Wan-derwege, die beim Auskundschaften im Gelände des „Möglichkeiten-Landes" (O'Hanlon & Beadle 1999, S. 9) entstehen können.

Die einzelnen Textpassagen bilden ein „Sortiment von Wörtern" (Rorty, 1989, S.127), welches kein „abschließendes Vokabular" (a.a.O., S.128) bietet. Vielleicht aber die Möglichkeit, sich ein eigenes Möglichkeitsvo-kabular zu stricken. Ein sich ermöglichender Sprachgebrauch verwen-det Worte, die es einem ermöglichen, sich auf bislang noch nicht erfah-rene Weise auszuprobieren, zu erleben oder zu verändern. Dies meint z. B. die Fähigkeit, sich aus verschiedenen Perspektiven verstehen und erleben zu können, bzw. sich unterschiedlich beschreiben, erklären und bewerten zu können (Simon, 1995). Betrachte ich mich z. B. unter einer

---

[2] So bildet dieser Aufsatz den vorläufigen Abschluß verschiedener Überlegungen von mir (Hesse 1997a-c, 1998, 1999, i.Dr.)

Störungs- oder/und Ressourcenperspektive? Und woran merke ich den Unterschied beim beschreiben, erklären und bewerten? Oder betrachte ich mich aus einer liebevoll-neugierig-interessierten Haltung des „Nichtwissens" (s. u.)? Frei nach dem Motto: Was ich noch nicht weiß, macht mich heiß. Oder aus der Perspektive, wo ich in meinem Leben hin will und dafür die Verantwortung übernehmen möchte?

Möglichkeiten beziehen sich auf lebensermöglichende mögliche Möglichkeiten. Jeder weiß: Nicht alles ist möglich, aber vieles. Für jemanden, der auf „unmögliche" Weise über seine Möglichkeiten hinaus lebt, könnte z. B. eine Möglichkeit sein, seinen ihm gemäßen Möglichkeitsraum zu erkundschaften, sowie schätzen und kennenzulernen, was er möglicherweise werden kann. Um Möglichkeiten ergreifen und ausbauen zu können, braucht man nicht nur Spielräume, um Möglichkeiten entdecken zu können, sondern auch die Möglichkeit, zwischen Möglichkeiten Schwerpunkte zu setzen, Möglichkeiten abzuwägen, auszusuchen und zu wählen. Aus beliebig vielen Möglichkeiten werden dann ausgewählte Möglichkeiten mit Kraft, Zentrierung und Richtung. Häufig wird erst das zur Möglichkeit, was man als Möglichkeit auserwählt. Dies können auch Begrenzungen sein, die „wenn man sie richtig nutzt, häufig die besten Ressourcen eines Menschen sind" (KEENEY, 1991, S.148).

Einem Menschen begegnen heißt, von einem Rätsel
wachgehalten zu werden.

Emmanuel LÉVINAS

Ermöglichendes Verstehen

Was tue ich als Therapeut, der gemeinsam mit dem Klienten dessen Möglichkeitsraum erkundet, seinen Möglichkeitssinn entfacht und mit ihm auf Entdeckungsreise geht, was für ihn möglich werden kann?

Ich lasse mich z. B. ergreifen und ergreife, was mich ergreift. D. h. ich nehme eine „Haltung des Nichtwissen" (ANDERSON & GOOLISHIAN 1993, S. 178) ein und verstehe den Klienten durch ein Nacherleben, Miterleben und Weitererleben. Weitererleben bezieht sich darauf, daß der Klient seinen möglichen Erlebnisraum ausweiten kann. Erleben bezieht sich also nicht nur auf ein Mitfühlen, sondern auf die Einheit von Fühlen, Denken, Handeln und Sprache. Verstehen meint ein sinnstiftendes und mitvollziehendes Entdecken, Erfassen und Erweitern von Bedeutungsmöglichkeiten des jeweiligen Lebenszusammenhangs. Verstehen in diesem Sinne heißt <u>nicht</u>:

- die Gefühle und Gedanken des Klienten zu „lesen",

- zwischen oder hinter den Zeilen des Gesagten zu „hören",

- ein starres Einordnen des Gehörten in eine Therapietheorie zu unternehmen,

- eine Grenzüberschreitung durch „Einfühlung",

- ein Problematisieren bzw. ein „Problemtalk",

- ein Problemsystem zu bilden und auf diese Weise ein Problem zu ernähren,

- eine zeit- und kontextunabhängige (i. S. einer „eigentlichen" Deutung) Zuschreibung dem Klienten aus der Innenperspektive überzustülpen,

sondern sich selber als Resonanzkörper zu benutzen und mitzuteilen, was ich als Resonanz zwischen dem Klienten und mir erlebe. Ich biete ihm *meine* Erlebniswelt (was ich z. B. höre, sehe, spüre, fühle, denke, intuitiv merke, etc.) als Verständigungsmöglichkeit an. Dies teile ich z. B. in Form von Fragen, Aussagen, Hypothesen, Geschichten, Bildern, Aufgaben oder Übungen mit. Je nach Erfordernis kann dies einfach, komplex, ambivalent, widersprüchlich oder mehrperspektivisch geschehen. Da der Klient wiederum auf meinen Erlebnisrahmen antwortet, was zu weiteren Bedeutungsgebungen führt, bildet sich ein austauschbezogenes und intersubjektives sowie zeit- und kontextspezifisches Verständnis.

„Nichtwissen" bedeutet, sich gegenüber persönlichen oder/und therapeutischen Prämissen neutral (RETZER, 1994) zu verhalten, bzw. den gewählten Konstruktionen nur soviel Referenz zu erweisen, daß man sich auch davon frei machen kann, um z. B. andere Perspektiven zu gebrauchen. Es geht also darum, sich gegenüber den eigenen therapeutischen Ideen, Vorgehensweisen, Modellen, bzw. Therapieperspektiven auf respektvolle Weise respektlos (CECCHIN et al. 1993) zu verhalten und aus der jeweiligen „Glaubenslehre" keine Konfession (GRAWE et al. 1994) zu machen. Statt etwas zur Rettung des jeweiligen Therapiemodells zu unternehmen, ist es sinnvoller, etwas Hilfreiches für den konkreten Klienten zu tun.

Nichtwissen meint kein unwissendes Nichtwissen, sondern es handelt sich um ein reflektiertes Nichtwissen, welches darum weiß, was es nicht weiß. Nichtwissen wird hier als eine Form ursprünglicher und unverstellter Neugier betrachtet, mit der man sich für den Klienten respektvoll interessiert (Boscolo & Bertrando 1997, Hoffman 1996, Ludewig 1992). Verstehen aus der Haltung des „Nichtwissen" bedeutet nicht ein grenzverwischendes „Hineineinschlüpfen" in den Anderen, sondern ein Vertrautwerden in der Unterschiedlichkeit, die das Andere und Fremde des Gegenübers anerkennt. Diese Haltung ist die Basis für ein ermöglichendes Verstehen, welches nicht zu einem vorschnellen Bescheid-Wissen führt, sondern unterschiedliche und unterschiedsbildende Sinn-Perspektiven zuläßt:

◆ Wie anders könnte z. B. das vorgetragene Problem noch verstanden werden?

◆ Welche anderen Lösungsmöglichkeiten könnten noch entdeckt werden?

◆ Was ist sinnvoll daran, wenn z. B. ein Problem nicht positiv umgedeutet werden kann?

◆ Wann ist es möglicherweise hilfreicher und respektvoller, nicht zu verstehen?

◆ Wie anders könnte der Klient noch verstanden werden? Z. B. wie anders könnte seine Geschichte noch erzählt, erklärt und bewertet werden?

◆ Was war bislang ausgeblendet und noch nicht im Blick, welches den Horizont erweitern könnte? (s. Varga v. Kibéd 1995)

◆ Wie unterschiedlich und unterschiedsbildend müssen die verschiedenen Verstehensperspektiven sein, um Kraft zu entwickeln?

◆ Woran merken Therapeut, Klient und andere ein hilfreiches Verstehen?

◆ Was erhofft sich der Klient von einem Verstehen? Wie hilft es ihm? Wobei?

◆ Was genau tun und unterlassen der Therapeut und Klient während des Verstehens und was tut der Klient anschließend?

Solch ein ermöglichendes Verstehen hat nichts mit schnellen Deutungs- und Erklärungs„schnullern" zu tun, sondern bleibt vorläufig, unterwegs und mehrperspektivisch. Mittels unterschiedsbildender Beschreibungs-, Erklärungs- und Bewertungsvarianten wird der Klient weder „richtig" noch „falsch" verstanden, sondern hilfreich, sinnvoll und passend, so daß er andere Möglichkeitsperspektiven entwickeln kann. Auf diese Weise erweitert er seinen inneren und äußeren Erlebnisraum. So entfalten sich neue Facetten von Bedeutungs- und Handlungsmöglichkeiten. Es handelt sich also um ein Verstehen, welches auf dem erlebten Kontakt zu den erlebten Erfahrungen des Klienten basiert. So könnte der Klient z. B. gefragt werden:

„Ich hörte, daß Sie dieses oder jenes sagten, was meinten Sie damit? Was noch? Um was könnte es noch gehen? Vielleicht um noch etwas ganz anderes, außerhalb von alledem was Sie bislang gesagt haben?"

Ermöglichendes Verstehen bedeutet auch, daß der Therapeut mit dem Klienten kooperiert. Verläuft die Therapie nicht wie gewünscht, leistet nicht etwa der Klient Widerstand (DE SHAZER, 1990 b). Widerstand ist eine Aufforderung an den Therapeuten, sein Antwortverhalten zu verändern, z. B.:

◆ die verschiedenen Zielkriterien bei der Konstruktion therapeutischer Ziele zu beachten (sind die Ziele z. B. klein genug und schon in Ansätzen anwesend?),

◆ die Interventionen passender zum Therapiekontext, zum Zeitpunkt während des Therapieverlaufs oder zur Aufnahmebereitschaft der Klienten (Klienten mit Besucherbeziehungsmustern nicht wie Klienten mit Kundenbeziehungsmustern behandeln) zu gestalten,

◆ den Klienten eher beim Wort zu nehmen, als zuviel zwischen den Zeilen zu lesen,

◆ sich als Person mit Gefühl, Verstand und Intuition – unabhängig vom jeweiligen Therapiemodell – in den Therapieverlauf miteinzubringen und so die Kunst der Balance einer personalen Professionalität aufrechtzuerhalten,

◆ fehlerfreundlich[3] zu reflektieren, i. S. eines fehlertoleranten Umgangs mit Irrtümern, so daß sie genutzt werden können,

◆ seinen Humor beizubehalten, denn eine humorvolle Haltung kann dazu beitragen, sich von festgefahrenen Definitionen zu lösen und einen Standpunkt außerhalb einer binären Logik einzunehmen,

---

[3] Zur Fehlerfreundlichkeit s. u.a. GUGGENBERGER 1987, KLEIN et al. 1991, V. WEIZSÄCKER 1992, V. WEIZSÄCKER et al. 1984.

◆ lösende Muster systemischer Empathie (analog den Mustern emphatisch gelingender Interaktion innerhalb der Mutter-Kind-Dyade oder innerhalb der Mutter-Kind-Vater-Triade) zu kreieren.

Neugieriges „Nichtwissen"

In einer Gruppensitzung in unserer Klinik bemerke ich, wie ich in eine Professionalitätseskalation hineingerate. Ein mehr-desselben lösungsorientierter „Anderer-Fragen" (nach der lösungsorientierten Regel: „Wenn etwas nicht klappt, mach' etwas anderes) bilden keinen relevanten Unterschied mehr.

Die Klienten reagieren desinteressiert und gelangweilt. Ich bin versucht, Zuflucht zur Wunderfrage (s. u.) zu nehmen, fühle mich aber auch dabei zu unbehaglich.

Nach einer 10-minütigen Pause, bei der ich mit den Worten „Bitte geben Sie mir etwas Zeit", den Raum verlasse, frage ich, wer von den Gruppenmitgliedern die Rolle eines Beraters einnehmen möchte und Kommentare zum Klienten sowie zu dem, was er zwischen dem Klient und mir erlebt, abgeben möchte. Es melden sich drei Leute. Nach einer Pause sagt jemand: „Das Thema heißt, wie finden wir ein Thema?"

Dankbar greife ich den Faden auf, bzw. brauche ihn nicht mehr aufzugreifen, weil andere Gruppenmitglieder zu seinem Vorschlag zustimmend nicken. Ich „höre" ihrem Nicken aufmerksam und interessiert zu. Die Stimmung der Gruppenmitglieder ist zugewandt und aufgeschlossen. Es ist genügend Sicherheit für „unwissendes" Suchen da. Ich rede nicht mehr als professioneller „Wissender", sondern als jemand, der ebenfalls auf der Suche nach einem roten Faden (vielleicht von einem Quilt) ist. Nach einer halben Stunde haben wir – etwas verwundert, ungewohnt und vorsichtig – ein Thema gefunden. Das Reflecting Team (ANDERSEN 1990) arbeitet interessiert mit und wir müssen aufpassen, daß wir die Stunde nicht überziehen.

Was war passiert? Ich „wußte" nicht mehr weiter und habe mein Nichtweiter-Wissen ernst und als Ausgangspunkt genommen. Im Sinne eines lösungsorientierten Vorgehens ("wenn es nicht klappt, mach' etwas anderes") habe ich wieder einen relevanten Unterschied eingeführt. Jetzt ging es nicht mehr um Veränderungen, Ziele und Lösungen, sondern darum, stehenzubleiben und ausreichend langsam zu verstehen. Indem ich nichts tat, konnte ich mich finden lassen, wo ich mich gerade befand.

Als „Professioneller" begriff ich mich als Teil einer dialogischen Schleife und bewegte mich innerhalb des Bezugsrahmens der Klienten. Durch den Vorschlag, ein Reflecting Team zu bilden, trug ich gleichzeitig dazu bei, daß die Gruppe sich interessierter organisieren konnte.

Insofern basierte mein Vorgehen nicht auf einem unwissendes Nichtwissen, sondern auf einem informierten Nichtwissen. Diese „Fertigkeiten des Nichtwissens" (DE JONG & BERG 1998, S. 46) helfen dabei, den Therapieprozeß i. S. eines „Beisteuerns" (LOTH 1997, S. 41) mitzusteuern.

Sich wundern

Die Wunderfrage: „Stellen Sie sich vor, daß heute nacht, während Sie schlafen, ein Wunder geschieht. Das Wunder ist, daß das Problem, das Sie heute hierhergeführt hat, gelöst ist. Sie wissen aber nicht, daß es gelöst ist, weil Sie ja schlafen. Was werden Sie morgen früh bemerken, was anders ist und was Ihnen sagt, daß ein Wunder geschehen ist? Was werden Sie noch bemerken?" ist für mich deswegen so faszinierend, weil Sie aus einer Haltung des Nichtwissens nach dem fragt, was einen ursprünglich angeht.

Ich stelle die Frage allen Klienten zu Beginn der Therapie im Erstgespräch. Für mich ist diese Frage keine Intervention i. S. einer Technik. Zwar erfrage ich damit auch die Ziele der Klienten, aber am interessantesten ist die Frage für mich als eine Form der Beziehungsgestaltung bzw. einer ressourcenbezogenen affektiven Rahmung. Stelle ich die Frage aus einer neugierig-interessierten, fast naiv-nicht-wissenden Haltung, kommen erstaunliche Antworten zustande. Ohne Umschweife und Therapiejargon eröffnet die Frage mir den Zugang zu den Klienten i. S. einer ursprünglichen Begegnung. Wichtig dabei ist, daß die Frage:

◆ inhaltsfrei (ansonsten läuft man Gefahr, daß die Lösung zum Problem wird),

◆ ausreichend gut eingebettet (z. B. „Ich möchte Ihnen eine etwas seltsame Frage stellen – eine Frage, die vielleicht recht ungewöhnlich für Sie ist – und für die Sie etwas Vorstellungskraft brauchen."),

◆ langsam mit Pausen,

◆ zur rechten Zeit (meistens nach dem ich mich über die Lebenssituation, wie z. B. Beziehung und Beruf erkundigt habe),

- problemanerkennend (die allererste Frage im Erstgespräch, wenn die Klienten zu uns in die Klinik kommen lautet: „Wie geht's?" oder „Wie geht's Ihnen?"),

- liebevoll unterstützend-gewährend,

- mit absichtloser Absichtlichkeit

gestellt wird und anschließend ausgeweitet wird. (Z. B.: „Woran bemerken Sie noch, daß ein Wunder geschehen ist? Was sehen und hören andere dann?")

Klienten, die die Frage nicht verstehen (oder mehr oder weniger kreativ mißverstehen, siehe: DE SHAZER 1990), sage ich zustimmend-fragend: „Es ist wirklich eine schwierige Frage. Ich wiederhole sie einfach nochmal?" und stelle die Frage dann noch einmal. Klienten, die nicht an Wunder glauben (es gibt erstaunlich wenige!) sage ich: „Keine Sorge, wir sind keine Wunderklinik. Ich will einfach nur wissen, was Sie hier möchten. Sie wissen: manchmal glaubt man an Wunder und manchmal nicht. Tun Sie bitte einfach so, als ob Sie an ein Wunder glauben!" Nach diesen Erläuterungen sind die Klienten „beruhigt", und ich wiederhole die Frage noch einmal.

Probleme anerkennen

Öfter als gewünscht, passiert im Leben „Mist". Ohne Mist gibt es allerdings keinen Dünger und auch keine gute Ernte.

Viele Klienten können den „Mist" in ihrem Leben häufig erst dann als „Dünger" für eine reichhaltige Ernte ihres Lebens nutzen, wenn die Schwere ihrer Last anerkannt wird. Vorschnelle positive Umdeutungen nehmen den Klienten mit seinen Be-last-ungen nicht erst.

So wollte sich z. B. ein Klient sein „Seuchenjahr" (seine Bezeichnung für chronisches Trinken bei fortgeschrittener Leberzirrose) partout nicht umdeuten lassen. Für ihn bildete dies eine hilfreiche Erinnerung an eine lebensgefährliche Phase in seinem Leben, die er nicht noch einmal wiederholen wollte.

Ein anderes Beispiel für einen ressourcenorientierten Gebrauch von schlimmen und schweren Erfahrungen: „Auf der Skala von 0 – 10, wie schwer schätzen Sie Ihr Problem (Krise, Krankheit, Konflikt) ein, bzw. wie schlimm haben Sie es erlebt?" Und auf einer zweiten Skala: „Verglichen damit, wie sehr meistern Sie es bereits (auf einer Skala von 0 – 10)?"

Je deutlicher manchmal die Schwere eines Problems oder eine einschränkende Störung anerkannt wird, desto eher können anschließend die Ressourcen gesehen und erlebt werden.

„In der Art und Weise, wie jemand ein „Problem"
beschreibt, ist immer schon eine Idee darüber enthalten,
wie es gelöst werden könnte oder sollte"

Fritz B. Simon

Lösungsorientierter Gebrauch von Störungswissen

Bei manchen Problemen ist der kundige und wissende Umgang mit Störungswissen sehr hilfreich. Bei Patienten, die z. B. an Panikattacken leiden, ist das Wissen um die Entstehung und Aufrechterhaltung ihres Panik"zirkels" ein erster Schritt in Richtung Lösung. Sie wissen z. B. dann, daß Panikattacken als Teil einer sich selbstaufrechterhaltenden Aufmerksamkeitsfokussierung auf innere körperliche Signale mit begleitenden inneren Bildvorstellungen und bestimmten Atemmustern begriffen werden (MARGRAF & SCHNEIDER 1990) können.

Allein dieses Störungswissen bildet für viele Klienten den ersten Teil in Richtung einer Lösung. Danach können Sie in kleinen Schritten üben, ihren Aufmerksamkeitsfokus zu verändern (z. B. in Richtung einer Fokussierung der Aufmerksamkeit nach außen). Anschließend können Sie kleinste Ausnahmemuster bemerken und darauf achten, was Sie tun, wenn es Ihnen besser geht. Schließlich lernen Sie zu unterscheiden, woran Sie den Unterschied zwischen „normalem Unwohlsein" und beginnenden „Vorboten" von Panikzuständen feststellen können. Dann achten Sie wiederum verstärkt darauf, was Sie tun, wenn es Ihnen besser geht.

In anderen Fällen kann ein zu starrer Gebrauch von Störungswissen störend und selber Teil einer Störung werden. Z. B. wenn der Therapeut zu sehr störungsspezifisch deutet und „Störendes" zwischen die Zeilen des Gesagten hineininterpretiert und dabei mehr auf sein Expertenwissen achtet als auf den Klienten.

Ein reflektierter Umgang mit Störungswissen kann zu einem ressourcenorientierten Gebrauch von Störungswissen führen. Z. B.: „Woran merke ich, wann der Gebrauch von Störungswissen für wen (Therapeut/ Klient) hilfreich oder störend ist? Woran erkenne ich den Unterschied? Wann ist es hilfreich, den eigenen und professionellen Annahmen Refe-

renz zu erweisen oder die Referenz zu unterlassen?" Einfacher ausge-
drückt: „Auf wen höre ich als Therapeut: auf den Klienten, auf mich (und
dann auf was und auf wen?), auf meine Theorien oder auf meine Ausbil-
der?"

Personale Professionalität

Als Therapeut bin ich beides: Person und Experte (z. B. für die Gestaltung des Therapieprozesses). Beides bin ich zugleich in Personaluni-
on: untrennbar miteinander verknüpft. Aber je nach Kontext, Zeit und
Klient bin ich mal mehr „Person" und mal mehr „Experte". Eins geht
ohne das andere nicht. Bin ich „nur" Person, bin ich bald „Betroffener",
bin ich „nur" Experte, bin ich bald „Getroffener". Als Therapeut schaffe
ich „Möglichkeiten für Kontexte von Möglichkeiten" (Lотн 1991, S. 41)
und steuere damit eine Mischung aus persönlichen und professionellen Beiträgen bei. Ich bin Teil des gesamten Bogens der Therapie: ein
gesteuerter-beisteuernder-Steuernder. Um mitmischen zu können, muß
ich mich dabei sowohl einmischen, als auch raushalten können (Simon
1997). Übergehe ich dabei meine Intuitionen, Erfahrungen oder Gefühle, beraube ich mich eines meiner besten Instrumente: nämlich
meiner Person und reduziere mich allenfalls auf einen Fragesteller.

Professionalität darf keine Weise sein, „Persönlichkeit zu vermeiden"
(Whitaker 1991a, S. 573). Denn dann wäre „die therapeutische Beziehung keine wirkliche Beziehung, sondern eine Rolle, die der Therapeut spielt" (Whitaker 1991b, S. 268). Personale Professionalität
bedeutet, daß der Therapeut sowohl eine professionelle Rolle einnehmen, als auch daraus aussteigen kann und sich klarmacht, daß
es in der Therapie „Augenblicke gibt, in denen eine Beziehung zwischen zwei Personen besteht und nicht nur eine Beziehung zwischen
einer Person und einer Rolle" (Whitaker 1991b, S. 268). „Wenn Psychotherapie wirklich eine Begegnung zwischen Menschen sein soll,
dann erfordert sie einen Therapeuten, der sich die Fähigkeit, eine
Person zu sein, bewahrt hat" (Whitaker & Bumberry 1992, S. 35), bzw.
der sich auf die Kunst der Balance einer personalen Professionalität
versteht.

Reflexive Achtsamkeit

Mein Körpererleben lasse ich als Reflexionsorgan bzw. als Resonanzkörper zu mir und zum Klienten sprechen:

- Was sehe ich im Augen-Blick? Wohin schaue ich? Wie schaue ich? Z. B. vorsichtig, nachsichtig, klarsichtig, weitsichtig, scharfsichtig, einsichtig, zuversichtlich, aussichtsreich? Wie ist meine Sichtweise?

- Was höre ich? Wie höre ich zu? Mit welchem Zuhörer höre ich zu? Wem höre ich zu?

- Was merke ich intuitiv, wenn ich was spüre?

- Was spüre ich körperlich? Wie z. B. atme ich in bewegenden und lösenden Momenten?

- Wie fühle ich mich?

- Was für innere Bilder kommen mir in den Sinn?

- Wie lauten meine inneren Dialoge (z. B. i. S. von verstehen, erklären und bewerten), wenn ich was spüre?

Indem ich mich als Therapeut auf reflexive Weise (s. u.) orientiere, kann ich meinen Spiel- und Möglichkeitsraum erweitern und die „Interventionen" je nach Klient, Kontext und Zeit angemessen

- klar, aber möglicherweise je nach Erfordernis vage formuliert

- passend und ungewöhnlich

- neutral-neugierig-interessiert

- fehlerfreundlich

- prägnant und sinnstiftend

- einfach und/oder komplex

- natürlich und professionell

gestalten.

Klienten lassen sich z. B. folgende Fragen stellen:

- Was spüren Sie? Bzw.: Welche Körperempfindungen spüren Sie?

- Was spüren Sie, wenn Sie in Ihren Körper hineinspüren?

- Was spüren Sie noch, wenn Sie weiter spüren?

- Wie beschreiben Sie das, was Sie spüren?

- Paßt Ihre Beschreibung zu dem, was Sie spüren?

- Was spüren Sie jetzt noch?

- Spüren Sie, was Sie beschreiben, beschreiben Sie was Sie spüren!

- Was erleben, erfahren, empfinden Sie dabei in all' seiner Bedeutungs-vielfalt?
- Was spüren Sie noch? Was würden Sie spüren, wenn Sie alles ge-spürt hätten, was Sie bislang noch nicht gespürt haben?
- Welche Möglichkeiten erleben Sie nun?
- Was erzählt Ihnen Ihr Körper, wenn es Ihnen besser geht?

Vizelösungen

Häufig geht es in der Therapie nicht um „die" Lösung oder um „den" Lösungsjoker. Oft sind es zweitbeste Lösungen (der Philosoph Odo MARQUARD, 1995, spricht von „Vizelösungen"). Dies bedeutet z. B., einen praktikablen Umgang mit Einschränkungen zu finden.

Für einen stotternden, mehrfachabhängigen Klienten, der sehr unter sei-ner Transsexualität litt und sich nicht nur bezogen auf seine Sexualität äußerst ambivalent erlebte sondern auch hinsichtlich vieler Therapiezie-le (so überlegte er ständig, ob er die Therapie abbrechen, seine Woh-nung, die Freunde und den Beruf wechseln sollte), war es z. B. sehr hilf-reich, sich nicht mehr auf <u>eine</u> Seite innerhalb des Ambivalenzkonfliktes zu stellen, sondern eine Position außerhalb davon einzunehmen und <u>mit</u> seinen Ambivalenzen leben zu lernen. Statt sich für sein ambivalentes Schicksal oder für die gescheiterten Versuche, sich „auf eine Linie zu bringen", abzuwerten, lernte er mit seinem Schicksal umzugehen.

Ressourcenorientierter Diagnosengebrauch

Häufig wird aus einer lösungsorientierten Sicht der Sinn von Diagnosen bezweifelt. Jedoch kann z. B. :

- eine Ressourcen- und Zieldiagnostik (i. S. eines flexiblen und verän-derbaren Zielrahmens) betrieben oder
- eine Störungsdiagnostik auf ressourcenorientierte Weise gebraucht werden.

Diagnosen können hilfreiche Werkzeuge sein, so lange sie aus der Sicht des Klienten nicht auf eine verdinglichende Weise gebraucht werden, sondern im Dienst der Ressourcenaktivierung stehen. Diagnosen kön-nen als Rückmeldung für einen ressourcenorientierten Selbstgebrauch genutzt werden. Die beobachteten (was ist z. B. übersehen worden?)

Hinweise, die zu einer Diagnose führen, können z. B. dazu gebraucht werden,

- ◆ sich daran zu reiben, so daß der Klient aus der Auseinandersetzung um das „zutreffendere" (aus welcher Sicht zutreffend?) Diagnosebild, welches zeit- und kontextabhängig ist, gestärkt hervortreten kann,
- ◆ sie als Anreiz für notwendige Veränderungen zu betrachten,
- ◆ sich konstruktiv zu entlasten i. S. des Respektierens eigener Grenzen, um auf diese Weise besser mit Einschränkungen umgehen zu können.

Ressourcenorientierter Konfliktgebrauch

Manchmal pflegen Klienten einen „pseudo-ressource-ischen" Therapiejargon, der Teil einer professionellen positiven Selbstdarstellung sein kann. Die Gespräche hören sich zwar „lösungsorientiert" an, aber die Stimmung ist kraftlos und verdächtig eingespielt. Bei solchen Patienten bildet ein lösungsorientiertes Vorgehen keinen relevanten Unterschied, da sie auf eine harmonisierend-ressourcenorientierte Weise kooperieren.

Natürlich helfen hier keine Hinweise darauf, daß eine lösungsorientierte Therapie nichts mit positivem Wunschdenken zu tun hat – frei nach dem Motto: wenn ich nur lange genug positiv denke und rede, wird's schon werden – sondern daß Therapieerfolge häufig die Frucht harter Arbeit sind.

Auch therapeutisches Intervenieren, wie z. B. „Angenommen, wir reden auf diese Art und Weise weiter, was wird das Resultat davon sein?" hilft manchmal nicht weiter. Dann ist der Therapeut als Person mit Gefühl, Verstand und Intuition gefragt. Indem er z. B. eine persönliche „Konfliktperspektive" einnimmt – „Mein Eindruck ist, wir (oder Sie) reden um den heißen Brei herum" – kann wieder ein Unterschied hergestellt werden. Auf diese Weise kann eine Harmonieregel unterbrochen und ein sinnvoller Unterschied eingeführt werden.

Ressourcenorientierte Gruppentherapie

Ziel einer ressourcenbezogenen Gruppentherapie ist es, die Gruppe als einen Kontext so zu gestalten, daß sich deren Mitglieder wechselseitig dazu einladen, auf die Ressourcenbereiche zu fokussieren, welche sie für ihre Lösungen brauchen. Die Gruppe kann auf diese Weise den wechselseitigen Austausch positiver Bewältigungsformen organisieren, sie kann als kreatives Potential zur Lösungssuche genutzt werden und als aufmunterndes Unterstützungs-System. Die Vielfalt unterschiedlicher Perspektiven der verschiedenen Gruppenmitglieder kann in Form eines Reflecting Teams (ANDERSEN 1990, HARGENS & SCHLIPPE 1998) zur Ressourcenaktivierung genutzt werden.

Häufig befinden sich Gruppenmitglieder in unterschiedlichen Phasen des Lösungsprozesses, so daß andere Mitglieder wie in einem zukunftsgerichteten Film einen Einblick in bestimmte zu erwartende Aufgabenbereiche bekommen und sie am Gruppenmitglied vorwegnehmend bearbeiten können. Die Gruppe selbst kann sich auch zum Thema machen und in der Bearbeitung eigener Themen und Konflikte Möglichkeiten bieten, als Modell-Situation für andere soziale Situationen zu fungieren und somit Lösungsverhalten konkret einzuüben.

Insgesamt stehen in der Gruppentherapie drei Bereiche im Vordergrund:

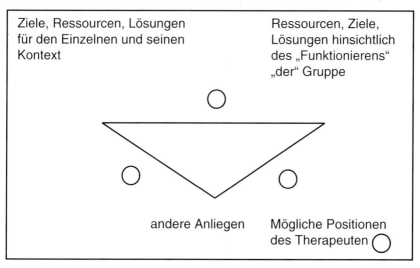

Durch ein lösungsausgerichtetes Fragen entsteht in der Gruppe ein Klima zielorientierter und aufgabenbezogener Auseinandersetzung. Die Gruppe bietet damit nicht nur einen Lösungsraum für Situationen außerhalb der Therapie, sondern ebenso einen konkreten sozialen Aufgabenraum in der Gruppe selber. Indem der Therapeut z. B. durch lösungsorientierte Fragen die Interaktion zwischen den Gruppenmitgliedern fördert, werden dadurch auch Gruppenprozesse ausgelöst, die ablaufen werden, wenn die jeweiligen Probleme gelöst sind.

Ein Beispiel:

Beim Betreten des Gruppenraums bekomme ich das Gefühl, daß „dicke Luft" ist. Daraufhin stelle ich jedem Gruppenmitglied folgende Frage: „Auf der Skala von 0 – 10, wie „gut" ist Ihrer Meinung nach z. Zt. die Stimmung in der Gruppe?"

Die Gruppenmitglieder werden gebeten, jeweils einen Skalenwert anzugeben und weitere Erklärungen oder Schuldzuweisungen zu unterlassen. Da alle Werte weit unter 5 liegen, wird wieder jeder einzelne gefragt: „Angenommen, die Stimmung ist um jeweils einen Punkt besser geworden, wie anders ist die Stimmung dann? Was genau tun Sie dann im Unterschied zu jetzt?" Dies lasse ich mir ausführlich beschreiben. Anschließend möchte ich noch jeden Einzelnen fragen: „Was wollen Sie dafür tun, damit sich die Stimmung verbessert?"

Da die Beantwortung der vorherigen Frage sehr viel Zeit in Anspruch genommen hat, beschließe ich eine kurze Pause zu machen, um dann fortzufahren. Nach zehn Minuten betreten die Gruppenmitglieder den Raum. Die Stimmung ist gelöst. Erstaunt frage ich, was passiert sei. Lachend erzählen die Gruppenmitglieder, sie hätten wohl zufälligerweise genau das gemacht, was sie vorher beschrieben hätten.

> *„Ich finde, Pessimismus ist immer ein Mangel an Aufrichtigkeit. Warum? Weil niemand ohne Hoffnung leben kann."*
>
> Hans-Georg GADAMER

Ressourcenorientierter Selbstgebrauch

Was tut jemand, der sich selbst auf ressourcenorientierte Weise gebraucht? Er unterwirft sich keinen normativen Glücksregeln, sondern benutzt seine Quellen, ohne sich dabei z. B. mit seinem Fühlen, Denken, Körper, Handeln oder seinen Rollen und Funktionen gleichzusetzen (BÜNTIG 1999 a). Er ist frei, seine Ressourcen, Einschränkungen und Begrenzungen als Möglichkeiten zu nehmen, auszukundschaften und zu gebrauchen. Dies schließt ein, daß er sich in absichtsloser Absichtlichkeit sein lassen kann und sich finden läßt.

Mögliche Fragen können dabei hilfreich sein:

♦ Was tue oder unterlasse ich, wenn es mir besser geht?

♦ Wie aufmerksam achte ich dann auf mich und andere?

- Wie anders spüre ich mich dann?
- Wie anders atme, bewege und halte ich mich dann?
- Auf der Skala von 0 – 10, wie sehr ressourcenorientiert beschreibe, erkläre und bewerte ich mich dann als Person?
- Was genau tue ich, wenn ich mich auf ressourcenorientierte Weise beschreibe, erkläre, bewerte, verstehe und erlebe? Falls dies der Fall ist: wie anders antworte ich dann auf Rückschläge, Mißerfolge, Krisen oder Schicksalsschläge?
- Was sehen und hören dann andere von mir?
- Was ist der allererste kleinste Schritt in diese Richtung?
- Was tue ich als ersten allerkleinsten Schritt in diese Richtung?
- Wie stelle ich sicher, daß ich damit beginne?
- Was verläuft in meinem Leben so, von dem ich möchte, daß es weiterhin so verläuft?
- Was genau tue ich dafür, daß mein Leben weiterhin so verlaufen kann, wie ich möchte, daß es verläuft?
- Wie langsam muß ich dabei vorangehen?
- Wie sorge ich für die Aufrechterhaltung meiner Ressourcen?
- Wo will ich in meinem Leben noch hin und die Verantwortung dafür tragen?
- Welchen Preis (und wie hoch) will und kann ich für die Erreichung (incl. der Folgen und Konsequenzen) meines Zukunftsentwurfes bezahlten?
- Wie hart will ich für das Gestalten, Ausbauen und Aufrechterhalten meines Zukunftentwurfes arbeiten?
- Wie gut kann ich mich sein lassen?
- Was tue ich dann?
- Was lasse ich dann sein?

Wer Interesse hat, kann sich über Forschungsergebnisse informieren, die einen ressourcenorientierten Selbstgebrauch umschreiben, z. B. wie jemand:

- seine Gesundheitsressourcen gebraucht und aufrechterhält (zur Salutogeneseforschung: ANTONOVSKY 1997, LAMPRECHT & JOHNEN 1994, SCHÜFFEL et al. 1998),

◆ mögliche Rückschläge, Mißerfolge, Krisen und Schicksalsschläge bewältigt (zur Bewältigungsforschung: JERUSALEM 1990, KOHLMANN 1990, TESCH-RÖMER et al. 1997),

◆ seine Lebens- und Widerstandskräfte trotz größter Widrigkeiten beibehalten und wiederbeleben kann (zur Resilienzforschung: NUBER 1999, REISTER 1995, YOUNG-EISENDRAHT 1998),

◆ den Glauben an seine Wirksamkeit und sein Können entfacht (zur Selbsteffiziensforschung: BANDURA 1998, MIELKE 1984, SCHWARZER 1993),

◆ aus anfänglichen Wünschen und Absichten einen tragfähigen Willen formt und ihn handelnd umsetzt (zur Volitionsforschung: BOSSONG 1999, HECKHAUSEN et al. 1987, KUHL 1996),

◆ realistische und optimistische Zukunftsvorstellungen entwickelt (zur Optimismusforschung: OETTINGEN 1997, SELIGMANN 1999, SCHWARZER 1994),

◆ ein flexibles und kohärentes Selbst entwickelt (zur Persönlichkeitsforschung und –entwicklung: ANDRESEN 1995, DIEHL et al. 1997, EPSTEIN 1994, GILLIGAN 1999, HANNOVER 1997, KUHL & VÖLKER 1998, ZENTNER 1993),

◆ sich bindet (zur Bindungsforschung: DORNES 1998, KÖHLER 1999, STERN 1998, STIERLIN 1995),

◆ mit seinen Gefühlen umgeht (zur Emotionsforschung: CIOMPI 1997, DAMASIO 1994, GOLEMAN 1997, GREENBERG & RICE 1993, LE DOUX 1998, LUDEWIG 1998, TRAUE 1998),

◆ sich sein lassen kann (zur Bewußtseinsforschung: HAYWARD 1990, KABAT-ZINN 1997, VARELA 1994).

Ressourcen entdecken

Ressourcenorientierung bedeutet, die Scheinwerfer der Aufmerksamkeit auf das zu lenken, was dem Klienten dabei hilft, seine Kraftquellen wirksam gebrauchen zu können. Innerhalb eines Ressourcenkontextes (RAY & KEENEY 1993, STIERLIN 1999) leistet der Therapeut seine spezifischen Beiträge dazu, die es dem Klienten ermöglichen, seine Lebensquellen sowie Selbsthilfe – bzw. Selbstheilungskräfte:

◆ anzuerkennen und zu entdecken,

◆ sinnesspezifisch (spüren, hören, sehen, etc.) zu erleben und zu erfahren,

- zu entfalten und auszubauen,

- zu festigen und aufrechtzuerhalten,

- zu schützen und zu pflegen,

- geschickt einzusetzen und zu nutzen,

- bei Beeinträchtigungen, Krisen oder Schicksalsschlägen beizubehalten oder / und danach wieder zu entwickeln und zu beleben.

Ressourcenorientierung meint eine zuversichtliche Haltung, die interessiert darauf achtet, was den Klienten ausreichend stark kräftigt, so daß er seine Lebenskräfte gelingend gebrauchen kann. Innerhalb eines zwischenmenschlichen Energetisierungsprozeßes (ORLINSKY 1999) nutzen Therapeut und Klient alles, was beide mitbringen und ihnen Kraft gibt, sowie zieldienlich ist, so daß sich eine ressourcenbezogene Verantwortungsgemeinschaft bilden kann.

Im Rahmen des Gebrauchs unterschiedlicher Therapieperspektiven können Ressourcen auf sehr verschiedene Weisen entdeckt und entwickelt werden. Z. B. mittels:

- eines ressourcenorientierten Blicks (z. B. der Blick für Möglichkeiten von Milton ERICKSON; siehe z. B. HALEY 1996, O' HANLON 1990, ZEIG 1995). Häufig entscheidet die jeweils gewählte Perspektive, ob eine Einschränkung, eine Krise oder ein Konflikt als Problem oder als Ressource und Möglichkeit betrachtet wird. So können z. B. Probleme und Krisen als „nützliche Bedingungen" (ZOPA 1997, S. 24) und Umstände betrachtet werden, die einem dabei helfen, Schwierigkeiten als eine Unterstützung auf dem Pfad zum Glück zu begrüßen und zu nehmen,

- des Einsetzens vorhandener Ressourcen, wie z. B. Einkommen, Bildung, Zeit, etc. (siehe z. B. HOBFOLL 1988)

- Einschätzungen und Bewertungen (siehe z. B. LAZARUS 1991) hinsichtlich:

  - des Kontextes (kann ich innerhalb des betreffenden Kontextes relevante Ziele erreichen?)

  - des Zeitrahmens (wieviel Zeit steht mir zur Verfügung?)

  - der persönlichen Fähigkeiten (kann ich die Situation bezogen auf meine Fähigkeiten bewältigen?)

- lösungsorientierte Fragen, z. B. nach Ausnahmen von Problemen (s. u.)

◆ Veröffentlichung vielfältiger, unterschiedlicher und sich auch widersprechender Reflexionspositionen (siehe z. B. HARGENS & SCHLIPPE 1998)

◆ Aktivierung von Ressourcen (siehe z. B. GRAWE 1999)

◆ Schaffung von Möglichkeitskontexten zur Entdeckung von Möglichkeiten (O'HANLON et al. 1999 a, b)

„Jede/r ist eine Ausnahme!"
Bill O'HANLON & Sandy BEADLE

Lösungswege erkunden

In der Gruppe lösungsorientierter Ansätze (z. B. BERG 1992, 1998, DE SHAZER 1992, 1996, DOLAN 1991, DURRANT 1996, ISEBAERT 1998, LIPCHIK 1994, WEINER-DAVIS 1995) werden Ressourcen aktiviert, in dem man sich von einer Problemsicht löst, um auf das zu schauen, was i. S. der Selbstorganisation funktioniert. Dies geschieht durch die Fokussierung der Aufmerksamkeit auf das, was der Klient will (mittels der Wunderfrage) und auf das, was klappt (z. B. mittels Ausnahmefragen).

Es wird davon ausgegangen, daß häufig Lösungen von Problemen unabhängig sind, so daß mehr Informationen über vergangene, gegenwärtige oder zukünftige Ressourcen und Lösungen gesammelt werden als über Probleme. Dabei geht es nicht um die Lösung von Problemen i. S. von Problemlösen, sondern man löst sich von Problemen und schaut direkt auf Lösungswege und Lösungsmöglichkeiten. Im Unterschied zum Problemlösen kommen Lösungen vor das Problem. Um vom Ort A (Problem) zum Ort B (Lösung) zu kommen, braucht man eher Informationen über B oder den Weg dorthin, als Informationen über A. Um Informationen über den Ort B zu bekommen, wird z. B. die Wunderfrage gestellt und um Informationen über den Weg dorthin zu bekommen, werden z. B. Ausnahmefragen oder/und Bewältigungsfragen gestellt:

◆ Gab es in den letzten Wochen Zeiten, in denen das Problem nicht auftrat oder weniger schlimm war?

◆ Gab es sonst noch Zeiten (z. B. in ihrer Vergangenheit), in denen das Problem nicht auftrat oder in geringerer Ausprägung?

◆ Was war in den Ausnahmezeiten anders? Wie unterscheiden sich die Ausnahmezeiten und Situationen von den Problemzeiten?

- Was genau taten Sie in den Ausnahmezeiten? Kurz vor und kurz nach den Ausnahmezeiten?
- Wie ist es Ihnen gelungen, daß das Problem geringer auftrat? Was taten Sie dann statt dessen?
- Wie anders konnten Sie dann z. B. mit Ihrem Problem umgehen?
- Was würden andere sagen, was Sie dann z. B. taten oder unterließen?
- Wann, wo und bei wem und wie kommen diese Ausnahmezeiten zustande?
- Was z. B. taten Sie, damit es nicht schlimmer, sondern besser wurde?
- Was können Sie tun, damit diese Ausnahmen häufiger geschehen?

Mit Hilfe solcher Fragen lassen sich z. B. die Geschichten über Problemgeschichten verändern. FREUD (1914) könnte z. B. sagen: Ausnahmen werden erinnert, wiederholt und durchgearbeitet. Indem man sich über Ausnahmen erkundigt, lassen sich Ausnahmemuster kreieren, die den Beginn und/oder die Fortsetzung von Lösungswegen kennzeichnen.

Triff eine Unterscheidung.
George SPENCER-BROWN

Differentielle Ressourcenorientierung

Grundlage einer differentiellen Ressourcenorientierung ist die Anerkennung von unterschiedlichen Unterscheidungen (z. B. in Form von verschiedenen Diagnosebildern) bezogen auf Klienten und bezogen auf Differenzen zwischen Therapiemodellen, sowie deren Nutzung als Ressource. Ein klinisch-pragmatischer Erkenntnispluralismus (BERGIN & GARFIELD 1994, MILLER, et al. 1997, ZEIG 1991) bildet die Basis für eine plurale ressourcenorientierte Therapiekultur.[4]

Mit WITTGENSTEIN (CAVELL 1998, DELOCH 1997) lassen sich die Familienähnlichkeiten und Unterschiede zwischen Therapieperspektiven sowie

---

[4] zu einer pragmatisch-pluralistischen Erkenntnistheorie siehe u.a. KROSS 1998, PUTNAM 1995, RESCHER 1993, RORTY 1994

deren Sprachspiele als Teile einer Kultur[5] begreifen. Wie bei einem Quilt finden zwischen den Teilen Übergänge, Querverbindungen und Vermischungen statt.

Innerhalb eines ressourcenorientierten Gebrauchskontextes werden die verschiedenen klinischen Theorien und Praxisformen für einen fallbezogenen Geltungsbereich auf komplementäre Weise[6] miteinander verknüpft.

Die unterschiedlichen und unterschiedsbildenden Unterschiede zwischen den Therapieperspektiven werden als Ressource gebraucht und in ein angemessen-sinnvolles Ergänzungsverhältnis zueinander gebracht. Aus diesem Zusammenspiel verschiedenster Tänze mit unterschiedlichen Unterscheidungsperspektiven können sich Knotenpunkte und Kreuzungen ergeben, woraus sich unerwartete Verzweigungen, Übergänge, Passagen (SERRES 1994, 1998) und Möglichkeitswege entwickeln können. Wechselnde (je nach Fall) komplementäre Verknüpfungsmuster zwischen verschiedenen Therapieperspektiven ermöglichen einen ressourcenorientierten Umgang mit der Perspektivenvielfalt. Auf diese Weise kann sich ein sinnvolles kulturelles Bedeutungsgewebe bilden, was Niklas LUHMANN (1984, S.41) als „Einheit der Differenz" bezeichnen könnte.

Splitting statt Spaltung

Statt Unterschiede als sich ausschließende Gegensätze zu begreifen und sich darüber i. S. eines Therapieschulenstreits feindselig zu streiten, können Unterschiede in Form eines Splittings genutzt werden, d. h. unterschiedliche Therapie- und Reflexionsperspektiven werden dem Klienten mitgeteilt.

Therapeuten mit verschiedenen Therapieausrichtungen können sich dann als Anwälte der Vielfalt und Unterschiedlichkeit im Dienste ihrer Klienten verstehen. Eine polyokulare Sichtweise muß natürlich so gestaltet werden, daß sie für den Klienten hilfreich ist.

So antworte ich z. B. einem Klienten, der das Team unserer Klinik mit Fragen nach seinen Therapiefortschritten bedrängte: „Wir haben ausführlich über Ihre Therapiefortschritte gesprochen. Dabei konnten wir

---

[5] zu einem reflexiven und differenztheoretischen Kulturbegriff siehe u. a. BOURDIEU & WACQUANT 1996, ENGELMANN 1999, STRECK 1997

[6] Zur Komplementarität siehe u. a. DÜRR 1994, HEISENBERG 1973, PLOTNITSKY 1994

uns nicht einigen. Einige von uns meinten, daß Sie große Fortschritte gemacht haben. Diese Gruppierung ist der Auffassung, daß Sie sich selbstsicherer und selbstbewußter verhalten. So reden Sie z. B. jetzt angemessen lauter, verständlicher, deutlicher und schauen einen dabei an. Andere von uns meinen, daß Sie lebendiger, offener und kontaktfreudiger geworden sind. Eine dritte Gruppe wiederum fragt sich, ob Sie mit dieser positiven Selbstdarstellung noch in einem alten Beziehungsmuster verharren und Sie hier etwas zeigen, was Sie in Ihrem Beruf als Vertreter ebenfalls tun müssen. Diese dritte Gruppe fragt sich, ob Sie z. B. auch eine unsichere Haltung vor sich und anderen vertreten könnten und sich trauen könnten, so etwas zuzulassen. Ich selber meine, daß es vielleicht ein Fortschritt sein könnte, wenn Ihre Frage nach Fortschritt, für Sie eine geringere oder andere Bedeutung hätte. Weiterhin frage ich mich, ob es ein Fortschritt für Sie wäre, wenn Sie sich sein lassen könnten, wobei ich nicht weiß, wie dies aussehen könnte."

Solche unterschiedlichen Mehrfachbeschreibungen (sowie Mehrfacherklärungen und –bewertungen) setzen voraus, daß sich das Team einig in seiner Uneinigkeit ist. So braucht eine Beschreibungs-, Erklärungs- und Bewertungsvielfalt nicht zu einer Teamspaltung führen, sondern kann für alle Beteiligten fruchtbar und anregend werden. Unterschiedliche Perspektiven über die Klienten werden koordiniert anerkannt und es herrscht Einigkeit darüber, daß jeder Therapeut nur Teilperspektiven sehen kann.

Perspektivenvielfalt

Aus einer therapieschulenübergreifenden Sichtweise (BERGIN & GARFIELD 1994, GRAWE et al. 1994, HUBBLE et al. 1999) lassen sich mehrere Perspektiven bilden, mit denen Klienten betrachtet werden können: z. B. die Perspektive der:

◆ Störung (z. B.: Wird die „Störung" des Klienten ausreichend anerkannt, beschrieben, erklärt und verstanden?)

◆ Ressourcen (z. B.: Wird eine hinreichende Ressourcendiagnostik betrieben?)

◆ Körperwahrnehmung (z. B.: Was spürt der Klient und Therapeut, wenn sich ein „Dreh" anbahnt?)

◆ Ziele (z. B.: Woran erkennt wer, daß der Klient seine Ziele erreicht hat und die Therapie beenden kann?)

- Klärung (z. B.: Wie hilfreich ist es für wen, daß der Klient seine Probleme besser verstehen kann?)

- Bewältigung (z. B.: Ist es hilfreicher, daß der Klient seine Probleme „löst" und sich ändert oder anders damit umgeht?)

- Zuversicht (z. B.: Wie zuversichtlich erlebt der Klient den Therapeuten?)

- Kontext (z. B.: Wie passen neue Lösungsmuster des Klienten zu seinem Alltagskontext?)

- Zeit (z. B.: Wieviel Zeit für was gibt sich der Klient und wieviel Zeit gibt ihm der Therapeut?)

- Beziehung (z. B.: Wie ressourcenermöglichend ist die Beziehung zwischen Therapeut und Klient?)

- Reflexivität (z. B.: Wie sehr und auf welche Weise reflektiert der Therapeut seine Prämissen?)

- Vorgehensweise (z. B.: Was tut der Therapeut wie, was dem Klienten hilft?)

„Konstruktionen sollten so leicht sein – daß – falls sie zusammenbrechen sollten, sie ihren Schöpfern keinen Schaden zufügen"

Stanislaw Jerzy LEC

Perspektivenwechsel

Therapiemodelle können ähnlich wie Landkarten (für unterschiedliche Zwecke mit unterschiedlichen Maßstäben), Instrumente oder Werkzeuge unterschiedlich gebraucht werden. Die verschiedenen Therapieperspektiven fokussieren die Scheinwerfer der Aufmerksamkeit mit unterschiedlicher:

- Optik bzw. verschiedenen Linsen

- Beleuchtung (z. B. helles oder dunkles Licht, warmes oder kaltes Licht) und

- Beleuchtungsrichtung (wird eher das beleuchtet, was der Klient schon bzw. noch kann, oder wird der Blick darauf gerichtet, was z. B. nicht funktioniert?)

auf jeweils andere Aspekte der Wirklichkeit des Klienten. Je nachdem, mit welchen Scheinwerfern der Aufmerksamkeit der Klient aus welchem

Blickwinkel betrachtet wird, erscheinen andere Gesichtspunkte. So kann dann z. B.

◆ etwas in einem ganz anderen Licht betrachtet werden,

◆ der Vordergrund in den Hintergrund rücken (oder umgekehrt) oder

◆ wieder Licht ins Dunkel geraten,

so daß die verschiedenen Aspekte der Wirklichkeit ausgeleuchtet und sichtbar werden können.

Mit jedem Perspektivenwechsel, bzw. mit jedem Wechsel der Aufmerksamkeitsfokussierung findet ein „Aspektwechsel" (WITTGENSTEIN 1984, S. 549) statt. Andere Aspekte werden sichtbar, so daß sich das therapeutische Verlaufsmuster ändert. In der Therapieprozeßforschung (s. u.) wird der Verlaufswechsel innerhalb des Therapieprozesses als eine wichtige Bedingung der Möglichkeit zur Veränderung betrachtet.

Wie schaffe ich fließende Übergänge bzw. einen fließenden Übergang zwischen den Perspektiven? Beim Wechsel der Perspektiven:

◆ kreuze ich wie ein Segler zwischen möglichen Positionen,

◆ wandere ich auf einer Unterscheidungslinie, die jeweils zwischen den unterschiedlichen Positionen unterscheidet und schaue von dieser Linie auf die Positionen (incl. meiner Position),

◆ veröffentliche ich nacheinander unterschiedliche und sich widersprechende Reflexionsperspektiven, wobei ich auf die „Verdaubarkeit" für den Klienten achte,

◆ achte ich darauf, daß ich z. B. nicht lediglich eine gegenteilige Position einführe, sondern eine, die einen relevanten Unterschied bildet und außerhalb von Teil und Gegenteil angesiedelt ist,

◆ achte ich sehr genau darauf, daß dies nicht mit einem Beziehungskipp i. S. von „guter / schlechter" Klient einhergeht,

◆ markiere ich deutlich und für den Klienten hinreichend nachvollziehbar, daß ich ihn ab jetzt mit einer anderen Perspektive beschreibe,

◆ achte ich darauf, daß nicht ein „mehr derselben" Perspektivenwechsel vollzogen wird, sondern daß ich dann eine Position beibehalte, um einen relevanten Unterschied einzuführen.

„Ich glaube keiner Theorie, sondern ich benutze sie nur"
Eckhart SPERLING

Reflexiver Gebrauch von Therapieperspektiven

Aus der Therapieforschung (AMBÜHL 1993, GRAWE 1999, HUBBLE et al. 1999, ORLINSKY 1994, 1998, 1999, SCHIEPEK 1999) sowie von erfahrenen Therapeuten (LOTH 1997) ist bekannt, daß:

◆ die Aktivierung von Ressourcen eines der hilfreichsten und wirksamsten Dinge ist, die ein Therapeut – unabhängig von seinem jeweiligen Therapiemodell – unternehmen kann. Entsprechend lautet nicht die Frage, ob sich ein Therapeut an den jeweiligen „richtigen" Methodenkanon und sich i. S. einer therapeutischen Konfession an die reine Lehre hält, sondern ob er hilfreich und wirksam ist,

◆ therapieschulenunspezifische Prozeßfaktoren – wie z. B. die emotionale Passung zwischen Therapeut und Klient – wesentlich stärker für den erfolgreichen Ausgang einer Therapie verantwortlich sind als die Anwendung therapieschulenspezifischer Techniken. Ein therapiemodellkonformer bzw. normorientierter Therapieschulengebrauch ist kein Garant für eine erfolgreiche Therapie. Entscheidender ist vielmehr das hilfreiche Zusammenspiel zwischen Therapeut (hinsichtlich seiner Zuversicht, seines Sachverstandes und seines Geschicks für den jeweiligen Klienten in einer bestimmten Therapiephase) und Klient (z.B. hinsichtlich seiner Aufnahmebereitschaft für den Therapeuten und seines Vorgehens),

◆ sich das Beziehungsmuster zwischen Klient und Therapeut im Verlauf der Therapie ändert, wobei ein verlaufsorientierter Absichts- oder Methodenwechsel nicht zu häufig sein darf, sondern sich daran zu orientieren hat, ob der Klient damit erreicht wird,

◆ Klientenbeurteilungen hinsichtlich des Therapieprozesses das Therapieergebnis besser vorhersagen und höher mit dem Ergebnis korrelieren als die Einschätzungen der behandelnden Therapeuten. Ebenfalls bilden die Einschätzungen von Klienten, ob ihre Therapeuten eher zuversichtlich sind oder nicht, einen guten Prädiktor für den späteren Behandlungserfolg,

◆ wie unterschiedlich der Therapeut im Therapieverlauf auf die unterschiedlichen Anliegen des Klienten eingeht und sich entsprechend das Beziehungsmuster zwischen Klient und Therapeut verändert,

◆ effektive Therapeuten unterschiedlicher Therapieschulen sich in ihrem Vorgehen eher ähneln, als sich gravierend zu unterscheiden,

◆ ein Therapeut u. a. dann effektiv mit einer Therapiemethode arbeiten kann, wenn er sie selber gewählt hat und das Therapiemodell sowohl zum Therapeuten, als auch zum Klienten paßt. Entsprechend gilt nach dem Prinzip der Wahlfreiheit (ISEBAERT 1998), daß jeder Therapeut auf seine Weise (s-)eine Ressourcenorientierung für den jeweiligen Klienten kreiert.

Aus diesen Ergebnissen folgt, daß

◆ der Streit um Unterschiede zwischen den Therapieschulen für Therapeuten eine größere Rolle spielt als für die Klienten,

◆ es für den Klienten entscheidender ist, wie der Therapeut was tut, was für den Klienten hilfreich ist und ihm Kraft gibt für passende Lösungswege,

◆ es sinnvoll ist, die unterschiedlichen Therapieperspektiven auf rückbezügliche Weise (d. h. reflexiv) zu gebrauchen.

Reflexiv meint z. B., daß „die Referenzen auf eine beobachterunabhängige Welt durch Verweise auf die eigene Person ersetzt" (FOERSTER et al. 1998, S.115) werden. Dies kann durch einen „selbstreferentiellen Operator" (a.a.O., S.40) geschehen, wie z. B.: ich finde, ich verstehe, ich beschreibe, ich erkläre, ich gehe mit diesen Patienten so vor, ich gebrauche das Therapiemodell X, statt „es ist so". Ein selbstbezügliches Verweisen auf die eigene Person erleichtert den dialogischen Austausch mit dem Anderen. Bei einem reflexiven Vorgehen beziehe ich mich also selbst in meine Beschreibungen mit ein. Es handelt sich also um einen beobachterabhängigen Gebrauch von Therapieperspektiven. Im Sinne einer reflexiven Schleife wird also z. B.:

◆ der jeweilige Therapiekontext,

◆ der jeweilige Zeitpunkt der Intervention (i. S. von „Technik" und „Haltung") während des Therapieverlaufs,

◆ die Persönlichkeit des Therapeuten und des Klienten,

◆ die affektive Rahmung der Therapiesituation,

◆ das Anliegen (Wünsche) und die Aufträge (Ziele, für die der Patient etwas tun will) des Klienten und seines Überweisungskontextes,

◆ die Aufnahmebereitschaft des Klienten (handelt es sich z. B. um einen Patienten mit „Besucher" oder „Kunden"-Qualitäten?),

◆ die subjektive Krankheitstheorie des Klienten und seines Umfeldes (wie wird z. B. die Krankheit erklärt und bewertet und wie wird der Krankheitsverlauf prognostiziert?),

- die subjektive Veränderungstheorie des Klienten und des Therapeuten incl. seines Arbeitskontextes (möchte der Klient z. B. lieber über seine Probleme sprechen und der Therapeut eher über Ressourcen und Lösungsmöglichkeiten?),

- die Kompetenz des Klienten sowie die Fähigkeit des Therapeuten sie wahrzunehmen, anzuerkennen und zu aktivieren i. S. einer ressourcenaktivierenden Beziehungsgestaltung,

- die diagnostizierbare Auffälligkeit und das beschreibbare Störungsbild des Klienten

in die Therapieprozeßbeschreibung, -erklärung und -bewertung mit einbezogen.

Ein reflexiver Perspektivengebrauch heißt auch, den Gebrauch der jeweiligen Reflexionsperspektive(n) zu reflektieren und z. B. in einem Meta-Dialog zu veröffentlichen (HARGENS 1998 a, b, c). Je nach gewählter Reflexionsperspektive werden unterschiedliche Unterscheidungen getroffen. Reflektierende Fragen könnten z. B. sein:

- Mit welchen Unterscheidungsperspektiven werden Unterscheidungen unterschieden, bzw. im Rahmen welcher Unterscheidungsperspektive werden welche Unterscheidungen getroffen?

- Mit welchen Unterscheidungen beobachtet der jeweilige Beobachter?

- Welche Seite der Unterscheidung wird von wem benutzt?

- Wie sehr paßt eine gewählte Unterscheidung bzw. Therapieperspektive zur Persönlichkeit des Klienten und Therapeuten?

Natürlich wird der Therapieprozeß nicht nur auf eine diskursiv-unterscheidende Weise reflektiert. Die Frage: „Wie reflektiere ich meine Reflexionen?" kann z. B. dazu führen, einen diskursiven Reflexionsdiskurs durch eine mehr wahrnehmend-intuitive Reflexivität (BOHM 1998, SOMMER 1996, VARELA 1994) zu erweitern, um sich auf eine reflexiv-spürende Weise (POTHAST 1998) zu orientieren.

Ein reflexiver Therapieperspektivengebrauch bedeutet auch, daß unterschiedlichste Therapieansätze auf ressourcenorientierte Weise gebraucht werden können. So kann z. B.

- ein Psychoanalytiker (z.B. FÜRSTENAU 1992) seine Klienten ihre Geschichte(n) der verdrängten Ausnahmen von Problemen erinnern, wiederholen und durcharbeiten lassen,

- ein Transaktionsanalytiker (z.b. SCHMIDT 1994) eine lösungsorientierte Skriptanalyse durchführen,

- ein Familientherapeut (z.B. ISEBAERT 1998) lösungsorientierte Genogramme erstellen,

- ein Verhaltenstherapeut (z.B. KANFER et al. 1996) die Probleme im Lichte von Zielen sehen,

- ein Gestalttherapeut (z.B. BEISSER 1997) Lösungen als Boden zur Figur von Problemen betrachten,

- ein Körpertherapeut (z.B. BÜNTIG 1999 b) auf lösende Atemmuster seiner Klienten achten,

- ein Gesprächstherapeut (z.B. GENDLIN 1998) ein lösungsorientiertes Focusing durchführen: „Begrüßen, beschreiben, bzw. benennen Sie ihre Körperempfindungen, wenn es Ihnen besser geht. Was spüren Sie dann? Was erzählt Ihnen dann Ihr Körper?"

- ein Psychodramatiker (z.B. WILLIAMS 1994) im Rollenspiel eine Zukunftsvision aufstellen lassen,

- ein Hypnotherapeut (z.B. SCHMIDT 1997) den Therapieprozeß lösungsorientiert gestalten,

- ein systemischer Therapeut (z.B. HARGENS 1998 c) die lösungsorientierte Perspektive reflexiv benutzen.

Ein reflexiver Gebrauch lösungsorientierter Modelle bedeutet z. B., sich sowohl an deren Therapieregeln zu halten, als auch mit den Regeln zu spielen und sie zu verlassen i. S. der lösungsorientierten Metaregel: „Wenn etwas nicht klappt, mach' etwas anderes", um damit letzten Endes dem Klienten die Referenz zu erweisen. So kann das Therapiewerkzeug als Reflexionshilfe (LOTH 1998) zur Bildung von Reflexionsperspektiven benutzt werden.

> *„Dies ist, so glaube ich, die Fundamentalregel allen Seins:*
> *das Leben ist gar nicht so, es ist ganz anders!"*
>
> Kurt TUCHOLSKY

Humor

Humor ist eine Position außerhalb einer zweiwertigen Logik. Im Witz werden Dinge zusammengebracht, die „normalerweise" nicht zusammengehören: das Unstimmige und das Unvereinbare. Humor (etymologisch bedeutet Humor Feuchtigkeit, Flüssigkeit) ist eine verflüssigende Begegnung im Widerspruch. Im Lachen wird eine Optik gewonnen, die Widersprüchliches vereint, gleichzeitig gelten läßt und weiterführt.

Humor ist eine Form der Differenzhandhabung. Er ermöglicht einen sinnvollen Umgang mit Unterschieden, Widersprüchen, Gegensätzen und absurden Situationen (s. u.a. KEENEY 1987; WHITAKER 1991a, ROSSET 1997, SCHAPER 1994). Der Therapeut als pragmatischer Schelm vereint Genauigkeit (z. B. i. S. handwerklichen Könnens), Witz und Weite (z. B. i. S. von sich verwundern und erstaunen lassen). Humor irritiert die zweiwertige Logik. Sie bringt das jeweils ausgeschlossene Dritte, Vierte oder Fünfte ins Spiel. Humor schafft die Freiheit, sich von einem „richtigen" Standpunkt zu lösen und nach anderen Möglichkeiten Ausschau zu halten. Denn beim Lachen löst man sich häufig ein klein wenig von seinen Standpunkten, Definitionen und Bildern (NGAPKA 1993). Worüber man lachen kann (sofern es kein Galgenhumor ist), das kann man auch ändern – oder anders sein lassen. Dazu eine kleine Geschichte von Nasreddin, ein „weiser" Tor im mittleren Osten, über seinen Umgang mit Weisen:

Die Philosophen, Exegeten und Rechtsgelehrten wurden an den Hof gerufen, um über Nasreddin zu urteilen. Sein Fall war ernst, denn er hatte bereits zugegeben, von Dorf zu Dorf verkündet zu haben, die sogenannten Weisen des Reiches seien Ignoranten, Schwätzer und Wirrköpfe. So war er angeklagt, die Sicherheit des Staates zu gefährden.

„Du sprichst als erster", sagte der König.
„Laß Papier und Schreibgerät bringen", sagte der Mullah.
Beides wurde gebracht.
„Verteile es unter die ersten sieben Gelehrten."
So geschah es.
„Laß jeden für sich die Frage beantworten: Was ist Brot?"
So geschah es. Die Antworten wurden dem König ausgehändigt, und er las sie vor. Die erste Antwort lautete: „Brot ist ein Nahrungsmittel".
Die zweite: „Brot ist Mehl und Wasser."
Die dritte: „Brot ist eine Gabe Allahs".
Die vierte: „Brot ist gebackener Teig."
Die fünfte: „Der Begriff Brot ist vieldeutig."
Die sechste: „Brot ist eine nahrhafte Substanz."
Die siebte: „Niemand wird es je ergründen."
„Wenn sie entscheiden könnten, was Brot ist", sagte Nasreddin,

„dann könnten sie auch andere Dinge entscheiden. Aber kann man Köpfen wie diesen wirklich trauen? Ist es denn nicht bemerkenswert, daß sie sich nicht einmal über etwas einig sind, das sie jeden Tag zu sich nehmen, während sie andererseits übereinstimmen, daß ich ein Ketzer bin?"

Aus: Idries SHAH, 1975

Literatur

AMBÜHL, Hansruedi. Was ist therapeutisch an Psychotherapie. Z. Klin. Psych 41: 285-303, 1993.

ANDERSEN, Tom (Hrsg). Das Reflektierende Team. Dortmund: verlag modernes lernen, 1990.

ANDERSON, Harlene & GOOLISHIAN, Harold A. Menschliche Systeme als sprachliche Systeme. Familiendynamik 15(3): 212-243, 1990.

ANDERSON, Harlene & GOOLISHIAN, Harold A. Der Klient ist Experte: Ein therapeutischer Ansatz des Nicht-Wissens. Z. system. Ther. 10(3): 176-189, 1992.

ANDRESEN, Burghard. Risikobereitschaft (R) – der sechste Basisfaktor der Persönlichkeit: Konvergenz multivariater Studien und Konstruktexplikation. Zeitschrift für Differentielle und Diagnostische Psychologie, 16(5): 210-236, 1995.

ANTONOVSKY, Aaron. Salutogenese. Tübingen: dgvt, 1997.

BANDURA, Albert. Self-Efficay: The Exercise of Control. New York, 1998.

BEISSER, Arnold R. Wozu brauche ich Flügel? Wuppertal: Hammer, 1997.

BERG, Insoo Kim. Familien-Zusammenhalt (en). Dortmund: verlag modernes lernen, 1992.

BERGIN, Allen E. & GARFIELD, Sol L. (Hrsg.) Handbook of Psychotherapy and Behavior Change. 4th ed, New York: Wiley, 1994.

BOHM, David. Der Dialog. Stuttgart: Klett-Cotta, 1998.

BOSCOLO, Luigi & BERTRANDO, Paolo. Systemische Einzeltherapie. Heidelberg: Cl.Auer, 1997.

BOSSONG, Bernd. Streß und Handlungskontrolle. Göttingen: Huber, 1999.

BOURDIEU, Pierre & WACQUANT, Loie J. D. Reflexive Anthropologie. Frankfurt: Suhrkamp, 1996.

BÜNTIG, Wolf. Selbstbild und Selbsterfahrung. Zist:, 1999a.

BÜNTIG, Wolf. Zist-Programm: Eigenverlag, 1999b.

CAVELL, Stanley. Wittgenstein als Philosoph der Kultur. In: HONNETH, Axel et al. (Hrsg): Deutsche Zeitschrift für Philosophie. 46 (1): 3-28, 1998.

CECCHIN, Gianfranco, LANE, Gerry & RAY, Wendel A. Respektlosigkeit. Heidelberg: Cl. Auer, 1993.

CIOMPI, Luc. Die emotionalen Grundlagen des Denkens. Göttingen: Vandenhoeck & Ruprecht, 1997.

DAMASIO, Antonio R. Descartes' Irrtum. München: List, 1994.

DE JONG, Peter & BERG, Insoo Kim. Lösungen (er-)finden. Dortmund: verlag modernes lernen, 1999.

DE SHAZER, Steve. Shit happens. In: WEBER, Gunthard & SIMON, Fritz B. (Hrsg). Carl Auer: Geist or Ghost. Heidelberg: Cl.Auer, 1990.

DE SHAZER, Steve. Kreatives Mißverstehen. Systeme 4(2): 136-148, 1990a.

DE SHAZER, Steve. Noch einmal: Widerstand. Z. system. Ther. 8 (2): 76-80, 1990b.

DE SHAZER, Steve. Das Spiel mit Unterschieden. Heidelberg: Cl.Auer, 1992.

DE SHAZER, Steve. „Worte waren ursprünglich Zauber". Dortmund: verlag modernes lernen, 1996.

DELOCH, Heinke. Verstehen fremder Kulturen. Frankfurt/M.: Verlag für Interkulturelle Kommunikation, 1997.

DIEHL, Michael, FIEDLER, Klaus et al. (Hrsg.). Das Selbst im Lebenslauf – Sozialpsychologische und entwicklungspsychologische Perspektiven. Zeitschrift für Sozialpsychologie. Bd. 28, Heft 1/2, 1997.

DOLAN, Yvonne. Resolving Sexual Abuse. New York: Norton, 1991.

DORNES, Martin. Bindungstheorie und Psychoanalyse: Konvergenzen und Divergenzen. Psyche. 4: 299-348, 1998.

DÜRR, Hans-Peter. Respekt vor der Natur – Verantwortung für die Natur. München: Piper, 1994.

DURRANT, Michael. Auf die Starken kannst Du bauen. Dortmund: verlag modernes lernen, 1996.

EBERLING, Wolfgang, HESSE, Joachim et al.. Suche nach Lösungen. In: EBERLING, Wolfgang & HARGENS, Jürgen (Hrsg.) Einfach kurz und gut. Dortmund: borgmann, 1996.

ENGELMANN, Jan. (Hrsg.). Die kleinen Unterschiede. Frankfurt: Campus, 1999.

EPSTEIN, Seymour. Integration of the Cognitive and the Psychodynamic Unconscious. American Psychologist, 49 (8), 709 – 724, 1994.

FOERSTER, Heinz von & PÖRKSEN, Bernhard. Wahrheit ist die Erfindung eines Lügners. Heidelberg: Cl. Auer, 1998.

FREUD, Sigmund. (1914). Erinnern, Wiederholen und Durcharbeiten. In: ders., Schriften zur Behandlungstechnik. Frankfurt: Fischer, 1975.

FURMAN, Ben & AHOLA, Tapani. Die Kunst, Nackten in die Tasche zu greifen. Dortmund: borgmann, 1996.

FÜRSTENAU, Peter. Entwicklungsförderung durch Therapie. München: Pfeiffer, 1992.

GADAMER, Hans-Georg. Hans-Georg Gadamer im Gespräch. Heidelberg: Universitätsverlag C. Winter, 1993.

GENDLIN, Eugene. Focusing-orientierte Psychotherapie. München: Pfeiffer, 1998.

GILLIGAN, Stephen G. Liebe dich selbst wie deinen Nächsten. Heidelberg: Cl.Auer, 1999.

GOLEMAN, Daniel. (Hrsg.). Die heilende Kraft der Gefühle. München: dtv, 1997.

GRAWE, Klaus. Psychologische Psychotherapie. Göttingen: Vandenhoeck & Ruprecht, 1998.

GRAWE, Klaus et al. Psychotherapie im Wandel – von der Konfession zur Profession. Göttingen: Vandenhoeck & Ruprecht, 1994.

GRAWE, Klaus & GRAWE-GERBER, Mariann. Ressourcenaktivierung. Ein primäres Wirkprinzip der Psychotherapie, Psychotherapeut 44(2): 63-73, 1999.

GREENBERG, Leslie S., RICE, Leonhard & ELLIOTT, Robert. Facilitating Emotional Change: The Moment to Moment Process. New York: Guilford, 1993.

GUGGENBERGER, Bernd. Das Menschenrecht auf Irrtum. München: Hanser, 1987.

HALEY, Jay. Typisch Erickson. Paderborn: Junfermann, 1996.

HANNOVER, Bettina. Das dynamische Selbst. Bern: Huber, 1997.

HARGENS, Jürgen. Von Lösungen zu Ressourcen oder: Wie lassen sich Haltungen operationalisieren? Und wie noch? Und was geschieht mit Problemen? Z. system. Ther. 16 (1): 4-8, 1998a.

HARGENS, Jürgen. Lösungen im Fokus und Ressourcen im Geist: Lösungsorientierte (Kurz-) Therapie als experimentelles Setting? In: EBERLING, Wolfgang & VOGT-HILLMANN, Manfred. (Hrsg.): Kurzgefaßt. Dortmund: borgmann publishing, 1998b.

HARGENS, Jürgen. Wenn man hinschaut, reflektiert auch die Einwegscheibe? Reflexionen zum eigenen Umgang mit Reflektierenden Teams und reflektierenden Positionen. In: HARGENS Jürgen & SCHLIPPE, Arist von (Hrsg.): Das Spiel der Ideen. Dortmund: borgmann publishing, 1998c.

HARGENS Jürgen & SCHLIPPE, Arist von (Hrsg.): Das Spiel der Ideen. Dortmund: borgmann, 1998.

HAYWARD, Jeremy W. Die Erforschung der Innenwelt. Bern: Scherz, 1990.

HECKHAUSEN, Heinz et al. (Hrsg): Jenseits des Rubikons: Der Wille in den Humanwissenschaften. Berlin: Springer, 1987.

HEISENBERG, Werner. Das Teil und das Ganze. München: dtv, 1973.

HESSE, Joachim. Such(-t) Lösungen. Zur Indikation, Zielsetzung und Prognose aus systemisch-lösungsorientierter Sicht. In: ASSFALG, Reinhold. (Hg.): Die Kunst der Indikation. Geesthacht: Neuland, 1997a.

HESSE, Joachim. Zukunftsperspektiven der Psychotherapie. Vortrag auf den 2. Int. Symposium für syst. Therapie. Bonn, unv., 1997b.

HESSE, Joachim. (Hg.). Systemisch-lösungsorientierte Kurztherapie. Göttingen: Vandenhoeck & Ruprecht, 1997c.

HESSE, Joachim. Was prägt Kooperation? Z. system. Ther. 16 (1): 18, 1998.

HESSE, Joachim. Die lösungs- und ressourcenorientierte Kurztherapie in Deutschland und den USA. In: DÖRING-MEIJER, Heribert (Hrsg.): Ressourcenorientierung-Lösungsorientierung. Göttingen: Vandenhoeck & Ruprecht, 1999.

HESSE, Joachim. Der lösungsorientierte Handlungsdialog. Konzept der Klinik St. Martin. Stotzheim, 1999.

HESSE, Joachim. Die Familie in der Kurzzeittherapie von Suchtkranken. In: THOMASIUS, Rainer (Hrsg): Familie und Suchttherapie. Freiburg: Lambertus, (i. Druck).

HOBFOLL, Seymour E. The Ecology of Stress. New York: Hemisphäre, 1988.

HOFFMAN, Lynn. Therapeutische Konversationen. Dortmund: verlag modernes lernen, 1996, Dortmund: verlag modernes lernen.

HUBBLE, Mark A., DUNCAN, Barry L., MILLER, Scott D. The Heart & Soul of Change. Washington: APA. 1999, dtsch. i.V., Dortmund: verlag modernes lernen

ISEBAERT, Luc. Der lösungsorientierte Therapieansatz in Europa. In: HESSE, Joachim (Hrsg.). Systemisch-lösungsorientierte Kurztherapie. Göttingen: Vandenhoeck & Ruprecht, 1997.

ISEBAERT, Luc et al. Pour une thérapie brève. Paris: Edition Erès, 1998.

JERUSALEM, Matthias. Persönliche Ressourcen, Vulnerabilität und Streßerleben. Göttingen: Huber, 1990.

KABAT-ZINN, Jon. Stark aus eigener Kraft. Bern: Barth, 1997.

KANFER, Frederick-H., REINECKER, Hans & SCHMELZER, Dieter. Selbstmanagement-Therapie. Berlin: Springer, 1996.

KEENEY, Bradford P. Kybernetik des Absurden. In: ders. (Hrsg). Konstruieren therapeutischer Wirklichkeiten. Dortmund: verlag modernes lernen, 1987.

KEENEY, Bradford P. Improvisational Therapy. Paderborn: Junfermann, 1991.

KLEIN, Ulf et al. Einladung zur Fehlerfreundlichkeit. Psychodrama 3: 290-303, 1991.

KÖHLER, Lotte. Adaptive und maladaptive Aspekte der Bindung. In: BUCHHEIM, Peter et al. (Hrsg). Symptom und Persönlichkeit im Kontext. Ressourcen. Aspekte der Wirklichkeit. Berlin: Springer, 1999.

KOHLMANN, Carl-Walter. Streßbewältigung und Persönlichkeit. Bern: Huber, 1990.

KROSS, Matthias. Klarheit statt Wahrheit. Evidenz und Gewißheit bei Ludwig Wittgenstein. In: SMITH, Gary & KROSS, Matthias. Die ungewisse Evidenz. Berlin: Akademie, 1998 .

KUHL, Julius. Wille, Freiheit, Verantwortung. In: CRANACH, Mario von et al. (Hg.), Freiheit des Entscheidens und Handelns. Heidelberg: Asanger, 1996.

KUHL, Julius & VÖLKER, Susanne. Entwicklung und Persönlichkeit. In: KELLER, Heidi. (Hrsg): Lehrbuch Entwicklungspsychologie. Bern: Huber, 1998.

LAMPRECHT Franz & JOHNEN, Rüdiger. (Hrsg.). Salutogenese. Frankfurt/M.: Verlag für Akademische Schriften, 1994.

LAZARUS, Richrad S. Emotions and Adaption. London: Oxford University Press, 1991.

LE DOUX, Joseph. Das Netz der Gefühle, Wien: Hanser, 1998.

LEC, Stanislaw Jerzy. Das große Buch der unfrisierten Gedanken. München: Hanser, 1991.

LÉVINAS, Emmanuel. Die Spur des Anderen. München: Hanser, 1992.

LIPCHIK, Eve. Die Hast, kurz zu sein. Z. system. Ther., 12(4): 228-235, 1994.

LOTH, Wolfgang . Problem-Systeme, Institutionen, Systemische Evaluation: „Autonomie" und „Kontrolle" im Kontext. Z. system. Ther. 9 (1): 31-42, 1991.

LOTH, Wolfgang. Auf den Spuren hilfreicher Veränderungen. Dortmund: modernes lernen, 1998a.

LOTH, Wolfgang. Lösungsmittel: Sich lösen vom Mittel? Z. system. Ther. 16 (1): 9-17, 1998b

LUDEWIG, Kurt. Systemische Therapie: Stuttgart: Klett-Cotta, 1992.

LUDEWIG, Kurt. Emotionen in der systemischen Therapie – eine Herausforderung an die klinische Theorie? In: WELTER-EDERLIN, Rosemarie & HILDENBRAND, Bruno (Hrsg.): Gefühle und Systeme. Heidelberg: Cl.Auer, 1998.

LUHMAN, Niklas. Soziale Systeme. Frankfurt/M.: Suhrkamp, 1984.

MARGRAF, Jürgen & SCHNEIDER, Silvia. Panik. Berlin: Springer, 1990.

MARQUARD, Odo. Glück im Unglück. München: Fink, 1995.

MIELKE, Rosemarie. Lernen und Erwartung. Bern: Huber, 1984.

MILLER, Scott D. et al. Escape from Babel. New York: Norton, 1997.

MONTAIGNE, Michel de. Essais. Frankfurt: Eichborn, 1998.

NGAPKA, Chögyam Rinpoche. Der Biß des Murmeltiers. Paderborn: Junfermann, 1993.

NUBER, Ursula. So meistern Sie jede Krise. Psychologie Heute, Mai 1999.

O'HANLON, William H. Eckpfeiler. Hamburg: ISKO, 1990.

O'HANLON, William H. Möglichkeiten sind umfassender als Lösungen: "...würde ich jederzeit Haltungen Methoden vorziehen." Ein Interview mit (Bill) H. O'Hanlon von Jürgen Hargens. Familiendynamik 24(3): 338-348, 1999.

O'HANLON, William H. & BEADLE, Sandy. Das wär' was! Dortmund: modernes lernen, 1999.

OETTINGEN, Gabriele. Psychologie des Zukunftsdenkens. Göttingen: Hogrefe, 1997.

ORLINSKY, David E. Learning from Many Masters. Psychotherapeut 39 (1), Berlin 1994.

ORLINSKY, David E. Die vielen Gesichter der Psychotherapieforschung. Psychotherapieforum 6: 69-79, 1998.

ORLINSKY, David E. The Healing Energy of the Psychotherapist. In: BUCHHEIM, Peter et al. (Hrsg): Symptom und Persönlichkeiten im Kontext. Ressourcen. Aspekte der Wirklichkeit. Berlin: Springer, 1999.

PLOTNITSKY, Arkady. Complementarity. Durheim & London: Duke University, 1994.

POTHAST, Ulrich. Lebendige Vernünftigkeit. Frankfurt/M.: Suhrkamp, 1998.

PRIEBE, Siegfried. Die Bedeutung der Patientenmeinung. Göttingen, 1992.

PUTNAM, Hilary. Pragmatismus. Eine offene Frage. Frankfurt: Campus, 1995.

RAY, Wendel A. & KEENEY, Bradford P. Resource-Focused Therapy. London: Karnac, 1993.

REISTER, Gerhard. Schutz vor psychogener Erkrankung. Göttingen: Vandenhoeck & Ruprecht, 1995.

RESCHER, Nicholas. Pluralism. Oxford: Oxford Press, 1993.

RETZER, Arnold. Familie und Psychose. Stuttgart: Fischer, 1994.

RORTY, Richard. Kontingenz, Ironie und Solidarität. Frankfurt/M.: Suhrkamp, 1989.

RORTY, Richard. Hoffnung statt Erkenntnis. Wien: Passagen, 1994.

ROSSET, Clément. Die Welt der Worte. Berlin: Merve, 1997.

SCHAPER Susanne. Ironie und Absurdität. Würzburg: Königshausen & Neumann, 1994.

SCHIEPEK, Günter. Die Grundlagen der systemischen Therapie. Göttingen: Vandenhoeck & Ruprecht, 1999.

SCHMID, Bernd. Wo ist der Wind, wenn er nicht weht? Paderborn: Junfermann, 1994.

SCHMIDT, Gunter. Gestaltungsmöglichkeiten systemisch-lösungsorientierter Therapie. In: HESSE, Joachim (Hrsg.). Systemisch-lösungsorientierte Kurztherapie. Göttingen: Vandenhoeck & Ruprecht, 1997.

SCHÜFFEL, Wolfram et al. (Hrsg). Handbuch der Salutogenese. Wiesbaden: Ullstein Medical, 1998.

SCHWARZER, Ralf. Streß, Angst und Handlungsregulation. Stuttgart: Kohlhammer, 1993.

SCHWARZER, Ralf. Optimistische Kompetenzerwartung. Diagnostika, 40 (2): 105-123, 1994.

SELIGMAN, Martin E. P. Kinder brauchen Optimismus. Hamburg: Rowohlt, 1999.

SERRES, Hermes V. Die Nordwest-Passage. Berlin: Merve, 1994.

SERRES, Michel. (Hrsg) Elemente einer Geschichte der Wissenschaften. Frankfurt/M.: Suhrkamp, 1998.

SHAH, Idries. Die verblüffenden Weisheiten und Späße des unübertrefflichen Mullah Nasredin. Hamburg: Rowohlt, 1975.

SIMON, Fritz B. „Harte" und „weiche" Wirklichkeiten. In: WATZLAWICK, Paul & KRIEGER, Peter (Hrsg.): Das Auge des Betrachters. München: Piper, 1991.

SIMON, Fritz B. Die andere Seite der Gesundheit. Heidelberg: Cl.Auer, 1995.

SIMON, Fritz B. Die Kunst, nicht zu lernen. Heidelberg: Cl.Auer, 1997.

SOMMER, Manfred. Evidenz im Augenblick: Frankfurt/M.: Suhrkamp, 1996.

SPENCER-BROWN, George. Gesetze der Form. Lübeck: Bohmeier 1997.

SPERLING, Eckhard. Interview. In: HOSEMANN, Dagmar et al. (Hrsg.): Familientherapeut/innen im Gespräch. Freiburg: Lambertus, 1993.

STERN, Daniel. „Now-moments", Implizites Wissen und Vitalitätskonturen als neue Basis für psychotherapeutische Modellbildungen. In: TRAUTMANN-VOIGT, Sabine & VOIGT, Bernd (Hrsg): Bewegung ins Unbewußte. Frankfurt: Brandes & Apsel, 1998.

STIERLIN, Helm. Bindungsforschung: eine systemische Sicht. Familiendynamik 20(2): 201-206, 1995.

STIERLIN, Helm. Die Kräfte des Systems. In: BUCHHEIM, P. et al. (Hrsg.): Symptom und Persönlichkeit im Kontext. Ressourcen. Aspekte der Wirklichkeit. Stuttgart: Klett-Cotta, 1999.

STRECK, Bernhard. Wissenschaft Ethnologie. Wuppertal: Hammer, 1997.

TESCH-RÖMER, Clemens, SALEWSKI, Christel et al. Psychologie der Bewältigung. Weinheim: Beltz, 1997.

TRAUE, Harald. C. Emotion und Gesundheit. Berlin: Akademie, 1998.

TUCHOLSKY, Kurt. Gesammelte Werke. Hamburg: Rowohlt, 1997.

VARELA, Francisco J. Ethisches Können. Frankfurt/M.: Campus, 1994.

VARGA V. KIBÉD, M. Ganz im Gegenteil. München: Graphic-Consult, 199.5

V. WEIZSÄCKER Christine. Leben zwischen Vielfalt und Perfektion. In: WERNER, Wolfgang (Hrsg). Chaos und Ordnung. Merzig: Forum Grenzland, 1992.

V. WEIZSÄCKER, Christine & V. WEIZSÄCKER, Ernst Ulrich. Fehlerfreundlichkeit. In: KORNWACHS; Kurt (Hrsg). Offenheit – zeitlichkeit – Komplexität. Frankfurt: Campus, 1984.

WEINER-DAVIS, Michelle. Das Scheidungs-Vermeidungs-Programm. Hamburg: Kabel, 1995.

WHITAKER, Carl A. Diskussion von Carl A. Whitaker mit Zerka T. Moreno. In: ZEIG, Jeffrey K. (Hrsg). Psychotherapie. Tübingen: dgvt, 1991a.

WHITAKER, Carl A. Das David und Goliath Syndrom. Paderborn: Junferman, 1991b.

WHITAKER, Carl A. & BUMBERRY, William M. Dancing with the family – eine symbolische Erlebnistherapie. Mainz: Gründewald, 1992.

WILLIAMS, A. J. Klinische Soziometrie. Psychodrama 7(2): 217 – 238, 1994.

WITTGENSTEIN, Ludwig. Philosophische Untersuchungen. Werke, Bd. 1, Frankfurt: Suhrkamp, 1984.

YOUNG-EISENDRATH, P. Die starke Persönlichkeit. München: dtv, 1998.

ZEIG, Jeffrey. K. (Hrsg.). Psychotherapie. Tübingen: dgvt, 1991.

Z<small>EIG</small>, Jeffrey K. Die Weisheit des Unbewußten. Heidelberg: Cl.Auer, 1995.

Z<small>ENTNER</small>, M. R. Die Wiederentdeckung des Temperaments. Paderborn: Junfermann, 1993.

Z<small>OPA</small>, Lama Rinpoche. Probleme umwandeln. München: Diamant, 1997.

Kurzzeittherapie bei Kinderängsten – Coping mit Cartoons in der kreativen Kindertherapie

Manfred Vogt-Hillmann, Wolfgang Burr & Arnold Illhardt

Angstbehandlung bei Kindern

Kinderängste sind in der ambulanten Psychotherapie von Kindern relativ häufig vorgebrachte Beschwerden. Die Kinder- und Jugendpsychiatrie und Psychologie hat sich bemüht, unterschiedliche Formen von Angst diagnostisch zu unterscheiden. Nach Ausprägung und Lebensbereich sowie Alter wird differenziert zwischen:

- generalisierten Angststörungen
- Trennungsangst
- sozialen Ängsten
- Phobien (bei Kindern vor allem Schulphobie)
- Panikstörungen.

In der therapeutischen Praxis sind diese Unterscheidungen eher prognostisch von Bedeutung, für das therapeutische Vorgehen jedoch nur bei Therapieverfahren mit sehr engem Einsatzbereich. Dagegen ist vor allem wichtig, ob es sich bei der beklagten Beschwerde um eine reale Angst handelt oder nicht. Dies ist bei Kindern oft viel schwerer zu unterscheiden als bei Erwachsenen, weil Kinder, vor allem, wenn sie ängstlich sind, wenig Neigung haben, über ihre Beschwerden zu reden und wir oft auf die Angaben der Eltern angewiesen sind. Zu Beginn einer Therapie ist soviel Sorgfalt wie möglich darauf zu verwenden, herauszufinden, ob die beklagten Beschwerden als reale Angst zu klassifizieren sind. So gelang es z.B. bei einem 8jährigen Jungen, der wegen einer Angst, während der 2. Grundschulklasse allein in die Schule zu gehen, erst nach mehreren Sitzungen, allein und zusammen mit der Mutter, herauszufinden, daß er auf dem Schulweg mehrfach älteren Jungen begegnet war, die ihn bedrohten. Er hatte es bis dahin vermieden, sich jemandem anzuvertrauen. In solch einem Fall scheitert dann eine psychotherapeutisch angelegte Angstbehandlung aus verständlichen Gründen. Besonders in Fällen, wo Gewalt sowie körperliche und sexuelle Mißhandlung eine Rolle spielen, kann die notwendige Klassifikation sehr schwierig sein. Wenn eine Angstbehandlung nicht die erwarteten Fortschritte zeigt, ist der Therapeut gut beraten, sich diese Frage immer wieder neu zu stellen.

Therapeutische Behandlungen haben bei Kindern wie auch bei Erwachsenen vor allem das Ziel, in angstbesetzten Situationen ein angemessenes Copingverhalten aufzubauen. Besonders erfolgreich sind die sogenannten Expositionsverfahren, bei denen die Klienten sich gezielt den ängstigenden Situationen aussetzen (GRAWE et al., 1994). Bei Kindern wird öfter der Anleitung zur Selbstexposition (mit den Bezugspersonen als Kotherapeuten) gegenüber der Exposition während der Therapiestunde der Vorzug gegeben (vgl. OLLENDICK & KING, 1998, PETERMANN, 1993).

Fünf Schritte im Umgang mit Kinderängsten

Aus der Erfahrung mit unterschiedlichen Herangehensweisen, wie der Arbeit mit Externalisierung (WHITE, 1980) und dem lösungsorientierten Verfahren (DE SHAZER, 1989, DE JONG & BERG, 1998), hat sich in der Praxis ein Standardverfahren entwickelt, das neurophysiologische Erkenntnisse, Kommunikations- und Wahrnehmungsaspekte sowie handlungsorientierte Herangehensweisen integriert. Diese Praxis – auf der Grundlage der lösungsorientierten Kurzzeittherapie – beinhaltet 5 Interventionen innerhalb der ersten Therapiestunde. Sie sind unmittelbar auf einander bezogen und bauen aufeinander auf. Je nachdem, ob es sich um Kleinkinder, Vorschulkinder, Schulkinder oder Jugendliche handelt, wird das Setting und die Sprache dem Entwicklungsstand angepasst.

Exemplarisch wird im folgendem die Interventionsfolge bei einem Schulkind dargestellt, bei dem ein Elternteil anwesend ist und zuhört:

1. Gut, daß wir Angst haben können

Erklärung und Um-Deutung zum Kind gewandt:

> „Weißt Du, Angst zu verspüren, ist sicher unangenehm, aber gut, daß wir Angst haben. Wir brauchen Sie unbedingt zum Leben, deshalb wünsche Dir lieber nicht, keine Angst mehr haben zu müssen. Dann würdest Du vielleicht auf die Idee kommen, vom Dach eines Hochhauses zu springen, um Fliegen zu lernen. **Gut, daß du** davor

Angst hast! Oder Du würdest vielleicht im Zoo einen Löwen streicheln. Gut, daß Du davor Angst hast."

2. Angst braucht Erziehung

Erklärung an das Kind:

„Du hast natürlich recht, daß **Deine Angst** wohl manchmal überflüssig ist. Das ist nämlich so: Angst ist von Natur aus dumm. Sie weiß nicht so genau, wann es wichtig ist, aufzupassen und wann nicht. Das mußt Du ihr beibringen. Angst ist wie ein kleines Kind, sie **braucht Erziehung**. Und wie Deine Eltern Dich erzogen haben, so mußt Du Deine Angst erziehen. **Das kann niemand einem anderen Menschen abnehmen**. Du hast vielleicht schon bemerkt, daß Deine Eltern versuchen, Dir zu helfen, indem Sie Dich beschützen. Das ist erstmal angenehm, aber auf Dauer macht es leider nichts besser. Nur Du selbst hast die Fähigkeit, Deine Angst zu erziehen. Diese Fähigkeit hast Du vielleicht noch gar nicht bemerkt, aber sei sicher: **Niemand hat mehr Fähigkeiten, Deine Angst zu erziehen, als Du selbst**. Auch ich nicht!"

3. Das ist eine Zumutung!

Erklärung an das Kind:

„Du ahnst es vielleicht: Angst zu erziehen ist anstrengend und manchmal ziemlich unangenehm. **Du mußt Dir etwas zumuten**, indem Du manchmal Dinge tust, obwohl Du weißt, daß Du Angst davor hast. Und Deine Eltern können Dir helfen, indem Sie Dir **auch manchmal etwas zumuten** und Dich vielleicht bei einer Gelegenheit nicht beschützen, wo sie es bisher getan haben."
(An dieser Stelle kann es vorkommen daß begleitende Eltern darauf hinweisen, daß sie ihr Kind sowieso nicht beschützen würden. Dies ist als Hinweis darauf zu werten, daß das Wort „beschützen" in diesem Fall unpassend ist. An Beispielen aus der Vorgeschichte kann dann erläutert werden, daß es darum geht, Hilfestellung beim Vermeiden abzulehnen.)

4. Sei vorsichtig!

Erklärung an das Kind (die Eltern hören zu):

„Paß auf, daß Du dir nicht zuviel zumutest, denn mit der Angst ist es so: Wenn Du etwas tust, wovor Du Angst und obwohl Du Angst hast und Du schaffst es tatsächlich, das zu tun, was Du Dir vorgenommen hast, wirst Du bemerken, daß Deine Angst beim nächsten Mal ein klein wenig kleiner geworden ist. Und wenn Du es dann noch einmal tust, wird sie noch ein wenig kleiner und irgendwann, wahrscheinlich ziemlich bald, wird Deine Angst so klein sein, daß Du sie bei der Gelegenheit gar nicht mehr bemerkst. Wenn Du Dir aber zuviel zumutest, Du fängst etwas an und kehrst auf halbem Wege um, läufst weg, versteckst Dich, flüchtest Dich in die Arme Deiner Mutter, dann wird Deine Angst beim nächsten Mal etwas stärker sein und es wird anstrengender werden, sie zu handhaben. Deshalb **sei vorsichtig**! Mute Dir nicht zuviel zu. Bevor Du etwas beginnst, wovor Du Angst hast, überlege genau, ob Du es heute schaffen kannst. Wenn Du Dir einigermaßen sicher bist, dann tu's, **aber kehre nicht um**. Wenn Du dir nicht sicher bist, fang es lieber gar nicht erst an und warte auf einen besseren Tag. Wir Menschen sind nun mal nicht jeden Tag gleich mutig."

5. Beobachte genau, wie die Angst kleiner wird!

Erklärung an das Kind (die Eltern hören zu):

„Wenn Du etwas tust, wovor Du eigentlich Angst hast, **achte** einmal genau **darauf**, wie das ist, **wenn die Angst etwas nachläßt** und achte mal darauf, was Du tust und was noch ist. Merke es Dir gut, ich möchte gern bei unserem nächsten Treffen mit Dir darüber reden, weil ich glaube, daß es nützlich für Dich sein kann, mehr darüber zu wissen."

An dieser Stelle kann der erste Termin beendet werden. Alle weiteren Termine drehen sich dann nur noch darum, geduldig kleinste Erfolge zu explorieren und genau darauf zu achten, über welches Copingverhalten das Kind und die Eltern berichten. Jeder kleine Erfolg sollte gebührend gefeiert werden (BURR-FULDA, 1999). Skalierungsfragen (BERG, 1992) und andere Skalierungsmittel (DREESEN U. EBERLING, 1996) zur Therapieevaluation sind hier äußerst hilfreich.

Malerisch Ängste bewältigen

Neben der gesprächsweisen Konstruktion therapeutischer Wirklichkeiten lässt sich besonders mit Kindern, deren Fähigkeiten zum flexiblen Wechsel zwischen der Welt des Realen und der Welt des Magischen in der kindlichen Phantasie (SIGNER-FISCHER, 1999) nutzen. Dabei spielt das Anfertigen, Interpretieren und Utilisieren von Kinderzeichnungen eine bedeutsame Rolle (Di Lio, 1973, Vogt-Hillmann, 1999). Auf der Grundlage einer konstruktivistischen Theorie des Psychischen (Vogt, 1993) kommt ihnen sowohl eine diagnostische als auch eine interventionistische Bedeutung zu. Zur Externalisierung von Problemen und zur Internalisierung von Ressourcen und Lösungsbildern sind Kinderzeichnungen besonders geeignet (White, 1990, Dreesen & Eberling, 1996). Sie helfen den Kindern, zu dissoziieren und aus einer reflexiven Perspektive ihre Situation zu erkennen, zu verstehen, zu beschreiben und zu bewerten. Besondere Bedeutung bei der Arbeit mit Kinderbildern hat die Technik der Cartoon-Therapie, wie sie u.a. von Crowley (1989) und Mills (1996) beschrieben ist.

Bildgeschichten und Zeichentrickfilme beinhalten indirekte unausgesprochene Darstellungen von Problemlösungsprozessen. Durch Identifikation mit den Figuren lernen die Kinder am Modell, wie in der magischen Welt des Cartoons scheinbar Dinge möglich sind, die in der Realität unmöglich erscheinen. So haben viele Kinder ihre Lieblingsfiguren, die sie idealisieren und denen sie nacheifern. In der Phanatsie können sie sich mit diesen Figuren anfreunden und verbünden, bis hin, daß sie sie bei notwendigen Arztbesuchen als ressourcevolle und mutspendende Freunde begleiten (Gardner & Olness, 1981). Um Cartoons zur Behandlung von Kinderängsten anzufertigen, hat sich folgendes Vorgehen bewährt.

Cartoon-Therapie

Die Anwendung therapeutischer Cartoons hängt selbstverständlich von der „Mal-Freudigkeit" des Kindes zu Beginn der Therapie ab. In unserem Therapieraum finden die Kinder neben Handpuppen und anderen Utensilien auch Malstifte und Papier. Wenn sie dies unaufgefordert benutzen, werden sie im späteren dazu eingeladen, gezielt zu malen. Eine dieser gezielten Malaktionen hat einen Cartoon zur Behandlung von Kinderängsten zum Inhalt.

Er besteht aus sechs einzelnen Bildern, die zusammenhängend auf einem Bild gemalt werden. Ein Blatt Papier wird in sechs Abschnitte unterteilt und das Kind nacheinander aufgefordert, die einzelnen Bilder thematisch auszumalen.

Dazu erhält es in der Regel folgende Vorschläge:

1. „Stell Dir Deine Angst mal als Farbe vor. Male auf, wie Deine Angst aussieht.

Welche Form, Farbe und Größe hat sie?
Male sie als Form und Farbe oder male genau eine Situation mit der Angst."

2. „Denk mal an eine Lieblingsfigur von Dir. Eine Figur aus einer Geschichte, einem Märchen, einem Film oder denk an Dein Lieblingskuscheltier. Denk daran was diese Figur alles kann. Wie schlau und mutig sie ist. Wie heißt sie?

   Male diese Figur, die Dich beschützen kann und sich traut, sogar der Angst gegenüberzutreten."

3. „Stell Dir vor – in einem kleinen Traum – dass Du Dich irgendwo an einem sicheren Ort mit Deiner Lieblingsfigur triffst. Überlege dort gemeinsam mit ihr eine Idee darüber, was man der Angst für ein Geschenk machen könnte, damit sie Dich mehr in Ruhe läßt oder netter zu Dir ist, so wie ein Freund, der manchmal da ist, wenn man ihn braucht. Du weißt, manchmal ist es gut, Angst zu haben, damit man keine zu gefährlichen Sachen macht. Suche gemeinsam mit Deiner Figur (Name) ein Geschenk aus, das ihr der Angst geben könnt. Frage Deine Figur, was das beste Geschenk wäre, um sich mit der Angst zu befreunden. Male dieses Geschenk auf ein Blatt Papier."

4. „Stell Dir jetzt vor, wie Deine Figur das Geschenk der Angst übergibt. Male jetzt in das vierte Bild, wie Deine Figur das Geschenk der Angst überreicht. Male alle drei Sachen [Figur, Geschenk und Angst] in dieses Bild, so wie die Angst das Geschenk überreicht bekommt."

5. „Stell Dir jetzt vor, wie die Angst danach aussieht, nachdem sie das Geschenk erhalten hat und male die Angst, wie sie sich durch das Geschenk verändert hat."

6. „Jetzt denk mal an die Zukunft und stell Dir eine mögliche Situation vor, in der Du vielleicht ähnliche Hilfe brauchst, wie jetzt mit der Angst. Stell Dir mal vor, wie Du dann irgendwo bist und Deine Lieblingsfigur rufst, um Dir zu helfen. Eine Situation in der Du auch dann einen Traum haben kannst und ihr gemeinsam überlegt, was Du dann am besten machen kannst.
   Male Dich, wie Du Deine Figur rufst, damit sie Dir genauso gut hilft, wie jetzt mit Deiner Angst."

Das Malen der einzelnen Bilder wird von manchen Kindern kommentiert und ermöglicht somit einen therapeutischen Dialog über Ängste, Ressourcen und bisherige Lösungsversuche und -erfolge der Kinder. Andere Kinder malen die Bilder, ohne darüber zu sprechen, dann ist die TherapeutIn gut beraten, das Kind still malen zu lassen. Am Ende wird mit dem Kind zusammen überlegt, ob es das Bild mit nach Hause nehmen möchte oder im Therapieraum beläßt. Bei guter Vorbereitung auf die Idee, dass Ängste auch nützlich sind, die hin und wieder in Erscheinung treten können und dann auch wieder nicht benötigt werden, wenn sie nämlich wissen, dass die Kinder in bestimmten Situationen auch ohne sie zurecht kommen, kann die Cartoon-Therapie als einmalige Intervention „wahre Wunder" bewirken und den Kindern sehr gut helfen.

In den folgenden Beispielen zeigen wir, mit welcher Kreativität – zum Teil mit vom Kind selbst abgewandelten Bild-Themen – Kinderängste erfolgreich behandelt wurden.

Cartoon-Magic

In ungewohnten und von äußerst unangenehmen Prozeduren begleiteten Umgebungen, wie z. B. der psychiatrischen Praxis oder im Krankenhaus spuken viele Kinderängste herum, die eine gelungene Krankheitsbewältigung und Compliance beeinträchtigen. Bei Kindern und Jugendlichen, die z. B. aufgrund einer chronischen Erkrankung oft und über einen längeren Zeitraum im Krankenhaus liegen müssen, treten häufig Ängste vor schmerzhaften Behandlungen (Blutentnahmen, Injektionen, Punktionen) oder Aversionen gegen die Einnahme von übelschmeckenden Medikamenten auf. Ebenso berichten junge Patienten über diffuse Ängste und von quälendem Heimweh, was sie nicht selten am Einschlafen hindert.

Bei der Betreuung von Kindern und Jugendlichen, z. B. im Krankenhaus ist es wichtig, gemeinsam schnelle und effektive Lösungen für die Beschwerden zu finden. Die folgenden drei Beispiele im Rahmen stationärer Therapie von Kindern und Jugendlichen mit rheumatischen Erkrankungen zeigen, wie Cartoon-Therapie schnell und wirksam helfen kann, Ängste zu bewältigen (Therapeut A. ILLHARDT).

Michael *(9;5 Jahre alt)*

Michael kam schon seit längerer Zeit aufgrund seiner rheumatischen Erkrankung in die Klinik. Hier war er als ein stiller und aufgeweckter Junge bekannt, der sich viel zurückzog und über seine Krankheit grübelte. Die Mutter machte sich große Sorgen und plante, einen Psychiater zu Rate zu ziehen. Neuerdings fiel Michael dadurch auf, dass er sich immer mehr gegen die notwendigen Blutentnahmen sträubte. Seine Ängste waren schließlich dermaßen ausgeprägt, dass solche notwendigen Maßnahmen immer unmöglicher wurden. Michael wehrte sich mit Händen und Füßen.

Um Michael bei der Bewältigung der beschriebenen Ängste vor Blutabnahmen, aber auch seiner Probleme mit der Erkrankung zu helfen, wurde therapeutische Betreuung hinzugezogen. Während des 2. Treffen mit Michael fertigte er einen Cartoon an. Die erste Aufgabe, der Angst eine Form und Farbe zu geben, fiel Michael zunächst sehr schwer. Er sinnierte und probierte lange, bis er sich für eine Gestalt mit dem schlichten Namen „Angst" entschied. Erst etwas später setzte er dem schwarzen Wesen einen Kopf auf. Als Helfer wählte er „Darkwing Duck", dem er genügend Mut, Schläue und Stärke zutraute, um es mit der Angst aufzunehmen.

Nach der Übergabe eines Geschenks, das als Inhalt ein Freundschaftsangebot enthielt, änderte das Monster auch sein Aussehen. In der Abbildung 6 malte Michael, wie er seinen Helfer „Darkwing Duck" bei einem zukünftig antizipierten Spritzentermin in Gedanken zur Hilfe holt.

Während sich die anderen Kinder dafür entschieden, das Bild an einem sicheren Ort im Büro zu belassen, war es für Michael wichtig, die Bildergeschichte in einen Umschlag verpackt in der Schublade im Krankenzimmer und später zuhause aufzubewahren. Ohne verabredeten Termin klopfte Michael am nächsten Morgen an die Bürotür, um stolz mitzuteilen, dass er die Blutentnahme am frühen Morgen ohne irgendwelche Schwierigkeiten über sich ergehen ließ. Auch die nachfolgenden Blutentnahmetermine waren völlig unproblematisch. Einige Monate später berichtete Michaels Mutter, daß der Junge seinen „Trick" auch bei nachfolgenden Hausarzt-Besuchen erfolgreich anwendete. Die Erfahrung, Ängste alleine besiegen zu können und damit selbstwirksam zu sein, half ihm auch in anderen Bereichen. So hatte sich der Junge bei der Theater-AG in der Schule angemeldet, wozu ihm vorher der nötige Mumm fehlte.

Christine *(12;7 Jahre)*

Christine hatte schon einen längeren Klinikaufenthalt am Heimatort und viele Voruntersuchungen hinter sich, bevor die Rheumatologen bei ihr die Diagnose Systemischer Lupus Erythematodes feststellten. Sowohl die Familie als auch das Mädchen selbst waren über diesen Krankheitsbefund sehr schockiert. In den nächsten Tagen weinte Christine viel und hatte aufgrund ihrer Ängste große Einschlafprobleme. Sie hatte erfahren, daß diese aggressive Autoimmunerkrankung zu einer Nierenschädigung führen konnte, woran in ihrer Verwandtschaft bereits zwei Angehörige gestorben waren. Zudem zeigte sich die Erkrankung in deutlichen äußerlichen Symptomen wie einer typischen Hautrötung im Gesicht und einem Morbus Cushing (u.a. aufgedunsenes Gesicht und Gewichtszunahme) durch die Nebenwirkungen des Kortisons.

Von diesen Ängsten und Sorgen berichtete Christine unter vielen Tränen, als wir uns zur ersten Therapiesitzung trafen. Beim zweiten Termin bekam sie das Angebot, etwas zu zeichnen, um ihre Ängste zu verkleinern. Da ihre Angst besonders groß war, entschied sich das Mädchen für ein Helferteam: Diddl-Maus und Minnie-Maus. Während sie diese Figuren mit einer rasenden Geschwindigkeit zeichnete, hielt sie sich bei dem Angstmonster recht lange auf. Es stellte eine Niere dar, in der sie selbst eingeschlossen ist. „Sie hält mich so gefangen, daß ich Angst habe, dass sie mich nie mehr losläßt", kommentierte sie ihr Bild.

Nachdem sie der „Angst" per Geschenk die Freundschaft angeboten hatte, veränderte sich diese Gestalt zunehmend, was dem Mädchen sogar selbst auffiel: ihr Angstmonster wirkte freundlicher, hatte kürzere

Krallen und begann, das eingeschlossene Männchen (=Christine) wieder freizugeben. Auf diese Weise stellte sie sich vor (siehe Bild 6), auch zukünftig besser und vor allem angstfreier schlafen zu können. Ihre Helfer bewachten dabei ihren Schlaf. Schon beim nächsten Treffen berichtete sie, daß ihre Angst nur noch winzig klein sei. Auch von den Schwestern und Erzieherinnen wurde beobachtet, daß die junge Patientin wesentlich lebensfroher wirkte und mehr Kontakte zu Gleichaltrigen aufnahm. Auf dieser Basis war es ihr dann besser möglich, ihre Krankheit in gewisser Weise anzunehmen und Energie für weitere Problemlösungen (u.a. in der Schule) aufzubringen.

Tanja *(9;7 Jahre)*

Im Erstgespräch berichtete die Mutter von Tanja´s Schwierigkeiten, abends einzuschlafen. Die innere Anspannung und der chronische Schlafmangel führten dazu, dass das Mädchen eine ausgeprägte Konzentrationsschwäche an den Tag legte, was auf Dauer auch ihre schulischen Leistungen negativ beeinflußte. Auch Gute-Nacht-Geschichten und feste abendliche Zeremonien brachten keinen zufriedenstellenden Erfolg. Die Mutter bat darum, mit ihrer Tochter Kontakt aufzunehmen, um Lösungsmöglichkeiten für die Schlafprobleme zu finden.

Mit dem Mädchen, das mit ihrer rheumatologischen Grunderkrankung häufiger im Krankenhaus liegt, gab es schon zu früheren Zeitpunkten Kontakte. Oftmals kam sie von sich aus, um mit zu spielen oder einfach nur, um zu „quatschen". Insgesamt machte sie einen sehr aufgedrehten und quirligen Eindruck. Die Tatsache, an Rheuma erkrankt zu sein, war für das Mädchen weniger belastend als die damit verbundenen Hänseleien in der Schule. In der ersten Sitzung offenbarte sie ihre Ängste. So fürchtete sie sich vor allem in der Dunkelheit vor Einbrechern, Gespenstern und Geistern, aber auch vor schmerzhaften medizinischen Prozeduren. Desweiteren machte sie sich Sorgen um ihre Mutter, die hin und wieder unter einem psychischen Störungsbild litt. Tanjas Problem, nicht einschlafen zu können, besserte sich auch nicht mit eingeschaltetem Licht oder durch die Tatsache, mit anderen Kindern in einem „gutbewachten" Krankenhauszimmer zu liegen.

In der zweiten Sitzung malte sie mit großem Elan einen Cartoon über ihre Angst. Dabei redete sie viel, z.T. auch mit den gemalten Figuren selbst. Das Angstmonster im ersten Bild stellte sie zunächst nur als schwarzen Block dar, erst viel später malte sie ihm grüne Haare und Augen und gab ihm den Namen „Strolch". Als Helfer wählte sie ihr Kuscheltier „Simba", einen Stofflöwen. Da für das Mädchen zu dem Zeitpunkt „Sich-verlieben" und „Verliebtsein" eine große Rolle spielte, war

logischerweise das Freundschaftsgeschenk für die Angst eine Freundin, der sie den Namen „Alexa" gab. Aus dem anfänglich unförmigen „Strolch" wurde mehr und mehr ein Wesen mit Haut, Haaren und Armen, das sogar – wie die Sprechblasen zeigen – reden konnte.

Die Cartoon-Therapie wirkte sich unmittelbar auf das Schlafverhalten von Tanja aus. Bereits beim nächsten Gesprächstermin berichtete sie, besser schlafen zu können und nur noch selten angstauslösende Gedanken zu haben. Ein Anhalten dieses veränderten Zustandes auch in der häuslichen Umgebung wurde beim nächsten Krankenhausaufenthalt von der Mutter bestätigt.

Schluß

Neben der Kreativität der Kinder ist besonders bemerkenswert, dass alle drei Cartoons, in der zweiten Sitzung eingesetzt, bei allen drei Kindern generalisierende Wirkung gezeigt haben. Die Kinder berichteten unmittelbar nach dem Anfertigen ihrer Cartoons von hilfreichen Änderungen und die Eltern von Auswirkungen auf andere Lebensbereiche. Diese Erfahrungen – auch mit vielen anderen Kindern – ermutigen mit Kindern über die verbale Ebene hinaus kreativ gestalterisch und metaphorisch und gleichzeitig ziel-, ressourcen- und lösungsorientiert die entsprechenden Ängste erfolgreich zu behandeln.

Literatur

BURR, Wolfgang. (1993). Eine Evaluation lösungsorientierter Kurztherapie. Familiendynamik, 18(1): 11-21.

BURR-FULDA, Hildegard. (1999). Das ist ja babyeierleicht – Lösungen in der Entwicklungstherapie. In Manfred VOGT-HILLMANN, & Wolfgang BURR (eds.), Kinderleichte Lösungen – Lösungsorientierte Kreative Kindertherapie (S. 103-116). Dortmund: borgmann publishing.

CROWLEY, Richard, & MILLS, Joyce. (1989). Cartoon magic. New York: Brunner/Mazel.

DE JONG, Peter, & BERG, Insoo Kim. (1998). Lösungen (er-) finden. Das Werkstattbuch der lösungsorientierten Kurztherapie. Dortmund: verlag modernes lernen.

DE SHAZER, Steve. (1989). Der Dreh. Heidelberg: Carl-Auer-Systeme.

DILEO, Jo. (1973). Children's drawing as diagnostic aids. New York: Brunner/Mazel.

DREESEN, Heinrich, & EBERLING, Wolfgang. (1996). Sucess Recording. Komplimente und Dokumente in der systemisch-lösungsorientierten Kurztherapie. In: Wolfgang EBERLING & Jürgen HARGENS (eds.), Einfach kurz und gut (S. 19-56). Dortmund: borgmann publishing.

GARDNER, G. GAIL, & OLNESS, Karen. (1981). Hypnosis and Hypnotherapy with Children. Orlando: Grune & Stratton.

GRAWE, Klaus, DONATI, Ruth, BERNAUER, Frederike (1994). Psychotherapie im Wandel. Von der Konfession zur Profession. Göttingen: Hogrefe Verlag für Psychologie.

MILLS, Joyce, & CROWLEY, Richard. (1996). Therapeutische Metaphern für Kinder und das Kind in uns. Heidelberg: Carl-Auer-Systeme.

OLLENDICK, Thomas, & KING, Neil. (1998). Empirically supported treatments for children with phobic and anxiety disorders: current status. Journal of Clinical and Children Psychology, 27(2), 156-167.

PETERMANN, Ulrike. (1993). Angststörungen. In H.-C. STEINHAUSEN & M. von ASTER (eds.), Handbuch der Verhaltenstherapie und Verhaltensmedizin bei Kindern und Jugendlichen Zürich: Psychologie Verlagsunion.

VOGT, Manfred. (1993). Entwurf einer konstruktivistischen Hypnosetherapie für die Behandlung von Kindern und Jugendliche. In Siegfried MROCHEN, Karl-Ludwig HOLTZ & Bernhard TRENKLE (eds.), Die Pupille des Bettnässers (S. 30-47). Heidelberg: Carl-Auer-Systeme.

VOGT-HILLMANN, Manfred. (1992). Imaginative Verfahren und Visualisierungsstrategien in der Hypnotherapie mit Kindern und Jugendlichen. In Heinz Hennig, Erdmuth FIKENTSCHER & Wolfgang ROSENDAHL (eds.), Tiefenpsychologisch fundierte Psychotherapie mit dem katathymen Bilderleben Halle/Saale: Martin-Luther-Universität Halle-Wittenberg.

VOGT-HILLMANN, Manfred, & BURR, Wolfgang. (1996). Kreative Kindertherapie. In Wolfgang EBERLING & Jürgen HARGENS (eds.), Einfach kurz und gut (S. 57-92). Dortmund: Borgmann.

VOGT-HILLMANN, Manfred. (1999). Vom Ressourcosaurus und anderen fabelhaften Wesen – Malen und Zeichnen in der kreativen Kindertherapie. In Manfred VOGT-HILLMANN & Wolfgang BURR (eds.), Kinderleichte Lösungen – lösungsorientierte kreative Kindertherapie (S. 15-34). Dortmund: verlag modernes lernen.

WHITE, Michael. (1980). Ängste bekämpfen und Ungeheuer zähmen: Ein Ansatz zur Behandlung von Kinderängsten. Familiendynamik, 11(3), 283.

Passend intervenieren

Lösungsorientierung flexibel handhaben: Ein Erfahrungsbericht in acht Thesen

Kurt HAHN

Alles Gekonnte wirkt leicht – wer nur das Gitarrensolo des Flamenco-Gitarristen hört, blendet leicht aus, wieviele Motivierungs-, Such-, und Übungsprozesse bei aller Begabung nötig waren, um dieses Kompetenzniveau zu erreichen.

Die Idee, Lösungen wären leicht zu finden, Lösungsorientierung wäre leicht zu lernen, gehört in aller Regel zum Repertoire unpassender, weil enttäuschungsfördernder, problemstabilisierender Ideen. Passend intervenieren kann also durchaus auch heißen, Schweres und Anstrengendes wahrzunehmen und zu würdigen.

Diese These und einige andere aus meiner nunmehr 15jährigen Erfahrung mit dem systemisch-lösungsorientierten Konzept als Ausbildungsleiter systemisch-lösungsorientierter Weiterbildungen, als Supervisor, Coach, Psychotherapeut und Berater möchte ich in meinem Beitrag illustrieren.

Das Konzept „Lösungsorientierung" werde ich dabei nicht näher erläutern. Das ist an anderer Stelle ausführlich geschehen (u.a. HESSE 1997; EBERLING 1998; DE JONG & BERG 1998). Inzwischen gibt es eine breite Rezeption des lösungsorientierten Ansatzes in Europa, von der auch dieser Band zeugt.

Als *Hauptaussage* meines Beitrages gehe ich davon aus, daß lösungsorientierte Konzepte „viabler" werden im Sinne von VON GLASERSFELD (1981), also passender, brauchbarer für die Praxis von Beratung und Psychotherapie, wenn bei Ihrer Implantierung in die jeweiligen pädagogischen, beraterischen oder therapeutischen Kontexte und Prozesse bestimmte *Aspekte* berücksichtigt werden, die ich in den folgenden Thesen näher beschreiben will.

Exemplarisch werde ich dabei vom Beratungskontext ausgehen, einem bedeutsamen Lern- und Erfahrungsfeld von mir im Rahmen meiner langjährigen Tätigkeit als Leiter einer Erziehungsberatungsstelle.

Beratung verstehe ich dabei nicht als „kleine Psychotherapie", sondern als übergreifende Bezeichnung für verschiedene Interventionsformen die alle

„Individuen [und sozialen Systemen, Anm.d.Verf.] helfen, Hindernisse ihres persönlichen Wachstums zu überwinden, wo immer sie erfahren werden, und zu einer optimalen Entwicklung persönlicher Ressourcen zu verhelfen" (Definition der APA, NESTMANN 1996, S. 10).

Gekennzeichnet ist Beratung also durch die Vorrangigkeit von Entwicklungs- und Wachstumsorientierung vor Problem- und Defizitfixierung. Außerdem durch die Vorrangigkeit von Ressourcenorientierung, also Ressourcensensibilität und Ressourcenförderung vor der Implementation fremder Bewältigungsstrategien (NESTMANN a.a.O., S. 10, vgl. auch HAHN & MÜLLER 1993)

Psychotherapie ist nach dieser Definition nicht *mehr* als Beratung, sondern im Sinne einer kompetenzorientieren Psychotherapie (vgl. SCHMIDT 1998) ein *Spezialfall* kompetenzorientierter Beratung. Bei einer klassischen defizitorientierten Psychotherapie handelt es sich insofern um ein anderes Leitparadigma, das kompetenzorientierter Beratung und Psychotherapie gegenüber steht (Näheres dazu in NESTMANN 1997).

These 1:
Lösungsentwicklung kann/darf mühsam sein

Lösungen und Lösungsorientierung sind nicht (immer) leicht zu entwickeln. Häufig ergibt sich beim Lernen des lösungsorientieren Ansatzes eine Einengung des Trainingsfokus auf das Erlernen der Methodik des lösungsorientierten Fragens (Wunderfrage, Ausnahmefrage, Skalierung usw.). Die methodisch korrekte Anwendung lösungsorientierter Fragen kann in manchen Beratungen hilfreich oder sogar ausreichend sein zur Lösungsentwicklung. In anderen Fällen werden aber so Aspekte der Kontextpassung, der Auftragsklärung, der beraterisch-therapeutischen Haltung, der Prozeßgestaltung sowie der Individualisierung des Vorgehens nicht genügend berücksichtigt, die die Passung der Intervention – und damit die Wirksamkeit – reduzieren.

So kann es z.B. bei der Prozeßgestaltung lösungsorientierten Vorgehens sinnvoll sein, von einer fehlerfreundlichen Haltung der Unterstützung z.T. mühsamer Suchprozesse nach Lösungen beim Klienten auszugehen, statt eher der Idee einer leichten und schnellen Annäherung ans Beratungsziel mittels lösungsorientierter Fragen Nahrung zu geben. Durch die Haltung „es ist schwer, aber machbar" wird eine Bewertung des Beratungsprozesses durch die KlientIn gefördert, bei der diese nur gewinnen kann: bei mühsamem Vorankommen bestätigt sich die These, daß Lösungsentwicklung schwer ist. Bei schnellem Vorankommen können die erwartungswidrigen schnellen Erfolge erfreut und erstaunt anerkannt werden.

These 2:
Sorgfältige Auftragsklärung erleichtert erfolgreiches lösungsorientiertes Arbeiten

Gerade im Beratungsbereich[1] mit seinen oft sehr unterschiedlichen, vielfältigen Eingangs-Problemdefinitionen der Ratsuchenden (vgl. zu den subjektiven Bedingungen der Problemdefinition Buchholz u.a. 1984, S. 119) gehört zur besseren Anwendbarkeit des lösungsorientierten Ansatzes ein systematisches Training dazu, die vorhandene Komplexität der Einstiegssituation sinnvoll und lösungsfördernd reduzieren zu können. Gerade dort, wo KlientInnen und ZuweiserInnen noch keine (allgemeine) Engführung ihrer Perspektive in Richtung eines individualisierenden Krankheitskonzepts vorgenommen haben, ein Einzeltherapiesetting noch nicht vordefiniert ist, wird eine solche klärende Anfangsperspektive häufig zum zentralen Erfolgs- oder Mißerfolgsfaktor beraterischer Bemühungen (vgl. hierzu die sehr hilfreichen Kategorisierungen „Anlaß, Anliegen, Auftrag" bei Loth 1998).

Eine marokkanische Frau, Mutter dreier Kinder aus zwei verschiedenen Ehen, kommt auf Anraten des Jugendamtes zur Beratungsstelle, weil, wie sie sagt, ihre 6jährigeTochter, das zweitälteste Kind, Therapie brauche. Bei weiterem Nachfragen wird deutlich, daß das Besuchsrecht des Vaters wegen gewalttätiger Übergriffe gegen die Mutter und die Kinder ausgesetzt ist, weswegen die Frau mit ihren Kindern auch den Wohnort gewechselt hat. Der Vormundschaftsrichter habe Therapie für die Tochter empfohlen, das Jugendamt habe unsere Adresse weitergegeben.

---

[1] Aber nicht nur dort: in pädagogischen Kontexten, in Kliniken, Wirtschaftsunternehmen usw. finden sich regelhaft bei Beratungs- und Psychotherapieprozessen als Ausgangsbedingung multiple Problemdefinitionen, Zielkriterien und Auftragslagen unterschiedlicher Auftraggeber wieder, die die Kontraktgestaltung in einer solchen Situation zu einer ersten zentralen Herausforderung im Beratungsprozeß machen.

Die Idee „die Tochter braucht Therapie" kann in dieser, noch viele zu klärende Fragen aufwerfenden Eingangssituation als Lösungsversuch betrachtet und wertgeschätzt werden.

Offen ist aber und könnte durch zirkuläre Fragen oder eine Kontaktaufnahme mit dem Jugendamt bzw. dem Vormundschaftsgericht weiter geklärt werden, für wen diese Idee ein Lösungsversuch ist und für welche Ziele dieser Lösungsversuch überlegt wird. Es wäre sicherlich verfrüht, einfach davon auszugehen, daß das (berichtete) Ziel des Vormundschaftsrichters und das Ziel des Jugendamtes, der Mutter und der Tochter gleich sind. Es wäre auch verfrüht, die Idee der (möglichen) Traumabearbeitung der Tochter durch Therapie umzusetzen.

Eine sinnvolle systembezogene Reduktion der Komplexität dieser Eingangssituation nach weitergehender Abklärung der offenen Fragen könnte beispielsweise in folgenden Auftrag einmünden:

„Die Beratungsstelle soll der Familie helfen, nach den Turbulenzen der Trennung vom Vater/Mann und des Umzugs wieder zu einer neuen Stabilität zu finden. Diese Stabilität soll es auch den Kindern erlauben, sich in günstiger Weise weiterzuentwickeln. Ob hierbei eine Therapie der Tochter ein sinnvolles Mittel ist, wird nach einer zeitlich festzulegenden Phase der Stabilisierungsberatung mit den Familienmitgliedern gemeinsam geklärt."

Ein anderer Auftrag könnte beispielsweise auch so lauten:

„Mutter und Vater werden darin beraten, wie sie trotz Trennung weiter gute Eltern sein können. Dabei wird das Argument einer (möglichen) Traumatisierung der Tochter durch den Vater weniger unter einer Schuldperspektive als eher unter einer Perspektive der Gestaltung guter Bedingungen für die Kinder in der Zukunft im Beratungsprozeß berücksichtigt."

These 3:
Wenn lösungsorientiertes Vorgehen transparent und überprüfbar gemacht wird, erhöht das die Akzeptanz der KlientInnen

Bei einem beraterischen Vorgehen, das dialogisch angelegt ist und von der Vorstellung gleichrangiger Kooperation und geteilter Expertenschaft ausgeht, muß auch das lösungsorientierte methodische Vorgehen der

BeraterIn in den Dialogprozeß einbezogen werden. Dazu gehört zentral die Aufklärung der KlientInnen über das Vorgehen sowie die Ermunterung der KlientInnen zu wertschätzender und kritisch korrektiver Rückmeldung an die BeraterIn. Auch die Frage der Passung des Vorgehens mit den Vorstellungen der KlientInnen ist anzusprechen. Stellen sich die KlientInnen evtl. vor, wirksam könnte nur sein, einen gründlichen Tiefgang durch viele vergangenheitsbezogene Warum-Fragen zu erzeugen?

Bevorzugen die KlientInnen eher negative Formulierungen als Antwort auf die Wunderfrage statt „wohlgeformte Zielkriterien" zu nennen? Von einer Perspektive der Wertschätzung von Wirklichkeitskonstruktionen her gesehen handelt es sich hierbei immer um anerkennenswerte Lösungsversuche, die von den KlientInnen selbst auf ihre Nützlichkeit hin geprüft werden können.

Man kann KlientInnen z.B. fragen, welche Erfahrungen sie damit gemacht haben zu fragen: „Warum habe ich Angst? Wann hatte ich früher schon `mal Angst?" (problemorientierter Fokus).

Diese Fragen können auf ihre Zieldienlichkeit hin geprüft werden, indem die KlientInnen systematisch angeleitet werden, herauszufinden, was eine solche Frage in ihrem eigenen Erleben auslöst (meistens wird es sich dabei eher um Wiederholungen des Problemerlebens handeln). Dann kann den KlientInnen folgende Frage gestellt werden: „Nehmen wir einmal an, Sie sagen zu sich selber: Aha, *ein Teil* von mir hat Angst. Was löst diese Aussage bei Ihnen aus?" (Meistens etwas anderes, Günstigeres!) Es kann dann im Erleben unmittelbar überprüft werden, daß Formulierungen, die *Anteile* der Person unterscheiden, günstiger sind. So lassen sich außerdem Anteile identifizieren, die *keine* Angst haben (Ausnahmen!), sondern ganz andere Anliegen und deren Ausdrucksformen seelisch repräsentieren.[2]

Insofern kann die BeraterIn also um die Akzeptanz des eigenen methodischen Vorgehens werben und die Klientin einladen, Experimente zur Prüfung der Wirksamkeit des Vorgehens im Sinne einer Selbstevaluation am unmittelbaren Erleben zu machen. Denkbar ist aber auch, daß KlientInnen dennoch andere Vorstellungen beibehalten z.B. eines eher vergangenheitsorientierten Arbeitens im Sinne einer Traumabearbeitung klassischer Art und dann besser an KollegInnen überwiesen werden, die dazu passendere Konzepte vertreten.

---

[2] Hier wird der KlientIn das systemisch-hypnotherapeutische Modell der Arbeit mit Persönlichkeitsanteilen angeboten, wie es bei Gunther SCHMIDT (1998) beschrieben wird.

These 4:
Das zielorientierte Vorgehen in diesem Ansatz nutzt Planungsbemühungen, um spontanen Wandel zu fördern

Das Prinzip der Zielorientierung in der lösungsorientierten Beratung und Therapie wird häufig zu technisch und einseitig verstanden – als handle es sich bei lösungsorientierter Beratung und Therapie um so etwas wie eine Flugreise mit genau festgelegtem Endziel. Außer bei größeren technischen Pannen weiß man bei Flugreisen bekanntlich ja i.d.R. genau, wo man hinterher 'rauskommt.

Sicherlich motiviert, orientiert und energetisiert die Vorstellung der Planbarkeit des Ablaufs bis zum festgelegten Ziel viele KlientInnen wie auch manche BeraterIn. Sie wirkt außerdem oft angstreduzierend gegenüber dem Risiko, das Veränderungen beinhalten. Gleichzeitig sollte aber im Beratungs- und Therapieprozeß immer spürbar bleiben, daß jeder Veränderungsweg überraschende Wendungen und neue Ziele mit sich bringen kann, auch wenn die Reisebegleitung sehr erfahren ist und die Expedition in wenig bekannte Gegenden mit modernem Gerät unternommen wird. Die Metapher der Expedition fokussiert mehr auf das Abenteuer spontan ablaufender Veränderung, während die Metapher der Flugreise die geordnete Abfolge und die Zielvision betont. Beide emotionale Konnotationen des Zielkonzeptes sind m.E. nach sinnvoll und kombinierbar.

Eine junge Erzieherin aus einer Kindertagesstätte kam auf Vermittlung ihrer Mutter in die Beratungsstelle. Sie beschrieb sich als sehr fleißig, habe aber das Problem, daß sie gelegentlich Aufgaben in der Kindertagesstätte einfach vergesse. Sie wisse selbst nicht wieso, und ihr Selbstwertgefühl leide sehr unter dieser Vergeßlichkeit. Sie möchte unbedingt, genau wie ihre Mutter auch, daß diese Vergeßlichkeit beseitigt wird.

Als Ergebnis der Wunderfrage nennt die junge Frau eine Zielvision, bei der es nur um ein besseres Erfüllen ihrer Arbeitspflichten geht. Dabei zögert sie aber sichtlich. Dem Berater wird deutlich, daß die Klientin in ihrer Zielvision offensichtlich nur einen Teil – nämlich den offiziellen Teil – ihrer Wertvorstellungen berücksichtigt hat. Ein anderer Teil – eher bisher von ihr wenig berücksichtigter Werte – ihr aber zum Zögern Anlaß gibt, so daß deutlich wird, daß dieser Teil offensichtlich Einwände gegen die einseitige Zielvision hat. Daraufhin bietet der Berater der Klientin an, das Symptom Vergeßlichkeit als einen Versuch anzusehen, in bestimmten Situationen bestimmte Ziele zu

erreichen. Nur eben andere, weniger bewußte, als die offiziell gülti-
gen. Ob sie interessiert wäre, herauszufinden, welche Ziele sie damit
intuitiv anstrebe, so daß die Bedürfnisse dieses Anteils ihrer Person in
den Prozeß einer ausbalancierten Zielentwicklung aller Seiten ihrer
Person einbezogen werden könnten. Dadurch bestünde eine große
Chance, daß das Symptom als Sprecher dieser bisher nicht genügend
wertgeschätzten Seite überflüssig werde. Die Klientin bejaht und versteht im Laufe mehrerer Beratungssitzungen deutlicher den positiven
Sinn ihres Symptoms. Im gemeinsamen Gespräch wird die Bedeutung entwickelt, das Symptom als Leibwächter und Förderer bisher zu
wenig beachteter eigenständiger Impulse von ihr ansehen zu können.
Aus dieser Sichtweise und diesem Vorgehen, eine ausbalancierte Ziel-
beschreibung zu entwickeln, ergeben sich für die Klientin völlig neue
Fragen und Ziele. Diese haben vorwiegend damit zu tun, wie sie loya-
le Pflichterfüllung einerseits und bedürfnisbezogene Weiterentwicklung
ihrer Persönlichkeit andererseits miteinander verbinden kann. Die ursprünglich von ihr vorgesehene symptombezogene Kurzberatung wan-
delt sich in Richtung eines mehrmonatigen Coachingprozesses, der
aber weiterhin vorwiegend als Anstoß verstanden wird und nicht als
eine neue Abhängigkeiten erzeugende Langzeitpsychotherapie. Vorteilhaft ist hierbei sicherlich, daß in dieser psychosozialen Institution
die Form und Dauer der Beratung adressatenorientiert ausgehandelt
werden kann. Eine allzu enge Zeitbegrenzung durch Setzung exter-
ner Instanzen wie im managed health-care Prinzip in den USA kann
schnell kontraproduktiv werden.

These 5:
Die Energie, die in Problemen gebunden ist, kann für die Lösungsentwicklung genutzt werden

Ein einseitiges lösungsorientiertes Vorgehen im Sinne des Abarbeitens
eines lösungsorientierten Fragekatalogos kann bei vielen Beratungsprozessen selbst zum Hindernis der Lösungsentwicklung werden. Dies insbesondere dann, wenn die KlientInnen den Eindruck bekommen, es
werde für sie ein wichtiger Aspekt ihres Erlebens, der sich im Problemerleben zeigt, nicht genügend gewürdigt.

In einer solchen Situation empfiehlt es sich, die genannten Problem-
aspekte aktiv aufzugreifen z.B. durch zirkuläre bzw. hypothetische Fragen aus dem Repertoire des systemischen Vorgehens (zum systemisch-
lösungsorientierten Interventionsstil vgl. Schmidt 1986).

Problem- und Lösungsaspekte können so unterschiedsbildend miteinander verglichen werden. Deutlich wird dabei, daß es sich bei Ausnahmen, möglichen Lösungen und Problemerleben ganz allgemein um Problemlösungsversuche handelt. Die Unterschiede bestehen allerdings darin, welche Problemlösungsversuche zielführend und welche eher problemstabilisierend sind. Beratung kann sich bei einem solchen Verständnis von Problem und Lösung auf die Unterstützung von KlientInnen konzentrieren. Diese werden in die Lage versetzt, ihre unterschiedlichen Lösungsstrategien erst einmal selber wertzuschätzen und dann auf Kosten-Nutzen-Aspekte hin miteinander zu vergleichen.

Nützliche Fragen sind dann: Welche Auswirkungen hat welcher Lösungsversuch? Welcher Lösungsversuch ist zielführend, welcher Lösungsversuch eher problemstabilisierend? Wenn man davon ausgeht, daß jede gewählte Lösungsoption nicht nur Vorteile, sondern evtl. auch nachteilige Auswirkungen hat, stellt sich außerdem die Frage: Welchen Preis bin ich bereit, für die gewählte Option zu bezahlen? Wie kann ich Lösungsmöglichkeiten synthetisieren bzw. neue Lösungsmöglichkeiten erfinden, bei denen ich einen möglichst niedrigen Preis im Sinne seelischer oder sozialer Kosten bezahlen muß? usw.

Insbesondere können in einem solchen Verständnis lösungsorientierten Vorgehens solche häufig eher als sperrig erlebten Phänomene wie massive Klagen und Anschuldigungen von KlientInnen sowie stark negative Aussagen anders eingeordnet werden. Sie brauchen dann nicht (nur) als Schwierigkeit im Beratungsprozeß, sondern können auch als Hinweis verstanden werden, daß die mir gegenübersitzende KlientIn mehreres braucht: einerseits Hilfestellungen, um konkrete praktische Lösungen im Handeln zu finden – andererseits aber auch die Würdigung erlebten Leids, das durch die Klagen signalisiert wird.

Eine alleinerziehende Mutter beklagte sich bitter über ihren vierjährigen Sohn. Er höre nicht, spucke das ganze Bad voll, „mache den Affen", sei insgesamt einfach ein äußerst schwieriges Kind. Sie berichtet, daß sie schlechte Erfahrungen mit Beratern gemacht habe, die nach ihrer Partnerschaft und nach ihrer Kindheit gefragt hätten, was ihr absolut nichts gebracht habe. Hier in der Beratung möchte sie statt dessen konkrete und praktische Verhaltenstips für den Umgang mit ihrem Sohn.

Auf zielfokussierende und lösungsorientierte Fragen antwortet die Mutter vorwiegend mit negativen Formulierungen. Auch Bemühungen, Ressourcen und Kompetenzen von ihr und ihrem Sohn wertzuschätzen, beantwortet sie oft (aber nicht immer!) mit einem eher abfälligen „na ja"! Es gelingt dem Berater kaum, den positiven Fokus zu halten und sich auf die positiven Antworten der Mutter zu konzentrieren, so stark wirkt diese negativ getönte „Problemtrance" der Mutter als Suggestion auf den Berater. Gelegentlich steigert sich die Mutter in einen heftigen, massiv entwertenden und aggressiven Bewußtseinszustand hinein, der kraß im Gegensatz zu den ansonsten deutlich wahrnehmbaren Bemühungen steht, eine gute Mutter zu sein.

Frau X (mit lauter, aggressiv wirkender Stimme): „Ich habe halt das Bedürfnis, ihn zu verprügeln. Dafür daß er mich so blamiert. Ich habe gesagt (kreischend, sich überschlagende Stimme): Du bist ein richtiges Arschloch, du. Daß du mich so blamierst, daß du dich nicht mal zusammen nehmen kannst!"

Der anwesende Sohn malt erst ruhig weiter. Danach steht er auf, geht zu seiner Mutter und gibt unartikulierte, eher heftige Laute ihr gegenüber von sich. Die Mutter reagiert darauf nicht.

Als Berater in dieser Situation habe ich Mühe, wertschätzend und allparteilich zu bleiben. Was mir und dem Beratungsprozeß insgesamt hilft, ist wohl das konsequente Bemühen um den lösungsorientiert-positiven Fokus beim Entwickeln von Experimenten sowie beim Bestätigen von Ausnahmen, die die Mutter nennt.

Auszug aus dem Schlußkommentar der ersten Sitzung:

Berater: „Also wenn er dann in so einem Zustand ist, ihr Sohn, wo er nicht zu seinen Bedürfnissen gekommen ist, dann flippt er offensichtlich aus. Und Sie als Mutter haben eine andere Form von ausrasten. Das ist ja alles nachvollziehbar. Dann kontrollieren Sie sich nicht mehr. Obwohl Sie auch gesagt haben, daß Sie selbst in solchen Situationen sich oft noch zurückhalten und diesen Impuls zurückhalten können. Und auch das finden wir verdammt anerkennenswert in einer solch schwierigen Situation. Und es gibt trotzdem Zeiten, wo es besser ist, z.B. im Urlaub. Denkbar wäre ja auch, daß es da genau so schlimm ist. Aber nein, bei Ihnen ist auf der Skala im Urlaub der Wert sogar bei 8-9. Das heißt, wenn Sie Zeit haben und sich nicht so wahnsinnig unter Druck stellen, wenn Sie ein bißchen locker lassen können, wenn auch Ihr Sohn Zeit hat und man ein bißchen was zusammen machen kann, dann ist er plötzlich ein Wunderkind. Dann macht er mit. Es ist also Spielraum drin. Und das zeigt, da ist nicht Hopfen und Malz verloren, da gibt es doch einige Möglichkeiten, die wohl insgesamt viel mit Entlastung zu tun haben. Da stellt sich aber sofort die Frage, wie können Sie sich entlasten im Alltag? Wir würden jetzt hier in der Beratung total an Ihnen vorbeigehen, wenn wir sagen würden, "Frau X, gönnen Sie sich etwas, entlasten Sie sich. Nehmen Sie sich Zeit für Ihr Kind, es wird es Ihnen danken". Das wäre doch Hohn! Dann würden wir ja völlig an Ihrer Situation vorbeigehen. Wenn wir sagen würden: "Machen Sie Entspannungstraining!" obwohl es nutzen würde, das geht doch aber nicht in Ihrer Situation! Wir haben den Eindruck, Sie machen sowieso schon sehr viel bei ihrer recht schwierigen Lebenssituation, und ich weiß nicht, ob Sie noch mehr oder es noch besser machen könnten."

Was außerdem hilft, ist ein mehrperspektivisches Verstehen und Kommentieren der entwertend-aggressiven Szenen zwischen Mutter und Sohn z.B. in der Schlußverschreibung der zweiten Sitzung:.

Berater: Das ist so, als ob Sie, Frau X, an einer bestimmten Stelle Ihres Lebens keine Kontrolle mehr haben, nicht selber mehr sich als Herrin des Schicksals sehen. Und da ist Ihr Sohn sozusagen eine ganz starke Herausforderung für Sie in dieser Situation. Vielleicht war das schon immer so. Vielleicht gab es schon von Anfang an so etwas, wo Sie das Gefühl hatten, als ob das Leben nicht richtig so in Gang gekommen ist, so wie Sie es haben wollten."

Frau X: „Ist richtig, ja".

Berater: „Also das ist nicht nur Ihr Sohn, der da in dem Moment halt stört, weil er vier Jahre alt ist. Das ist fast so für sie, wie wenn das Schicksal Ihnen den Boden unter den Füßen wegzieht. Das ist kein kleiner Junge mehr, sondern er wirkt auf Sie, als ob er Ihr Schicksal wäre".

Die Mutter wirkt nach diesem Kommentar in der Schlußverschreibung sehr nachdenklich und auch entlastet. Ihr Verhalten wird normalisiert, verstehbarer. Danach wird es leichter für sie, konkrete Aufgaben anzunehmen, etwa die, darauf zu achten, wann es ihr gelingt, den Impuls auszurasten zu kontrollieren.

In der nächsten Sitzung berichtet die Mutter stolz über verbesserte Selbstkontrolle ihrer Impulse. Danach erzählt sie von sich aus über ihre Kindheit in der früheren DDR. Sie berichtet von einer sehr belastenden Situation der massiven existentiellen Entwertung durch ihre Eltern. Ihre

Eltern hätten ihr in ihrer Kindheit immer gesagt, sie sei nicht gewollt, sie sei unerwünscht. Deutlich wird bei diesen Schilderungen auch, welchen positiven Sinn das Sich-Beklagen für die Mutter hat: Ihre Mutter habe ihr immer vorgehalten: „Beklage dich doch nicht, du hast doch keinen Grund dazu, dir geht`s doch bei uns gut!"

Versuche, diese Vergangenheitsschilderung als Konstruktion in ein positiveres Licht zu rücken und umzudeuten, werden von der Mutter nicht angenommen. Daraufhin wähle ich die Strategie der lösungsorientierten Fokussierung auf die Vergangenheit durch Wertschätzung des Leids *und* Fokussierens auch auf das, was das Überleben und das Bewältigen erleichtert hat. In diesem Fall war es insbesondere eine Tante, die sich wie eine Mutter um das kleine Mädchen gesorgt hat (zum lösungsorientierten Umgang mit der Vergangenheit vgl. FURMAN/AHOLA 1995).[3]

In einer nachträglichen Reflexion dieser zunächst einmal überraschenden Fokussierungsänderung auf die Vergangenheit stellte sich mir die Situation so dar: *Nachdem* die Mutter sich stärker kontrollieren konnte, Lösungen im Handeln für die Mutter da waren, *nachdem* durch systemisches Fragen und die Schlußverschreibung anerkannt wurde, daß ihre aggressiven und entwertenden Impulse verständlich und sinnvoll sind als Problemlösungsversuch in einer Extremsituation massiver existentieller Bedrohung der Vergangenheit (aber nicht sinnvoll sind für den *gegenwärtigen* Umgang mit ihrem Sohn), konnte die Mutter auch dem Berater Zugang zu ihrer massiv belastenden Vergangenheit gewähren.

Die Beratungsdauer dieser bzgl. des Beziehungsproblems mit dem Sohn, aber auch bzgl. der Stabilisierung des Selbstwertgefühls der Mutter und der Erhöhung ihrer Alltagsbewältigungsstrategien erfolgreichen Beratung: fünf Sitzungen.

These 6:
Lösungsorientiertes Vorgehen beschreibt nicht das Anwenden eines inhaltlich definierten Kanons von Methoden, sondern den feedbackgesteuerten Prozeß des maßgeschneiderten Intervenierens

Oberstes Kriterium für die Nützlichkeit lösungsorientierten Vorgehens ist dessen Zieldienlichkeit für die Ziele der KlientInnen. Wenn Zieldienlichkeit das Prüfkriterium für die methodische Vorgehensweise ist, dann

---

[3] **Anm.d.Hrsg.:** In *Es ist nie zu spät eine glückliche Kindheit zu haben* (Dortmund: borgmann publishing, 1999) hat Ben FURMAN sich unter Nutzbarmachung der Stimmen der Betroffenen mit diesem Thema noch eingehender beschäftigt.

ist damit jeglicher Form von Schulendogmatismus von vornherein der Boden entzogen. Zieldienlich kann es dann sein, sehr unterschiedlich vorzugehen. Zieldienlich kann sein, systemische Fragen, die das Problemsystem fokussieren und lösungsorientierte Fragen, die auf das Lösungssystem fokussieren, in günstiger Weise miteinander zu kombinieren. Zieldienlich kann es sein, die vorhandenen Ressourcen der BeraterIn, auch wenn es sich um methodische Ressourcen aus anderen Beratungsschulen handelt, sinnvoll zu kombinieren mit systemisch-lösungsorientierten Rahmenkonzepten. So können etwa die Arbeit mit Handpuppen, gestalttherapeutische Dialoge, psychodramatische Inszenierungen, verhaltenstherapeutische Regel- und Pläneanalysen sowie viele andere Methoden stimmig mit lösungsorientierten Vorgehensweisen kombiniert werden. Ich selber arbeite insbesondere gerne mit der Kombination lösungsorientierter und systemischer Vorgehensweisen, wobei ich erlebnisaktivierende Techniken der Skulptur- und Aufstellungsarbeit sowie des Psychodramas mit einbeziehe.

Ein wahlloses Aufeinandersetzen von Methoden aus unterschiedlichen Konzeptbereichen ist mit dieser stimmigen Kombination nicht gemeint, hier sind sicherlich ordnende Aktivitäten des Aufeinanderbeziehens und Integrierens notwendig. Dies setzt meiner Erfahrung nach eine mehrjährige Beschäftigung mit solchen Integrationsbemühungen voraus und geht häufig nur über Phasen der Desorientierung, wenn Vertrautes und damit aber auch Einengendes aufgegeben wird und sich eine neue integrierte innere Struktur noch nicht herausgebildet hat. Es geht uns BeraterInnen dabei m.E. nach nicht anders als KlientInnen, denen wir ja signalisieren, daß das Aufbrechen in neue Erlebensbereiche zwar riskant, aber durchaus lohnend sein kann.

These 7:
Ein stringent lösungsorientiertes beraterisches/psychotherapeutisches Vorgehen in institutionellen Kontexten des Beratungs- oder Gesundheitsbereichs kann durch das *Gestalten dieser institutionellen Zusammenhänge nach lösungsorientierten Konzepten* wesentlich erleichtert werden[4]

Lösungsorientierte Beratung läßt sich definieren als ein feedbackgesteuerter Prozeß des Suchens und (Er-) Findens von Lösungen, bei

---

[4] Ein interessantes Projekt in dieser Richtung beschreibt SCHMIDT (1998).

dem die Kompetenzen der KlientInnen aktiv gefördert werden. Eine dazu passende Organisationstruktur gestaltet sich m.e. nach zwar sicherlich entlang klar geregelter Entscheidungsprozesse im hierarchischen Aufbau der Organisation. Sie ist aber andererseits deutlich daran orientiert, die Ressourcen und Kompetenzen der MitarbeiterInnen genauso zu fördern wie das in Beratungsprozessen mit den Stärken und Kompetenzen der KlientInnen getan wird (Empowerment-Konzept, vgl. STARK 1991).

Diese Förderung wird durch eine Kultur von Wertschätzung und konstruktiver Aufgabenkritik zwischen Träger, Leitung, Team und KlientInnen in psychosozialen Einrichtungen erleichtert. Kommunikative Rückmeldeschleifen, Transparenz der Entscheidungsabläufe und dialogische Aushandlungsprozeße in der Beratungssituation fördern das Lernen und Entwickeln von Lösungen genauso wie solche Elemente kommunikativer Abläufe in psychosozialen Organisationen die Lernfähigkeit dieser Organisationen insgesamt erhöhen. Die günstigste Dosierung von Fremdsteuerung und Selbststeuerung teilautonomer Teams muß sich dabei, genau wie das auch im Beratungsprozeß der Fall ist, an der Zieldienlichkeit für die jeweilige, gemeinsam ausgehandelte Zielkombination der Organisation orientieren.

Fraglich ist allerdings m.E. nach, ob in einem Klima massiver Sparzwänge und eher konservativen Trends in der Bevölkerung insgesamt heute solchen, eher an demokratischen Vorstellungen orientierten Organisationskulturen vermehrt Chancen gegeben werden.

Es ist nicht zu übersehen, daß sich auch im Feld psychosozialer Organisationen immer noch bzw. wieder illusionäre Vorstellungen der einseitigen Kontrollierbarkeit von MitarbeiterInnen vorfinden lassen.

Es ist auch nicht zu übersehen, daß sich bei den sehr komplexen Fragen in diesen Organisationen immer noch/wieder eine Bereitschaft findet, schnelle Lösungen durch offene oder verdeckte autoritäre Machtanwendung zu finden. Moderne Begrifflichkeiten verdecken dabei gelegentlich nur mehr oder weniger subtil die alten Rezepte und Glaubenssysteme in der Organisationskultur.

Kurzfristig erleichternd für Manager in solchen Organisationen ist ein solches Vorgehen wohl schon, in der Praxis zeigt sich aber dann zumindest mittelfristig durch viele Gegenregulationen aus dem Bereich offizieller Kommunikation der Organisation und insbesondere aus dem eher unterschwellig vorhandenen „Schatten"- Bereich, daß komplexe Organisationen so nicht zu einer größeren Effizienz hin gesteuert werden können.

Die Einsicht und die Erfahrung wächst, daß zumindest dort, wo soziale Dienste und Einrichtungen unter Effizienzdruck und unter Marktbedingungen mit scharfer Konkurrenz stehen, andere Organisationsstrukturen nützlicher und passender sind.

Dort, wo es wirklich um Effizienz geht (und nicht nur um die Benutzung betriebswirtschaftlicher Vokabeln für die Legitimation von Kürzungsmaßnahmen), bestehen m.E. nach durchaus gute Chancen, daß sich *Konzepte lernender Organisationen* (SENGE 1996) durchsetzen. Sie setzen sich durch, weil sie nützlich sind, weil sie passen und sie setzen sich *dann* durch – wie uns ein Blick auf die Unternehmen im Wirtschaftsbereich zeigt – wenn sie nützlich sind.

These 8:
Lösungsorientierung als Philosophie für die Lebenspraxis der BeraterIn und lösungsorientiertes beraterisches Vorgehen bedingen sich gegenseitig

Lösungsorientiertes Vorgehen im Beratungsbereich wird wesentlich erleichtert durch eine generelle lösungsorientierte Haltung bzw. Philosophie, die auch in der eigenen Lebenspraxis intuitiv und/oder bewußt Anwendung findet. Unter solchen Vorbedingungen wird das lösungsorientierte methodische Vorgehen in der Beratung eher als authentisch erlebt, da wahrgenommen wird, daß die Technik und die übergreifende Haltung zusammen passen. Zu dieser lösungsorientierten Haltung gehört sicherlich auch der wertschätzende Umgang mit eigenen Problemaspekten dazu, ein einfaches, Kontexte ignorierendes „positives Denken" ist in diesem Fall nicht gemeint.

Andererseits fördert das Lernen der lösungsorientierten Vorgehensweisen auch rekursiv eine solche lebensfreundliche Haltung und deren Anwendung in der eigenen Lebenspraxis. Lösungsorientiertes Vorgehen in der Beratung wirkt sich also zumindest implizit auch psychohygienisch auf die BeraterIn aus. M.E. nach ist es darüber hinaus sinnvoll, diesen Aspekt der Nutzung lösungsorientierter Konzepte für sich selber als BeraterIn wie auch als Privatmensch im Sinne von Psychohygiene und lösungsorientierter Selbstreflexion in der *Ausbildung* zur systemisch-lösungsorientierten BeraterIn aktiv aufzugreifen. In diesem Kontext paßt m.E. der Begriff des *Trainings* sehr gut, besser als etwa Selbsterfahrung. Gemeint ist ein Training für angehende BeraterInnen im Bereich autonomer Selbstregulation und im Bereich gelingender Ko-Evolution in den jeweils relevanten sozialen Systemen.

Literatur

BUCHHOLZ, Wolfgang, GMÜR, Wolfgang, HÖFER, Renate & STRAUS, Florian: Lebenswelt und Familienwirklichkeit, Frankfurt/M.: Campus, 1984.

DE JONG, Peter & BERG, Insoo Kim: Lösungen (er-)finden, Dortmund: verlag modernes lernen, 1998.

EBERLING, Wolfgang & VOGT-HILLMANN, Manfred (eds): Kurzgefaßt. Zum Stand der lösungsorientierten Praxis in Europa, Dortmund: verlag modernes lernen, 1998.

FURMAN, Ben & AHOLA, Tapani: Die Zukunft ist das Land, das niemandem gehört. Stuttgart: Klett-Cotta, 1995.

HAHN, Kurt & MÜLLER, Franz-Werner; Systemische Erziehungs- und Familienberatung, Mainz: Grünewald, 1993.

HESSE, Joachim (ed): Systemisch-lösungsorientierte Kurztherapie, Göttingen: Vandenhoeck & Ruprecht, 1997.

LOTH, Wolfgang: Auf den Spuren hilfreicher Veränderungen. Das Entwickeln klinischer Kontrakte, Dortmund: verlag modernes lernen, 1998.

NESTMANN, Frank: Die gesellschaftliche Funktion psychosozialer Beratung in Zeiten von Verarmung und sozialem Abstieg. Verhaltenstherapie und psychosoziale Praxis, 28(1), 5-16, 1996.

NESTMANN, Frank (ed): Beratung. Bausteine für eine interdisziplinäre Wissenschaft und Praxis.Tübingen: DGVT, 1997.

SENGE, Peter: Die fünfte Disziplin, Stuttgart: Klett-Cotta, 1996.

SCHMIDT, Gunter: Systemische Familientherapie als zirkuläre Hypnotherapie. Familiendynamik 10: S. 242-264, 1985

SCHMIDT, Gunter: Die Anwendung von systemischen und hypnotherapeutischen Konzepten in der Klinik. Münsterschwarzach: Vier Türme-Verlag, 1998 (audiocasette).

STARK, Wolfgang: Prävention und Empowerment. In: HÖRMANN, G. & KÖRNER, W. (ed.) Klinische Psychologie. Ein kritisches Handbuch, Hamburg: Rowohlt, 1991.

VON GLASERSFELD, Ernst: Einführung in den radikalen Konstruktivismus. In: WATZLAWICK, Paul (ed): Die erfundene Wirklichkeit, München: Piper, 1981.

Vom „Schreibaby" zum „Baby mit besonderen Bedürfnissen und Fähigkeiten"

Auswege für Eltern und Babys durch Ansätze der lösungsorientierten Kurzzeittherapie

Mauri FRIES

Lösungsorientierte Kurzzeittherapie mit Babys und ihren Eltern – wie kann das möglich sein? Eltern haben zumeist den Wunsch, daß sich ihr Baby ändert und weniger oder nicht mehr schreit, bzw. besser ein- und durchschläft und das Baby kann sich im Gespräch über wohlformulierte Ziele, Ausnahmen und Lösungen nicht mit Worten beteiligen, also wird lösungsorientierte Kurzzeittherapie wohl nicht funktionieren.

In der Beratung für Eltern mit Babys, die seit Oktober 1996 in Leipzig besteht, versuchte ich dennoch, zunächst zögernd und unsicher, diesen Weg einzuschlagen. Ich habe mich dabei auf Kenntnisse der empirischen Säuglingsforschung, auf Praxisberichte zum lösungsorientierten Vorgehen in unterschiedlichen psychosozialen Kontexten und nicht zuletzt auch auf eigene Überzeugungen gestützt. Inzwischen bin ich sicher, daß eine sinnvolle Unterstützung von Eltern mit Babys, die viel schreien, schlecht schlafen oder durch andere unerwartete Verhaltensweisen ihre Umgebung beunruhigen, mit den Annahmen und Techniken der lösungsorientierten Kurzzeittherapie möglich ist.

Allgemeine Gründe für eine sinnvolle Anwendung sehe ich in folgenden Punkten:

Eltern und Säuglinge verfügen über Verhaltensbereitschaften, die sie für die Entwicklung des Babys kompetent nutzen können (PAPOUSEK 1996). Im lösungsorientierten Beratungs- und Therapiekonzept wird ebenfalls von der Expertenschaft der Individuen für Lösungen ausgegangen, die aus ihrer gegenwärtigen, als Belastung empfundenen Situation herausführen und die durch bestimmte Formen des Fragens aufgespürt und dem System wieder zugänglich gemacht werden können.

Die Erfahrungen in der Beratung zeigen, daß es im Kleinkindalter sinnvoll ist, kurzzeitige, bei Bedarf zu wiederholende Unterstützungen anzubieten. Zu bestimmten Entwicklungsschritten des Kindes oder bei akuten Belastungen kann die Kommunikation zwischen Eltern und Kind vor neuen Herausforderungen stehen und gefährdet sein (LARGO 1992; BRAZELTON 1994). Eltern benötigen dann kurze Interventionen, die ihnen ermöglichen, ihre Sicherheit wiederzugewinnen und eine Dekompensation in der Kommunikation zu verhindern.

Die verschiedenen Schulen systemischer Familientherapie haben zu einer Veränderung im therapeutischen Setting geführt, welche die Familie als ein ganzheitliches System in die Beratung oder Therapie einbeziehen. Dies ist mittlerweile eine selbstverständliche Haltung geworden, auf die an dieser Stelle dennoch hingewiesen werden soll. Gerade frühe Elternschaft wird immer noch oder wieder als ein Problem der Mütter gesehen, die relativ isoliert die Verantwortung für die frühe Entwicklung alleine tragen oder sich zugeschrieben fühlen. Systemisches Denken, wie man es aus den familientherapeutischen Ansätzen erlernen kann, weist uns auf die Möglichkeit hin, das System der Mutter-Kind-Dyade in ein größeres System, zu dem der Vater des Kindes, Großeltern, Freunde, aber auch Angebote der Kommune für Familien mit Babys gehören, zu verankern und diese systemischen Zusammenhänge explizit als Ressourcen zu nutzen. Das bezieht sich zum einen darauf, Müttern, auch Vätern, die Wahrnehmung dieser Ressourcen überhaupt oder wieder zu ermöglichen und zum anderen, auch Aktivitäten für den Erhalt oder den Ausbau von Einrichtungen verschiedenster Art für Eltern mit Babys zu initiieren (*Chancen und Notwendigkeit...*1998).

Wenn man die Fähigkeit des Babys zur nonverbalen Kommunikation wertschätzt und mit einbezieht, dann läßt sich die lösungsorientierte Kurzzeittherapie mit den inzwischen anerkannten Haltungen und Techniken anwenden. In der Beratung lassen sich die nonverbalen Anzeichen für Wohlbefinden als ein sinnvolles Anliegen für das Kind und die Eltern anstelle der sprachlichen Äußerungen nutzen. Wohlbefinden teilen Babys ihrer Umgebung durch einen aufmerksamen Blick mit, der den Blickkontakt zum Gegenüber sucht oder einem interessanten Gegenstand folgt. Sie teilen es mit durch ein Lauschen auf Geräusche, wobei sie die menschliche Stimme bevorzugen und versuchen, das Gehörte durch die Augen visuell zu kontrollieren. Ein Lächeln, das in den ersten Wochen ohne äußeren Auslöser über ihr Gesicht huscht und später durch das Gesicht einer anderen Person ausgelöst wird (soziales Lächeln), macht ein Wohlbefinden sichtbar. Es ist auch zu erkennen in seinen

Versuchen, Zusammenhänge und ihre Variationen in seiner Umwelt zu erkunden und selber zu beeinflussen (z.B. „Wenn ich lächle, lächelt meine Mutter auch, wenn sie lächelt, fange ich an zu glucksen"). In der zunehmenden Verbesserung seiner Verhaltensregulation, d.h. in der Regulation seiner Schlaf-Wach-Zustände, seiner Aufmerksamkeit für sich und andere, für die Nahrungsaufnahme lassen sich ebenfalls Anzeichen für Wohlbefinden erkennen.

Eltern ihrerseits reagieren mit Zufriedenheit auf diese Anzeichen, indem sie diese aufgreifen und z.b. im spielerischen Austausch durch Kitzelspielchen, Singen, Guck- und Versteckspiele verstärken und die zunehmende Regulation des Verhaltens als gewünschte Entwicklung wahrnehmen.

Eine Reihe von Eltern erleben in den ersten Monaten bei ihrem Baby eine Abwesenheit von Wohlbefinden durch exzessives Schreien, verlängerte Einschlafzeiten, häufiges Aufwachen oder andere unerwartete Verhaltensweisen.

Exzessives Schreien gilt heute als eine Reaktion des Kindes auf seine verzögerte Verhaltensregulation (PAPOUSEK 1984) und/oder auf Einschränkungen der elterlichen Kompetenz. Ein Baby, das über Wochen und Monate scheinbar grundlos schreit und/oder mit häufigen Unterbrechungen schläft, bringt Eltern an den Rand ihrer Kräfte. Es stellt sich ein Erschöpfungssyndrom ein. Wut und Erschöpfung können ein explosives Gefühlsgemisch eingehen, das dazu führt, daß „die Sicherungen der Eltern durchbrennen". Schreien ist im Säuglings- und Kleinkindalter das häufigste Auslösesignal für Mißhandlungen (RIEDESSER 1990; BARTH 1994; ESSER 1994). Diese Sicht auf die Zusammenhänge geht über die bis dahin häufig praktizierte Erklärung, exzessives Schreiens sei durch die sogenannten Dreimonatskoliken verursacht, hinaus. Sie eröffnet Interventionsmöglichkeiten, die jenseits von Koliktropfen und Nahrungsmittelumstellung der Mutter einer komplexeren Realität gerecht werden, dennoch aber von einer defizitorientierten Interpretation ausgehen, die u.U. wiederum zu Schuldgefühlen bei den Eltern führt.

Die Beschreibung der Zusammenhänge unter einer lösungsorientierten Perspektive ermöglicht es, den Säugling auch dann als „kompetent" (DORNES 1993) zu betrachten, wenn sein unerwartetes Verhalten für Herausforderungen und Verstörungen bei seinen Eltern und anderen sorgt. Schreien läßt sich demnach als eine kompetente Fähigkeit des Babys wertschätzen, mit der es wirkungsvolle Botschaften an seine Umgebung richtet. Es signalisiert zum einen, daß es besondere Bedürfnisse nach

Unterstützung seiner Verhaltensregulation (FRIES 1998) hat, zum anderen aber auch, daß es eine erstaunliche Sensibilität für atmosphärische Verstimmungen in der Familie besitzt.

Eine Mutter kommt mit ihrer Tochter, Miriam, die vier Wochen alt ist, in die Beratung, weil sie sich durch das unerwartet viele Schreien ihres Babys angespannt und überfordert fühlt. Sie hatte in Vorbereitung auf die Geburt ihres Kindes viel gelesen und war der Überzeugung, daß das übermäßige Schreien und mögliche Reizüberangebote die Persönlichkeitsentwicklung des Kindes beeinträchtigen könne.

Ein Kommentar, der das Schreien von Miriam als ein Zeichen von Kompetenz wertet, könnte lauten:

„Ich habe von Ihnen gehört, daß Ihre kleine Tochter Ihnen schon viel sagen will. Und ich spüre, daß Sie davon ganz fasziniert sind. Vielleicht sagt Sie Ihnen auch sehr viel mit ihrem Schreien. Nur weil Sie von dem Schreien so überrascht sind und es ja auch anstrengend ist, dem Schreien zuzuhören, wird vielleicht noch etwas Zeit nötig sein, das Schreien verstehen zu lernen".

Im folgenden soll das Vorgehen in der Beratung mit Babys anhand der Modifikationen der typischen Frageformen und an einzelnen Beispielen beschrieben werden, die sich häufiger auf Schlafprobleme als auf übermäßiges Schreien beziehen. Die Beratungserfahrung zeigt, daß Eltern das Schreien ihres Kindes eher zu akzeptieren scheinen. Wird das exzessive Schreien dann durch ein Schlafverhalten ergänzt oder ersetzt, mit dem die Eltern nicht gerechnet haben, ist ihre Toleranz erschöpft und sie suchen nach Unterstützung.

Als besonders hilfreich, wenn auch aus organisatorischen Gründen nicht immer zu verwirklichen, hat sich die Arbeit im „Reflektierenden Team" (ANDERSEN 1990) erwiesen. Während die Beraterin sich auf das Gespräch mit den Eltern konzentrieren kann, nutzt die im gleichen Raum anwesende zweite Beraterin verstärkt die Beobachtung der nonverbalen Kommunikation, um dann in einer wertschätzenden Weise die Entwicklung des Kindes und seine Fähigkeiten, insbesondere die Fähigkeiten des Babys zur Kontaktaufnahme, zur Integration von Wahrnehmungen und bei älteren Kindern die motorische Entwicklung, die Ausdauer und Neugier im Spiel sowie ihre Aktivitäten zur Regulierung der Interaktion mit Mutter und/oder Vater würdigen zu können. Neben der Wertschätzung des beobachteten Verhaltens nutzen wir die Arbeit im „Reflektierenden Team" zur Würdigung der bisher versuchten Lösungen und formulieren

Vermutungen über Auswege aus der Situation, wie das folgende Beispiel zeigt:

Gesprächsausschnitt mit einer Mutter von vier Kindern (vier, drei und zwei Jahre sowie neun Monate). Anlaß der Beratung: Schlafprobleme der zweijährigen Tochter

Mauri: Wir haben erfahren, daß es in dieser Familie viel zu tun gibt und daß Frau Z. gut den alltäglichen Ablauf morgens, bis alle Kinder in der Einrichtung sind, organisieren kann. Ich bin wirklich sehr beeindruckt, daß Frau Z. bei diesem Arbeitspensum sagt, heute sei sie bei 10. (Bezug zur Skalierungsfrage über das Ausmaß von Kraftreserven und Erschöpfung)

Angela: Ich finde auch, daß sie das gut schafft.

Mauri: Was mir noch gut in Erinnerung ist, daß sie sagt, wenn ich in das Kinderzimmer 'reinkomme, dann hört Caroline sofort zu schreien auf und freut sich. Meine Gedanken gehen dahin, daß in dieser großen Familie die Caroline mit ihrem Verhalten in der Nacht zeigt: 'Mama ich will ein bißchen mehr von dir'. Am Tage sind die Großen schneller, weil sie sagen können, was sie brauchen und das Baby bekommt auch mehr, weil es noch so klein ist.

Frau Z. nickt.

Angela: Nun ist die Frage, wie das die Mama schaffen kann. Vielleicht kann sie Caroline früher aus der Krippe abholen oder die Familienhelferin kümmert sich zu einer bestimmten Zeit des Tages um die drei anderen Kinder. Vielleicht gibt es noch andere Möglichkeiten, an die wir jetzt noch gar nicht gedacht haben?

In der lösungsorientierten Kurzzeittherapie werden **Skalierungsfragen** verwendet, um z.B. den Fortgang von Veränderungen, das Selbstwertgefühl, die Hoffnung auf Veränderung, die Motivation zur Mitarbeit an Lösungen zu beurteilen. In der Beratung von Eltern mit Babys nutzen wir **Skalierungsfragen** hauptsächlich zur Abschätzung der Erschöpfung bzw. der Kraftreserven der Eltern und der erreichten Veränderungen, ablesbar an der Abnahme der Erschöpfung. Zugleich erhalten wir auch Hinweise darüber, wer von den Eltern über die größeren Reserven verfügt und wer dementsprechend mehr Entlastung benötigt. Gerade im Umgang mit einem Baby, das viel schreit und schlecht schläft, stehen häufig Symptome eines akuten Erschöpfungssyndroms im Vordergrund, die mögliche Ressourcen wie Eisberge dahin schmelzen läßt. Oft hat man als Beraterin das Gefühl eines Wunders, wenn Eltern nach ein oder zwei Beratungsstunden trotz der evtl. noch bestehenden Einschränkung der Verhaltensregulation des Kindes Möglichkeiten zur Erholung finden und die Erschöpfung reduzieren können.

„Stellen Sie sich eine Skala von 1 bis 10 vor. 1 steht für einen Zustand der Erschöpfung, wie es schlimmer nicht mehr werden darf und 10 für einen Zustand, da sind Sie so fit und kräftig, wie Sie es sich für sich wünschen. Wo stehen Sie da heute?"

„In der letzten Woche waren Sie bei 3. Heute sind Sie bei 5 angekommen. Da hat sich einiges verändert. Was haben Sie gemacht, um von 3 nach 5 zu kommen?"

„Wie kann es Ihrer Frau gelingen von 3 nach 5 zu kommen? Gibt es etwas, was Sie dazu beitragen könnten?"

Hier schließt sich die Frage an, welche Möglichkeiten der Erholung Eltern früher nutzen konnten, als das Kind noch nicht geboren war und ob sich von diesen guten Ideen eine in der veränderten Gegenwart mit einem kleinen Kind aufgreifen läßt.

Miriams Mutter erzählte, daß ihr früher Spazierengehen und meditatives Malen geholfen haben. Malen würde sie ja gerne, aber sie fange jetzt gar nicht erst an, weil die Vorbereitung und das Malen selbst zu viel Zeit in Anspruch nehmen würde; Zeit, die ihre Tochter ihr nicht lassen würde. Dann haben wir besprochen, ob das Malen so verändert werden kann, daß sie auch mit weniger Zeit einen Erholungseffekt verspüren kann. Der Mutter erschien es möglich, und die Umsetzung erbrachte ihr die vermißte Entspannung, welche die Stillberaterin „angeordnet" hatte. Eltern den wohlgemeinten Rat zu geben, sich zu entspannen, ist meist wenig hilfreich, wenn nicht im Detail konkret besprochen, wo und wie diese Entspannung erreicht werden kann.

Angesichts vielfältiger Belastungen, die sich im Zusammenleben mit einem kleinen Kind aufgrund der noch eingeschränkten Regulationsfähigkeit des Babys und/oder psychosozialer Probleme der Eltern ergeben können, ist es manchmal erstaunlich, wie die Familien die Situationen bewältigen. In der Beratung ist es uns wichtig, diese Kompetenzen der Bewältigung zu würdigen. Dazu eignen sich **Copingfragen**.

„Woher nahmen Sie die Kraft, alles zu bewältigen?"

„Wer oder was war dabei hilfreich?"

„Wenn das Schreien bzw. das Schlafproblem noch einige Zeit bestehen bliebe, was können Sie dann tun, um die Situation zu bewältigen? Wer kann Sie dabei unterstützen?"

Familien suchen die Beratung auf, weil sie sich von einem Verhalten ihres Babys bzw. von den Reaktionen und Ratschlägen einer wohlmeinenden Verwandtschaft verunsichert oder überfordert fühlen. Es ist zu einem Problem für sie geworden, das sie häufig ausführlich beschreiben können. Mit dieser Problemfixierung geraten sie in eine Situation, in der jegliches Verhalten des Babys unter diesem Blickwinkel interpretiert wird und oft eine Erwartungshaltung gegenüber dem Problem entsteht: „Bevor mein Baby in der Nacht aufwachen wird, bin ich innerlich schon auf dem Sprung." Damit werden die Selbstregulationsfähigkeiten des Babys übersehen, und die Möglichkeiten zu ihrer Entfaltung werden eingeschränkt. Um diese Problemperspektive durch neue Perspektiven zu ergänzen, erscheinen **Ausnahmefragen** sinnvoll. Ausnahmen vom Problem werden von den Eltern allgemein als selten eingeschätzt und so sind sie häufig überrascht, wenn sie gefragt werden, wann das Problem nicht auftritt.

„Ich habe mich gerade gefragt, ob es auch Situationen gibt, in denen ihr Kind weniger schreit?"

„Was ist anders, wenn das Kind leichter einschläft?"

„Was tun Sie dann anders, wenn ihr Kind leichter einschläft?"

Antworten auf **Ausnahmefragen** erlauben im weiteren Gespräch mit den Eltern, die Unterschiede zwischen dem Auftreten des Problems und der Ausnahme der teilweisen oder völligen Abwesenheit des Problems zu erkunden und für die Eltern wahrnehmbar zu machen. Hieran kann sich unter Umständen eine Beobachtungsaufgabe anschließen, die Unterschiede z.B. zwischen dem Verhaltenszustand des Schreiens und des aufmerksamen Wachzustandes bzw. den Übergängen oder beim Einschlafen am Abend und am Mittag bis zum nächsten Termin zu beobachten. Unterschiede können sich auf die äußere Gestaltung der Situation, das Verhalten des Kindes, der Eltern, der Gefühle der Eltern oder anderer Einflüsse beziehen. Je konkreter die Bedingungen für mögliche Unterschiede besprochen werden, desto leichter können Eltern sie beobachten und im Verlauf der weiteren Beratung selbst aktiv nutzen.

Für manche Eltern ist es schwierig, Ausnahmen zu benennen. „Alles" ist furchtbar, es gibt keine Ausnahme, dann hilft nur noch ein Wunder (SCHLIPPE & SCHWEITZER 1996, S.159). Die **Wunderfrage** formulieren wir entweder in unspezifischer Form oder konkret auf das herausfordernde Verhalten des Babys bezogen:

„Stellen Sie sich vor, es geschieht ein Wunder, und Ihr Kind schläft in der nächsten Nacht durch. Da Sie auch schlafen konnten, wissen Sie es nicht gleich, daß das Wunder passiert ist. Was würde sich für Sie, für Ihre Familie ändern? Was würden Sie dann am liebsten tun?"

Eltern: „Ich könnte mich mal ausschlafen."

„Ich würde mal ganz in Ruhe in die Badewanne gehen."

„Wir würden mehr mit dem großen Bruder spielen".

„Wir könnten mal was unternehmen."

Häufig wird deutlich, daß sich die Wünsche nach dem „Wunder" auf alltägliche Aktivitäten beziehen, welche die Eltern sehr vermissen. Vielleicht wird es zu einem bestimmten Zeitpunkt möglich sein, *so zu tun, als ob das Wunder geschehen wäre* und eine von den genannten Aktivitäten zu planen. Zur Entlastung der Eltern und zur Stärkung ihrer Ressourcen kann das Gespräch zur konkreten Planung einer solchen Aktivität genutzt werden, die aber unter den individuellen Bedingungen für die Familie realisierbar sein muß. Das Gespräch über eine Aktivität wird von den Eltern, besonders von den Müttern auch als eine Erlaubnis angenommen, etwas für sich selbst zu tun. Dies hat unserer Erfahrung nach zwei Effekte für die Interaktion zwischen dem Baby und seiner Mutter bzw. seinem Vater. Zum einen trägt die Realisierung einer vermißten Beschäftigung zur Verbesserung der eigenen Kräfte und der familiären Atmosphäre bei, zum anderen erleben wir auch einen Einfluß auf das Selbstwertgefühl der Eltern: „Ich bin es wert, etwas für mich zu tun und ich weiß, daß ich trotzdem eine gute Mutter/ein guter Vater bin."

Eine Mutter, die viele Ideen bei der Wunderfrage hatte, meinte in der zweiten Sitzung, am meisten habe ihr die Erlaubnis der Beraterinnen geholfen, es sich so richtig bequem zu machen. Die Auswirkungen waren auch in ihrer Körperhaltung zu beobachten.

Formen des **zirkulären Fragens** stellen eine weitere wichtige Frageform dar, mit der wir gute Erfahrungen sammeln konnten, insbesondere dann, wenn Eltern in gegenseitigen Vorwürfen bzgl. des Verhaltens ihres Babys feststecken. Exzessives Schreien oder Schlafstörungen sind kommunikative Angebote an die Umgebung, die, wenn sie nicht verstanden werden können, auch als Ausdruck einer dysfunktionalen Kommunikation zwischen Kind und Eltern zu betrachten sind. Diese dysfunktionalen Kommunikationsmuster wirken sich auf die Kommunikation zwischen den Eltern aus, die sich u.U. in gegenseitigen Schuldzuweisungen am Verhalten des Kindes oder dem Vorwurf der Bagatellisierung bzw. der Übertreibung festfahren. **Zirkuläre Fragen** ermöglichen eine Außenperspektive auf das eigene Verhalten, Denken, Fühlen aus der Sicht des anderen Elternteils oder anderer Angehöriger.

„Für wen ist das ständige Schreien Ihres Babys ein größeres Problem?"

„Wer ist darüber am meisten beunruhigt?"

„Wie kommt es, daß Ihre Frau so aufmerksam gegenüber der Entwicklung Ihres Kindes ist, so daß Sie manchmal glauben, daß sie sich zuviel Sorgen macht?"

„Wie gelingt es Ihrem Mann, scheinbar so gelassen gegenüber dem Verhalten des Kindes zu sein, so daß Sie manchmal denken, er nimmt Ihre Sorgen nicht richtig ernst?"

„Was kann Ihre Frau tun, um es sich gut gehen zu lassen?"

„Was kann Ihr Mann tun, um alles mit der Arbeit und dem Kind gut unter einen Hut zu bekommen?"

Mit diesen Frageformen erhalten wir Antworten, welche die subjektiven Theorien oder Repräsentationen der Eltern und die bisher unternommenen Lösungsversuche verdeutlichen, aber auch diesbezügliche Ideen bei ihnen erzeugen.

Gleichberechtigt neben der Nutzung lösungsorientierten Fragens steht die Beobachtung der Interaktion zwischen Mutter/Vater und Kind anhand von Videoaufnahmen von Wickel,- Spiel-, und/oder Fütterungsinteraktionen. Damit gewinnen wir Zeit für eine ausführliche Wahrnehmung und Würdigung der nonverbalen Kommunikation, die wir nach Möglichkeit mit den Eltern gemeinsam anschauen. Ziel des Videofeedbacks ist die Identifikation der Elemente der Interaktion, welche die Entwicklung des Wohlbefindens von Kind und Eltern unterstützen, um dann mit den Eltern zu besprechen, wie diese konkret und in kleinen Schritten unter häuslichen Bedingungen realisiert werden können. Das beinhaltet z.B. eine bewußtere Wahrnehmung und Ausnutzung der zufriedenen Wachzustände des Kindes für gemeinsame spielerische Interaktionen, ein sensibleres Achten auf Anzeichen einer Überlastung des Babys, eine Verstärkung der sprachlichen Anregungen und die Ermutigung zur Babysprache.

Videoaufnahmen sind für Mütter oder Väter ungewohnt, zeigen aber nach unserer Erfahrung bestimmte Verhaltensweisen wie in einem Brennglas deutlicher. Das Argument, daß sich Eltern vor der Kamera von ihrer besten Seite zeigen, läßt sich lösungsorientiert im Beratungs- und Therapieprozeß in dem Sinne nutzen, daß es diese erstrebenswerten Ausnahmen gibt und daß man nun herausfinden muß, wie es Eltern gelingen kann, mehr von diesem erwünschten Verhalten in ihren alltäglichen Kontexten zu verwirklichen.

Wenn Videoaufnahmen nicht möglich sind, dann führen wir Übungssitzungen durch, in denen sich die Therapeutin als Übersetzerin der Signale des Kindes und/oder als Modell für die Interaktion zur Verfügung stellt. Diese Sitzungen werden begleitet durch Gespräche mit dem Ziel, die Stärken der Eltern und des Kindes und die Ressourcen der Familie herauszufinden, bestimmte Interventionen, besonders bei der Behandlung von Schlafproblemen, vorzubereiten oder Möglichkeiten einer individuellen Psychotherapie zu besprechen.

Die Mutter einer fünf Monate alten Tochter mit Schrei- und Schlafproblemen beschreibt das Gefühl, ihrer Tochter gegenüber nichts richtig zu machen. Sie erlebt, egal was sie mit ihrer Tochter macht, um sie zu beruhigen oder zum Schlafen zu „überreden", nichts ist richtig. Auf Nachfrage, ob sie dieses Gefühl auch aus anderen Lebenssituationen kennt, berichtet sie über ihre Eltern, ihre Schulzeit und ihren Partner, daß es bei denen auch schon immer so gewesen sei. Aus diesem Gefühl heraus hat sich in der Interaktion mit der Tochter eine Überstimulation entwickelt, d.h. das Kind wird häufig gleichzeitig heftig geschaukelt und mit mehreren Spielzeugen im schnellen Wechsel zum Spielen aufgefordert. Infolgedessen ist das Kind in den Wachzeiten häufig überfordert und kann nicht zur Ruhe kommen. Dies führt bei dem Kind zu Schrei- und Unruhezuständen, langen Einschlafphasen, was wiederum bei der Mutter das Gefühl verstärkt, alles falsch zu machen.

In den Sitzungen in der Beratungsstelle verfahren wir zweigleisig. In Spielinteraktionen suchen wir mit der Mutter die Bereiche der taktilen, akustischen oder optischen Anregungen auf, bei denen sich Mutter und Kind wohlfühlen und das Kind die Intensität und den Wechsel der Angebote bestimmen kann. Hier erscheint es uns wichtig, darauf zu achten, daß die Aktivitäten, die zur Überstimulation führten, der Mutter Sicherheit zu bieten schienen. Diese Sicherheit muß erhalten bleiben, aber sie bedarf anderer Quellen. Reduzierung alleine reicht nicht, sondern es muß für die Mutter erfahrbar werden, was sie statt dessen tun kann. Das Prinzip lösungsorientierter Kurzzeittherapie, die Anwesenheit von Etwas zu thematisieren, wird hierbei berücksichtigt. In den Gesprächen werden die Zusammenhänge zwischen dem Verhalten des Kindes und den eigenen Gefühlen besprochen und nach Ausnahmen gesucht, bei denen die Mutter Erfahrungen in ihrem Leben machen konnte, etwas richtig gemacht zu haben.

In der Literatur werden unter dem Begriff der Kurzzeittherapie verschiedene Formen in der Beratung von Eltern diskutiert (KLITZING 1998). Die deutlichsten Effekte der lösungsorientierten Kurzzeittherapie sind in der Stärkung des Selbstvertrauens der Eltern im Umgang mit ihrem „Baby mit besonderen Bedürfnissen und Fähigkeiten" durch die Wertschätzung der Fähigkeiten des Babys, die Suche nach den Kompetenzen der Eltern und deren Verbesserung zu beobachten. Die durch die Form der Fragen eingeleitete Erweiterung von Perspektiven ermöglicht eine Wahrnehmung und Nutzung von Ressourcen, die, auch für Familien mit vielfältigen Belastungen, vorher nicht erkennbar waren und die Selbstregulationsfähigkeit der Familie wiederherstellen bzw. erhöhen. Ich bin sicher, daß die hier vorgestellten Elemente der lösungsorientierten Kurzzeittherapie die bisher entwickelten Beratungs- und Therapieverfahren ergänzen können und in der Beratung und Therapie von Eltern mit Babys, die sich scheinbar nicht beruhigen lassen, sinnvolle Auswege ermöglichen.

Literatur

ANDERSEN, Tom (Hrsg.) (1990). Das Reflektierende Team. Dortmund: verlag modernes lernen.

BARTH, Renate (1994). Prävention von Mißhandlung und Vernachlässigung: Ein Beratungsangebot für Eltern mit Säuglingen und Kleinkindern in Australien. In: P. KÜRNER & R. NAFROTH (Hrsg.): Die vergessenen Kinder: Vernachlässigung und Armut in Deutschland (139-156). Köln: PapyRossa.

BRAZELTON, T. Berry (1994). Touchpoints: Opportunities for preventing problems in the parent-child-relationship. Acta Paediatrica, suppl., 394, 35-39.

Chancen und Notwendigkeit früher Prävention. Zur kritischen Lebenssituation von Säuglingen und Kleinkindern in psychosozial belasteten Familien. Thesenpapier des Arbeitskreises „Präventive Intervention bei Familien mit multiplen Risikobedingungen" der „Gesellschaft für Seelische Gesundheit in der frühen Kindheit" (German Association for Infant Mental Health – GAIMH (1997).

DORNES, Martin (1993). Der kompetente Säugling. Die präverbale Entwicklung des Menschen. Frankfurt/M.: Fischer.

ESSER, Günther (1994). Ablehnung und Vernachlässigung im Säuglingsalter. In: P. KÜRNER & R. NAFROTH (Hrsg.): Die vergessenen Kinder: Vernachlässigung und Armut in Deutschland, 72-80. Köln: PapyRossa.

FRIES, Mauri (1998). Schreikinder – Babys mit besonderen Bedürfnissen? Vortrag zur Fortbildung von Still- und Laktationsberaterinnen. Leipzig. Internet:www/ /stillen.de.

KLITZING, Kai v. (Hrsg.) (1998). Psychotherapie in der frühen Kindheit. Göttingen: Vandenhoeck & Ruprecht.

KÜRNER, P. & NAFROTH, R. (Hrsg.) (1994). Die vergessenen Kinder: Vernachlässigung und Armut in Deutschland. Köln: PapyRossa.

LARGO, R. H. (1992). Die normalen Krisen der kindlichen Entwicklung. Kindheit und Entwicklung, 1, 72-76.

PACHLER, Milan J. & STRASSBURG, Hans-Michael (1990). Der unruhige Säugling. Fortschritte der Sozialpädiatrie, Bd. 13. Lübeck: Hansisches Verlagskontor.

PAPOUSEK, Mechthild (1984). Psychobiologische Aspekte des Schreiens im frühen Säuglingsalter. Sozialpädiatrie in Praxis und Klinik, 6, 517-526.

PAPOUSEK, Mechthild (1996). Die intuitive elterliche Kompetenz in der vorsprachlichen Kommunikation als Ansatz zur Diagnostik von präverbalen Kommunikations- und Beziehungsstörungen. Kindheit und Entwicklung, 5, 140-146.

RIEDESSER, Peter (1990). Vernachlässigung und Mißhandlung chronisch unruhiger Säuglinge und Kleinkinder. In: Milan J. PACHLER & Hans-Michael STRASSBURG (Hrsg.): Der unruhige Säugling. Fortschritte der Sozialpädiatrie. Bd. 13 (257-269). Lübeck: Hansisches Verlagskontor.

SCHLIPPE, Arist v., SCHWEITZER, Jochen (1996). Lehrbuch der systemischen Therapie und Beratung. Göttingen, Zürich: Vandenhoeck & Ruprecht.

„Lebensfülle statt Leibesfülle"

Ein lösungsorientiertes Gruppenprogramm für Frauen mit Eßstörungen

Agnes-Christine NELLE & *Anna Maria* PECHTL

Lösungsorientierte Kurzzeittherapie in der Gruppe – wie geht das? Mit Ausnahme des eindrucksvollen Erfahrungsberichtes von KUHN (1998) sind uns aus der Literatur keine Beispiele praktischer Anwendungen dieses Ansatzes in Gruppen bekannt. Wir haben mit lösungsorientierter Gruppenarbeit positive und nützliche Erfahrungen gesammelt und möchten sie als Anregung zur Diskussion und Nachahmung weitergeben.

Lösungsorientiertes Arbeiten bedarf eines *Auftrages*. Als im Herbst 1997 der Bedarf an einem Angebot für Frauen mit Eßstörungen von mehreren Klientinnen an uns herangetragen wurde, bedeutete dies für uns, etwas Neues zu entwickeln. Wir, das sind Mitarbeiterinnen von RELEASE e.V., einer Einrichtung für ambulante Suchtkrankenhilfe und -therapie mit einem ländlichen Einzugsbereich. Die meisten KlientInnen, die unsere Beratungsstelle aufsuchen, sind alkoholabhängig oder haben als Angehörige mit dem Problem Alkoholismus zu tun. Neben unserer Behandlungsstelle für Suchtkranke unterhalten wir ein gemeindenahes, psychosoziales Netzwerk, das u.a. die Zusammenarbeit mit niedergelassenen ÄrztInnen, die Förderung von Selbsthilfeinitiativen und auch die Betreuung von psychisch Kranken beinhaltet.

Die Frauen, die an uns herantraten, wollten primär abnehmen, bzw. lernen, ihr Eßverhalten zu kontrollieren. An einer längerfristigen Therapiegruppe waren sie nicht interessiert. Dementsprechend planten wir ein Konzept, das auf zehn Wochen begrenzt war und bei Bedarf in Form einer Selbsthilfegruppe weitergeführt werden konnte.

Auch die übrigen Teilnehmerinnen, die sich auf eine Ankündigung in der Presse hin anmeldeten, hatten in erster Linie vor, ihr Eßverhalten zu verändern und wollten sich darüber hinaus auch „etwas Gutes tun". Das Motto unseres Kurses „Lebensfülle statt Leibesfülle" hatte sie angesprochen.

Viele waren Expertinnen darin, ihr Gewicht zu *reduzieren*: sie hatten bereits verschiedene Kurse zum Abnehmen besucht und Erfahrungen mit diversen Diäten gesammelt. Die Schwierigkeit hatte immer darin bestanden, den Gewichtsverlust *längerfristig zu stabilisieren*.

Aufgrund dieser negativen Erfahrungen mit „Eßproblem"-orientierten Angeboten zielte unser Gruppenprogramm auf übergreifende Effekte ab, wie z.B. die Erhöhung des Selbstwertgefühls und der Selbstbestärkung sowie die Verbesserung der allgemeinen Lebenszufriedenheit.

Wir hatten verschiedene Annahmen und Hypothesen, aus denen unser Konzept erwuchs. Auf jeden Fall sollte der 10-Wochen-Kurs *Spaß* machen, da Frauen, die abnehmen wollen, sich ohnehin genug kasteien. Eine weitere Idee war, daß ein Zuviel an Nahrungsaufnahme ein Zuwenig an anderweitigem Lustgewinn bedeuten bzw. helfen könnte, unlustvolle Zustände zu vermeiden. Die Ressource „Eßlust" sollte also durch alternative Ressourcen-*Wahlmöglichkeiten* erweitert werden. Außerdem gingen wir davon aus, daß „Abnehmen" nicht das eigentliche *Ziel* der Teilnehmerinnen darstellte. Ziele wären vielmehr die von den Teilnehmerinnen erwarteten positiven *Konsequenzen des Abnehmens*. Diese Annahme implizierte natürlich, daß Teilnehmerinnen während des Kurses feststellen könnten, daß sie ihre Ziele auch erreichen können, *ohne* abzunehmen (Lebensfülle *trotz* Leibesfülle) oder auch auf dem Weg zu ihren eigentlichen Zielen *unabsichtlich* abnehmen.

Methoden der Gewichtsreduktion standen also nicht im Vordergrund des Programms. Das individuelle „Wohlfühlgewicht" wurde als Folge eines veränderten Selbstkonzeptes, eines befriedigenden Lebensstils und der Klärung der eigentlichen Ziele prognostiziert. Im Mittelpunkt stand das (Er-)Finden von Zielen, Lösungsmöglichkeiten, Fähigkeiten und individuellen Ressourcen (im Kurs nannten wir dies „Schatzsuche"), wobei wir es dann den Frauen überlassen wollten, ob sie die gefundenen Ressourcen tatsächlich zum Abnehmen nutzen würden oder zur Steigerung ihrer Lebenszufriedenheit trotz „überflüssiger Pfunde". Wir waren neugierig, ob unser Programm über diese definierten Ziele hinaus noch weitere Veränderungen bewirken könnte.

Als Methode bot sich ein ressourcen- und lösungsorientiertes Verfahren an. Dabei gingen wir von der Grundannahme aus, daß die Klientinnen nicht nur über ihr Problemverhalten bestens Bescheid wissen, sondern auch Erfahrungen mit den *Ausnahmen* von diesem Problem haben: Zeiten, in denen sie mit ihrem Gewicht und Eßverhalten zufrieden sind. Sie verfügen also grundsätzlich über die notwendigen Ressourcen, nutzen sie aber derzeit nur ungenügend. Diese Ressourcen und Lösungen galt es, im Kurs aufzuspüren und verfügbar zu machen. Nach dem Prinzip „mach' mehr von dem, was funktioniert", sollte sich jede Teilnehmerin ihre individuelle Lösungsstrategie zur Zielerreichung erarbeiten. Der Gruppe war die Funktion von Differenzierung und Unterstützung zugedacht.

Der zeitliche Rahmen des Programms war auf zehn wöchentliche Termine begrenzt. Die Gruppensitzungen dauerten zwei Stunden und wurden durch Hausaufgaben ergänzt. Die Zahl der Teilnehmerinnen war im ersten Kurs auf zehn, im zweiten auf zwölf beschränkt. Insgesamt nahmen 21 Frauen an den beiden Kursen teil, davon schlossen 18 Teilnehmerinnen den Kurs ab.

Die meisten Teilnehmerinnen meldeten sich auf eine Ankündigung in der örtlichen Presse. Die anderen kamen auf Empfehlung eines niedergelassenen Arztes.

Der Altersdurchschnitt lag etwa bei Mitte 40. Zwei Drittel der Frauen gingen einer Erwerbsarbeit nach, die anderen waren Hausfrauen.

Einige der Frauen hatten starkes Übergewicht und wollten hauptsächlich aus gesundheitlichen Gründen abnehmen. Die meisten Frauen waren nach unserer Einschätzung leicht übergewichtig. Allen war sehr daran gelegen, ihr Eßverhalten wieder unter Kontrolle zu bringen.

Bei der Entwicklung unseres Programms hatten wir zu bedenken, daß viele der Teilnehmerinnen bereits Therapieerfahrung hatten. Uns war bewußt, daß ein ressourcenorientiertes Programm ein „Umdenken" von ihnen fordern würde. Nach unseren Erfahrungen fällt es therapieerfahrenen KlientInnen meist leichter, über ihre Probleme zu sprechen, als über das, was sie schon gut können.

Eine Diskussion über das Für und Wider einer ressourcenorientierten Wahrnehmungsausrichtung hielten wir in der Gruppe für nicht sinnvoll. Auch wollten wir unangemessenen Erwartungen der Frauen vorbeugen. Deshalb entschlossen wir uns, trotz relativ hohen Zeitaufwandes, mit allen Frauen kurze Vorgespräche zu führen, um unsere Methode darzulegen und auch bereits anzuwenden. Nach unserer Erfahrung hat sich diese Zeitinvestition gelohnt.

Die Bereitschaft, über Lösungen nachzudenken, statt über Probleme zu sprechen, war für uns wichtigstes Kriterium, Frauen in die Gruppe aufzunehmen. An welcher Art von Eßstörungen die Frauen litten, interessierte uns weniger als ihre Erfahrungen mit Zeiten, in denen sie mit sich und ihrem Eßverhalten zufrieden waren. Inwiefern war in diesen Zeiten ihr Leben besser?

Allen stellten wir die Frage: „Was müßte im Kurs passieren, damit Sie am Ende sagen können, er ist nützlich gewesen?"

Es war uns wichtig, bereits im Vorfeld auf die Hausaufgaben hinzuweisen, um das Gefühl von Selbstverantwortung und Eigeninitiative der Frauen zu stärken.

Beschreibung des Programms

Das Gruppenprogramm bot einen strukturierten Rahmen, den die Teilnehmerinnen jeweils mit ihren individuellen Inhalten füllen konnten.

Für diesen Rahmen wählten wir uns drei Schwerpunkte:

- **Entwicklung individueller Zielvorstellungen**
- **Aktivierung persönlicher Ressourcen zum Erreichen dieser Zielvorstellungen**
- **Förderung und Nutzung eines ressourcevollen Gruppenklimas**

Beim Identifizieren der Ressourcen gingen wir von aktuellen Ressourcen aus und ergänzten diese durch „Schätze" aus der Vergangenheit. Den Abschluß bildete ein „Ressourcenaustausch" unter den Teilnehmerinnen.

Während die Zielbestimmung am Beginn der Gruppe im Mittelpunkt stand, bildete die Ressourcenaktivierung den Schwerpunkt des Programms.

Entwicklung individueller Zielvorstellungen

Veränderungsrelevantes Handeln gewinnt an Effektivität, wenn es sich auf ein klar definiertes Ziel hin bewegt. Deshalb sollte eine realistische, möglichst bildlich konkrete und detaillierte Vorstellung von den Frauen entwickelt werden, welche positiven Konsequenzen die Gewichtsreduktion für ihr Leben mit sich bringen werde. Noch konkreter sollte sich die Zielvorstellung auf die kurzfristigen Veränderungen beziehen, die durch den Kurs erreicht werden sollten.

Neben der o.g. Frage im Vorgespräch benutzten wir für die kurzfristige Zielbestimmung einladend gestaltete Arbeitsblätter, die nach der ersten

Sitzung als Hausaufgabe verteilt wurden. Mit Hilfe eines **selbstgestellten Horoskops** bzw. eines Blickes in die **Kristallkugel** sollten die Frauen ein Bild entwerfen, wie sich ihre Lebenssituation in wichtigen Bereichen nach dem Kurs verändert haben würde. Eine Besprechung der Hausaufgabe erfolgte in der Gruppe jeweils zu zweit, wobei die Leiterinnen an den Kleingruppen teilnahmen.

Für die längerfristige Zielbestimmung benutzten wir die **Wunderfrage** (DE SHAZER 1989) in zwei verschiedenen Variationen: In der ersten Gruppe interviewten sich die Frauen paarweise anhand eines **Fragebogens**, der die Beschreibung des Wundertages beinhaltete. Wir als Leiterinnen gaben Hilfestellung.

In der zweiten Gruppe benutzten wir für die Zielbestimmung eine **Phantasiereise**, bei der sich die Teilnehmerinnen ihren Wundertag in einer angeleiteten Phantasie vorstellen konnten. Die wichtigsten Eindrücke wurden in beiden Gruppen anschließend gemalt und das **Bild** mit einem **Titel** versehen. Anschließend berichtete jede Frau der Gruppe von ihren Vorstellungen und stellte das dazugehörige Bild vor.

Bereits in der Hausaufgabe nach dieser zweiten Sitzung gingen wir zur Ressourcenfindung über, indem die Frauen während der Woche beobachten sollten, wann es bereits „ein bißchen wie am Tag nach dem Wunder" gewesen war.

Die Teilnehmerinnen bearbeiteten die Aufgaben mit Engagement und Spaß. Eine so detaillierte Beschreibung des Wundertages, wie sie die Therapeutin im Einzelgespräch erfragen kann, war beim gegenseitigen Interviewen mittels des vergleichsweise „starren" Fragebogens nicht möglich. Hilfreich erwies sich die Unterstützung der Interviewerinnen durch die Leiterinnen, da die Frauen doch die Tendenz hatten, wieder in den gewohnten „problem talk" zu verfallen, bzw. sich über andere Dinge zu unterhalten und dem verständlichen Bedürfnis nachgingen, sich zu Beginn des Kurses näher kennenzulernen.

Aus diesem Grund hatten wir im zweiten Kurs statt des Paarinterviews die Phantasiereise gewählt. Diese Variante hatte den Vorteil, daß jede Frau sich individuell mit ihrem Wundertag beschäftigte, jedoch bestand die Gefahr, daß die Phantasie sich andere Wege suchte als die in der Instruktion vorgegebenen. So fanden sich einige Frauen mit sichtlichem Vergnügen in einer Urlaubssituation wieder, aller Probleme enthoben, aber auch fern ihrer Alltagsrealität. Eine Präzisierung hin auf eben jene **_Alltagssituationen unter veränderten Eß- und Gewichtsumständen_** fand bei einigen Frauen statt, andere mußten zusätzlich in Bezug auf ihr anschließend gemaltes Bild zum *„alltäglichen" Wunder* befragt werden.

Zum Tag nach dem Wunder gehörten für die Frauen als zentrale Themen gelungene Abgrenzung (z.b. sich Zeit für sich selber verschafft zu haben), Spaß an Bewegung (z.b. so schnell Rad zu fahren, daß der Schal weht) und die Lust am verbesserten Aussehen (z.b. sich farbig anzuziehen und zu schminken).

Nützlich war in beiden Gruppen die Übung, eine **Bewegung zum Wundertag** zu entwickeln und auszuprobieren, um als weiterer Aspekt der Zieldefinition auch das kinästhetische Wahrnehmen heranzuziehen.

Im nachhinein betrachtet, könnte die Zielbestimmung noch mehr Raum einnehmen und unterschiedliche Vorgehensweisen sollten ausprobiert oder auch kombiniert werden, um der Unterschiedlichkeit der Teilnehmerinnen gerechter zu werden. Einerseits schien uns die Arbeit in der Gruppe die in der lösungsorientierten Therapie übliche genaue, individuelle Zielfindung zu erschweren. Andererseits aber konnte die Gruppe auch ein allmähliches Umsetzen der Wunderfrage und die Entwicklung einer nützlichen Zieldefinition im weiteren Prozeß – sozusagen mit Verzögerung – ermöglichen, indem von den anderen Frauen gelernt wurde, wie diese wohlformulierte Ziele entwickelten.

Schatzsucherinnen und Zeitreisende (er-) finden nützliche Ressourcen

Neben dem Ausmalen attraktiver Ziele in der Zukunft in Form von alltäglichen Wundern und der Beschreibung von „ein wenig Wunder" arbeiteten die Teilnehmerinnen von „Lebensfülle statt Leibesfülle" intensiv an der (Er-) Findung von Ressourcen (vgl. DREESEN & EBERLING 1998).

Diese persönlichen Schätze sollten gleichsam als der unentbehrliche Treibstoff auf dem Weg zum Ziel dienen. Um Informationen über zieldienliche Fähigkeiten und Ressourcen zu erzeugen, lohnte es sich, in der Vergangenheit, in der Gegenwart und sogar in der Zukunft zu „graben".

Zukunft als Ressource

Der zeitliche Fokus auf der *Möglichkeit* einer besseren Zukunft kann ein machtvolles Ressourcenpotential eröffnen. Allein die Vorstellung einer besseren Zukunft schärft den Blick für die eigenen Fähigkeiten und Stärken. Die entdeckten neuen und alten, oft unvermuteten oder vergessenen Ressourcen können wiederum hilfreich sein, um sich auf eine bessere Zukunft zu orientieren.

In der ersten Sitzung bot ein ungewöhnliches **Vorstellungsritual**, das **wohlwollende Hypothetisieren** (vgl. EBERLING, VOGT-HILLMANN et al. 1996), den Teilnehmerinnen des Kurses Gelegenheit, angenehm überrascht zu werden, welche Ressourcen Fremde „auf den ersten Blick" bei ihnen als vorhanden annahmen: nach der Begrüßung luden wir die Frauen ein, *sich nacheinander von den anderen Teilnehmerinnen vorstellen zu lassen.* Die Frauen spekulierten, wie diejenige, die an der Reihe war, wohl heißen möge, welchen Beruf und welche Hobbys sie habe, wohin sie gern in Urlaub fahre und was sie wohl besonders gut könne. Der Phantasie waren keine Grenzen gesetzt, es sollte sich jedoch um wertschätzende Mutmaßungen handeln. Anschließend konnten die Frauen ihre „wahre Identität" lüften und sich zu den ihnen zugeschriebenen Merkmale und Eigenschaften äußern.

Diese Übung wurde in beiden Gruppen von den Teilnehmerinnen mit sichtlichem Vergnügen ausgeführt. Begeistert konstruierten sie aufgrund ihres ersten Eindrucks ressourcevolle Persönlichkeiten füreinander. Die Frauen, die im Mittelpunkt standen, genossen zumeist verschmitzt die wohlwollenden Hypothesen. Schnell wich die anfängliche Anspannung einer angeregten und lustigen Stimmung. Häufig paarte sich auch Heiterkeit mit Nachdenklichkeit: wie kamen die Frauen wohl dazu, der alleinstehenden Karrierefrau eine fröhliche Kinderschar zu unterstellen? Oder der Hausfrau, die nach einer sinnvollen Aufgabe suchte, nachdem die Kinder gerade aus dem Haus waren, daß sie sicher sehr gut mit Menschen umgehen könne?

Viele Frauen äußerten sich anschließend erfreut darüber, was ihnen alles so zugetraut wurde, oder überrascht, wie treffend die anderen gemutmaßt hatton. Die Idee wurde angeregt: Wie könnte ich mich wohl in der Zukunft verhalten, um auch selber von mir den Eindruck zu haben, über die von den anderen vermuteten Fähigkeiten und Stärken zu verfügen?

Die für das lösungsorientierte Arbeiten charakteristische Zukunftgerichtetheit bildete das zentrale Thema der ersten Gruppenabende und prägte so den gesamten weiteren Verlauf. Die Hausaufgaben, zwischen erstem und zweitem Termin ein **Horoskop** zu erstellen, bzw. in die **Kristallkugel** zu schauen, stimmten die Teilnehmerinnen ebenso darauf ein, sich mit Ressourcen der Zukunft zu befassen, wie die Bearbeitung der **Wunderfrage** am zweiten Abend.

Die Wunderfrage mündete schließlich in die Suche nach aktuellen Zeiten, die „schon ein bißchen Wunder" beinhalten, und verband so die Ressourcenhaftigkeit einer besseren Zukunft mit den Schätzten der kurzfristigen Vergangenheit und der Gegenwart.

Schätze der kurzfristigen Vergangenheit und der Gegenwart

Die Teilnehmerinnen hatten bereits einige aus ihrer Sicht in Zukunft hilfreiche Schätze zu (er-) finden begonnen. Es galt nun, in kleinen Schritten aktuelle, noch „flüchtig" erscheinende Ressourcen-Ideen für die Teilnehmerinnen zu verfügbaren Handlungsmöglichkeiten werden zu lassen.

Über Versprachlichung, emotionales, perzeptives und kognitives Besetzen und die Verdinglichung der Schätze sollten diese zunächst identifiziert, dann intensiviert und zum Transfer in die Zukunft „eingepackt" werden.

Einige Interventionen, die sich zu diesem Zweck besonders nützlich erwiesen haben, möchten wir im folgenden beschreiben: die **Skala**, das **Blumenstraußteam** (vgl. DAHM & GEIKEN 1998), die Arbeit mit **Symbolen**, **Komplimenten** und verschiedene **Hausaufgaben**, von der zweiten Gruppe in **Lustaufgaben** umgetauft.

Die **Skala** war eine im Raum ausgelegte Zahlenreihe von null bis zehn. Zehn bedeutete den Tag nach dem Wunder, null den Zeitpunkt, an dem sich die Teilnehmerin zum Besuch des Kurses entschlossen hatte. Die Frauen stellten sich gemeinsam entlang der Skala auf, jede auf dem Punkt, der ihrem aktuellen Zustand entsprach. Alle hatten bereits Fortschritte gemacht. Eine Teilnehmerin hatte sich eine Skala von minus zehn bis plus zehn ausbedungen und befand sich inzwischen auf minus sieben. Die Teilnehmerinnen wurden gebeten, sich auf dem gewählten Punkt der Skala vorzustellen, was sie hier bereits anderes tun, sehen, hören, zu sich selber sagen, fühlen, riechen und schmecken und was andere sie hier anderes tun sehen als bei null bzw. minus zehn.

Im weiteren Verlauf des Kurses wurde diese Übung wiederholt und erweitert, indem sich die Teilnehmerinnen ihre **persönlichen Skalen** anfertigten und die gefundenen Schätze in eigenen Worten entlang dieser protokollierten. Die eigenen Skalen wurden liebevoll und phantasiereich gestaltet und der sehr interessierten Gruppe mit sichtlichem Stolz vorgestellt. Alle Skalen waren einzigartig: ein farbenprächtiger Regenbogen, eine steile (Erfolgs-) Leiter, eine bunte Zielscheibe, die fein abgestuften Wachstumsphasen einer Sonnenblume, sich verändernde Wetterlagen oder komplexe Gebilde, die nur die Schöpferin verstand.

Auf diese Weise eingesammelte Ressourcen erlangten für die Frauen einen hohen Grad an Bewußtheit und Vertrautheit (vgl. DREESEN & EBERLING 1996), den wir an dem zunehmend aktiven Ressourcen-Üben im Alltag ablesen konnten, von dem die Frauen in der Gruppe berichteten. Beispielsweise trainierte eine Teilnehmerin die aus ihrer Sicht zur dauerhaften Gewichtsabnahme notwendige Selbstdisziplin, indem sie sich diese zunächst erfolgreich durch die Überwindung zum regelmäßigem abendlichen Zähneputzen bewies. Eine andere handelte mit ihrer Familie einen getrennt verbrachten Urlaub aus, viele begannen ganz allmählich, ihre Bewegungsfreude in den verschiedensten sportlichen Aktivitäten umzusetzen oder sich selber mit Musik, Kosmetik, Bädern oder Theaterbesuchen zu verwöhnen.

Von vielen Teilnehmerinnen wurde das **Blumenstraußteam** als hilfreich zur Identifizierung und Intensivierung, aber auch Modellierung von Ressourcen empfunden. Hierbei führte zunächst eine der Kursleiterinnen mit einer der Teilnehmerinnen ein kurzes lösungsorientiertes Interview. Im Anschluß beriet die Hälfte der Gruppe unter Beteiligung der anderen Leiterin in einer abgeschlossenen Runde, aber so, daß die interviewte Frau zuhören konnte, über deren Fähigkeiten, Stärken und Fortschritte, von denen sie im Interview gehört hatten. Die gesammelten **Komplimente** und **guten Ideen** bezeichneten wir als **Blumenstrauß**. Ähnlich wie im lösungsorientierten Einzelgespräch die Therapeutin wiederholte hier häufig das Blumenstraußteam in seinen Komplimenten wörtlich, was die Interviewte zuvor als ihre Ressourcen und Fortschritte benannt hatte **(Papageientechnik)**. Die Kommentare des Teams unterstrichen in ressourcenintensivierender Weise, daß die Interviewte Teilnehmerin etwas initiieren und ihre Schätze gezielt einsetzen kann. Über die Beisteuerung eigener guter Ideen hatten die Teammitglieder Gelegenheit, sich selber als ressourcevoll zu erleben. Die Blumenstraußempfängerin wiederum konnte diese fremden Ressourcen für sich modellieren, wenn sie wollte. Die andere Hälfte der Gruppe, die den gesamten Prozeß beobachtet hatte, konnte abschließend noch weitere Blumen hinzufügen. Am Ende wurde die interviewte Frau von der Leiterin gefragt, welche Blumen aus dem Strauß sie nutzen wollte.

Die bereits gefundenen Ressourcen wurden zusätzlich dadurch vertieft, daß **Aufgaben** gestellt wurden. Die Frauen sollten in den ersten beiden Wochen jeden Tag beobachten und aufschreiben, wann es ein wenig wie am Tag nach dem Wunder war und beim nächsten Mal der Gruppe davon berichten. Ein weiterer ressourcenorientierter Aufgabentypus war, mehr von dem zu tun, was funktioniert und zu beobachten, was dabei besonders hilfreich ist. Hierzu stellten die Kursleiterinnen und mehr und mehr auch die Teilnehmerinnen der einzelnen Fragen, wie sie das genau geschafft hätte, welche Fähigkeiten sie dazu eingesetzt hätte und woran andere diese Veränderungen bei ihr festgestellt hätten. Die Kursleiterinnen **komplimentierten** die einzelnen Teilnehmerinnen für ihre Forschritte und zum Abschluß jedes gemeinsamen Abends die gesamte Gruppe für ihr Engagement.

Die Aufgabe, **Symbole** für die bisher gehobenen Schätze zu suchen und mitzubringen, rundete den Prozeß des Ressourcenidentifizierens und -intensivierens ab und bildete einen weiteren Schritt, die Schätze zum Transfer in die Zukunft einzupacken und sie noch stärker zum Austausch erfolgreicher Ressourcenmodelle in der Gruppe zu nutzen.

Ressourcen der langfristigen Vergangenheit

Viele der Teilnehmerinnen waren es gewohnt, vorrangig die problematischen Aspekte ihrer Vergangenheit und ihrer Familien zu betrachten. Eine Ressourcenorientierung stellte für die meisten eine grundsätzliche Neukonstruktion dar. Andererseits hatten viele Frauen Fotos aus guten Zeiten oder positiv besetzte Erinnerungsstücke als ressourcevolle Symbole mitgebracht.

Wir führten mit der Gruppe eine **Phantasiereise in die Vergangenheit** durch, die darauf ausgelegt war, die Schätze der Vergangenheit wie zum Beispiel Ressourcensituationen und ermutigende oder zum Motto gewordene Sätze wichtiger Personen der Vergangenheit ans Licht zu bringen. Um dieser Schätze wirklich habhaft zu werden, waren für viele Teilnehmerinnen die anschließenden vertiefenden Fragen durch die Kursleiterinnen notwendig. Einigen Frauen gelangen sehr hilfreiche, weil differenziertere Sichtweisen von zuvor ausschließlich negativ Erlebtem.

Eine Teilnehmerin beispielsweise war aus der Phantasiereise sehr traurig zurückgekehrt, da sie sich intensiv an die schmerzliche und fortwährende Kritik ihres Vaters erinnert hatte. Auf die Frage nach positiven Ausnahmen gab sie an, ihren Vater *ausschließlich* negativ erlebt zu haben. Als wir sie baten zu beschreiben, wie ihr Vater sich anders hätte verhalten haben können, so daß er ihr hilfreich gewesen wäre, fiel ihr überrascht ein, daß er sich tatsächlich ein einziges Mal hilfreich verhalten habe: sie wäre trotz größter Mühe einfach nicht in der Lage gewesen, ihre Schulaufgabe zu erfüllen, das kleine „f" zu schreiben. Schließlich hätte ihr Vater gemeint, was für einen dummen Lehrer sie wohl habe, der ihr eine zu schwere Hausaufgabe gibt. Damit hätte er sie entlastet und jemand anderem die Verantwortung gegeben. Dieses Erlebnis vollkommener Unterstützung durch ihren Vater würde ihr bis heute noch ganz mächtig dahingehend den Rücken stärken, sich die Erlaubnis zu geben, anderen zu zeigen, wenn sie Entlastung braucht. Dieses Beispiel zeigt außer dem Aufdecken von Unterschieden, die einen ressourcevollen Unterschied machen, daß das intensive Arbeiten mit *einer Teilnehmerin* und die Arbeit mit der *gesamten Gruppe* kein entweder-oder bedeuten. Vielmehr konnte die genaue Betrachtung eines Reframingprozesses die aktiven Zuhörerinnen anregen, diesen für sich selber auszuprobieren und als Modell zu nutzen.

Wie kann Zähneputzen helfen, das Wohlfühlgewicht zu erlangen und zu halten?

Nachdem die Teilnehmerinnen die Verfügbarkeit ihrer Ressourcen im Alltag mehr und mehr stabilisiert hatten, arbeiteten wir im letzten Drittel des Kurses vor allem am „Einpacken" der Schätze zum Übertragen in die zukünftige Nutzung und dem Modellieren der Kraftquellen.

Die **Symbole** der nützlichen Ressourcen wurden feierlich auf einer **Schatzinsel** zusammengetragen, die die Kursleiterinnen aus einer hübschen Decke und einer Yuccapalme gestaltet hatten. Mit einem gemeinsamen **Tanz um die Schatzinsel** wurde die harte und erfolgreiche Arbeit der Schatzsucherinnen gewürdigt.

Beim anschließenden **Markt der Möglichkeiten** konnte jede Frau vortreten und mit Hilfe ihrer Symbole den anderen „kaufinteressierten" Marktbesucherinnen den Nutzen ihrer Schätze anpreisen. Unterstützt von den Kursleiterinnen befragte die Gruppe die jeweilige „Anbieterin" genau, in welcher Weise ihre Schätze nützlich seien. Je detaillierter und anwendungsbezogener die Beschreibung der eigenen Ressourcen war, desto besser wurden diese zum Transferieren in die Zukunft vorbereitet.

Im Anschluß daran hatten die Frauen die Möglichkeit, **Leihschätze** in Form der Symbole von anderen Teilnehmerinnen für eine Woche zu testen, wenn ihnen diese als attraktives Modell für den eigenen Gebrauch erschienen. Die ausgesprochen wertvollen Erfahrungen wurden beim nächsten Treffen ausgetauscht. Diese spielerische und humorvolle Art, ein Modell zu wählen bzw. zu sein, ermöglichte den Teilnehmerinnen sehr effektiv die Nutzung der vielfältigen Wahlmöglichkeiten, die speziell eine Gruppe zu bieten hat.

Zum weiteren „Einpacken" der Ressourcen für den Gebrauch in der Zukunft arbeiteten wir nochmals mit der im Raum ausgelegten **Fortschrittsskala**. Mit ihren Schatzsymbolen in beiden Händen plazierten sich die Frauen zunächst auf dem Punkt ihres derzeitigen Zustandes. Anschließend gingen sie auf der Skala den nächsten, kleinsten Schritt. An diesem neuen Punkt angekommen, wandten sie sich rückwärts, um *aus der Zukunft* zurückzublicken.

Nun wurden sie gebeten, sich einen **Film** vorzustellen, der davon handelt, wie sie mit Hilfe ihrer Schätze vom ersten Punkt zum zweiten gelangt sind. Die Filme wurden in der Gruppe vorgestellt. Die diziplinierte Zähneputzerin (eine orangene Zahnbürste war eines ihrer Schatzsymbole) beispielsweise kontrollierte inzwischen auch ihre jahrelange Gewohnheit, beim Frühstück Zeitung zu lesen, zugunsten der geschmacklichen Wahrnehmung des Essens. Ihr Film hatte gezeigt, wie sie mittels ihrer Selbstdiziplin die Gewohnheit ablegt, die Kritik ihrer Mutter zu schlucken und sich dafür mit Essen zu trösten. Im Film hatte sie gesehen, wie sie mit ihrer Mutter im Garten steht und hatte gehört, wie sie der Kritik widerspricht.

Die Aufgabe zum nächsten Termin war, daß nur die ganz Wagemutigen, die einfach nicht anders können, den nächsten Schritt ausprobieren sollten.

Eine **Urkunde** konnten die Frauen zum Schluß als Dokument erfolgreicher Schatzsuche und Versicherung, auf dem richtigen Weg zu sein, mitnehmen. Die Urkunde sprach sowohl Veränderungen in Verhalten, Fähigkeiten, Überzeugungen als auch Identität an (vgl. DREESEN & EBERLING 1996).

Jede Teilnehmerin füllte, unterstützt von einer anderen Frau, ihre Urkunde selber aus und unterschrieb sie (Abb. 1). Die Urkunden wurden danach von den Kursleiterinnen unterschrieben und begleitet vom Applaus der Gruppe für jede einzelne Teilnehmerin feierlich verlesen und verliehen.

URKUNDE

hiermit wird bestätigt, daß

....

in den vergangenen Monaten gelernt hat, sich in folgenden
Situationen, die bisher ein Problem für sie waren,
anders zu verhalten:

....

Besonders in bezug auf

....

hat sie sehr erfolgreich trainiert und das neue Verhalten in die
Tat umgesetzt.

Damit ist bewiesen, daß sie die Fertigkeit und Fähigkeit hat

....

Sie kann davon überzeugt sein, daß sie diese Verhaltensweisen und Fähigkeiten auch in Zukunft einsetzen und
weiterentwickeln wird.

Das alles bedeutet, daß

....

mit Recht über sich sagen kann:

„Ich bin eine .... Person!"

Stuhr, im Juni 1998

....

Kursleiterin   Teilnehmerin   Kursleiterin

Abbildung 1

Förderung und Nutzung eines ressourcevollen Gruppenklimas

Von Anfang an war es unser Ziel, neben der individuellen Ressourcenfindung die Gruppe selbst als Ressource zu gestalten:

Durch Herstellen eines unterstützenden Gruppenklimas sollten die Frauen eines respektvollen und würdigendes Umgangs in der Gruppe versichert werden. Sie sollten ermutigt werden, die eigenen Schätze zu benennen und zu würdigen. Die Teilnehmerinnen hatten so die Möglichkeit, ihre Gruppe als einen Pool von Ressourcen zu erfahren und zu nutzen.

Durch ressourcevolles Feedback sollten die Frauen in ihrer positiven Selbstbewertung unterstützt werden, durch das Wahrnehmen von Ressourcen bei anderen das Interesse an der Modellierung von Ressourcen und die Experimentierfreude geweckt werden.

Zur Förderung eines ressourcevollen Gruppenklimas setzten wir verschiedene Übungen als **Anfangsrituale** ein, die es den Frauen ermöglichten, spielerisch in Kontakt zu kommen und viel Spaß miteinander zu haben, wie z.B. **Namensspiele, Massage, Kreistänze, Bewegungsübungen, Entspannungsübungen** oder ein **sich-gegenseitig-mit-Komplimenten-begrüßen.**

Bereits in der ersten Sitzung übten die Frauen, durch die ungewöhnliche **Vorstellungsrunde** ihre gegenseitige Wahrnehmung auf Stärken und Fähigkeiten auszurichten.

Eine weitere Form, die ressourcenorientierte Gruppenatmosphäre gleichermaßen zu fördern und zu nutzen, stellte das **Blumenstraußteam** dar. Wir bemühten uns, möglichst viele Frauen in den Genuß eines „Blumenstraußes" kommen zu lassen und führten die Übung an mehreren Abenden durch.

Die ganze Ressourcenfülle der Gruppe wurde deutlich beim **Tanz um die Schatzinsel** und beim **Markt der Möglichkeiten.** Diese Übung stellte zweifellos einen Höhepunkt am Ende des Kurses dar. Die Frauen hatten noch einmal die Möglichkeit, ihre gesammelten Schätze zu präsentieren und in der Gruppe zu würdigen.

Erfahrungen und Rückmeldungen der Teilnehmerinnen

Am Ende des letzten Gruppentermins füllten die Teilnehmerinnen anonyme Abschlußfragebögen aus, die eine Bewertung des Kurses beinhalteten. Drei Teilnehmerinnen fehlten an diesem Abend, so daß wir insgesamt 15 Fragebögen auswerten konnten.

Alle Frauen gaben an, ihre Ressourcen besser nutzen zu können und bis auf eine waren alle zuversichtlich, dieses Verhalten auch in Zukunft beizubehalten. Zwölf Teilnehmerinnen hatten während des Kurses abgenommen, drei ihr Gewicht gehalten. Als „hilfreich" wurde besonders häufig der Austausch in der Gruppe, das Entdecken der Schätze, die Anregungen und Fragen der Gruppenleiterinnen, das Anfertigen der eigenen Skala und das Blumenstraußteam bezeichnet.

Die Dauer des Kurses empfanden 13 der befragten Frauen als gerade richtig, zwei als zu kurz.

Wir waren natürlich neugierig, ob die Teilnehmerinnen die Veränderungen, die sie sich im Kurs erarbeitet hatten, auch über einen längeren Zeitraum aufrecht erhalten oder sogar ausbauen konnten. Aus diesem Grund führten wir mit jeder Gruppe nach drei Monaten eine telefonische Nachbefragung durch, bei der wir 17 der 18 ehemaligen Teilnehmerinnen erreichen konnten.

15 gaben an, die gefundenen Schätze weiterhin zu nutzen. 16 konnten von verschiedenen kleinen und großen Veränderungen seit Beendigung des Kurses berichten. So hatten viele regelmäßige körperliche Aktivitäten aufgenommem, die sich von Inlineskating über Wassergymnastik bis hin zu Gartenarbeit erstreckten. Eine Frau war von ihrer Mutter weggezogen, eine verheiratete Frau hatte sich ihr eigenes Zimmer eingerichtet. Viele gingen mehr mit Freundinnen weg und konnten ihre eigenen Bedürfnisse gegenüber Familie oder KollegInnen besser durchsetzen. Mehrere berichteten, wie sehr sie es genießen, jetzt schöne Kleidung zu tragen und sich zu schminken.

Positive Veränderungen in ihrem Eßverhalten fanden 13 der 17 Befragten: das Essen wurde gesünder zubereitet, schön dekoriert („wie im Restaurant"), langsamer zu sich genommen, besser über den Tag verteilt, Cola durch Wasser ersetzt oder die nächtliche Schokolade durch ein Brot. Eßattacken waren verschwunden oder „im Griff", d.h. kürzer und seltener.

Der Anteil der Frauen, die weiter abgenommen bzw. ihren Gewichtsverlust gehalten hatten, war seit Ende des Kurses stabil geblieben. Zufrieden mit ihrem Gewicht, ohne abgenommen zu haben, waren zwei der Befragten. Drei gaben an, nicht mehr abgenommen zu haben und mit ihrem Gewicht unzufrieden zu sein.

Zuversichtlich, weiterhin auf dem Weg in Richtung ihres Zieles zu bleiben, waren 15 der 17 Frauen, die an der telefonischen Nachbefragung teilnahmen.

Schlußbetrachtung

Die Anwendung lösungsorientierter Therapiemethoden in der Gruppenarbeit hat sich sehr gut bewährt. Nahezu alle Teilnehmerinnen konnten im Kurs Ressourcen aufspüren, die zu einer Verbesserung ihrer Lebenszufriedenheit beitrugen. Diese Verbesserung hielt auch bei den meisten Frauen noch an, als wir nach drei Monaten eine katamnestische Befragung durchführten.

Der therapeutische Effekt des Kurses bestand somit in einer Steigerung des Selbstwertgefühls und der Lebensqualität, so wie es durch unser Programm intendiert war. Die meisten Teilnehmerinnen konnten das Motto des Kurses „Lebensfülle statt Leibesfülle" umsetzen oder zu ihrer Zufriedenheit in „Lebensfülle *trotz* Leibesfülle" abwandeln. Die meisten Frauen erlebten ihre veränderten Eßgewohnheiten als psychisch entlastend.

Auch für uns Leiterinnen bot der Kurs überraschende Erfahrungsgewinne. Wir hatten die Möglichkeit, 18 Frauen innerhalb von 20 Wochen in einem intensiven Such- und Übungsprozeß zu begleiten. Den Rahmen hierfür gemäß unseres Konzeptes und gleichzeitig in fortlaufender Anpassung an die Gruppe zu erarbeiten, hat sowohl viel Arbeit als auch viel Spaß bereitet. Wir waren überrascht, welche entscheidenden Veränderungen einige der Frauen in diesem kurzen Zeitraum erfolgreich in Angriff nahmen. Auch stellten wir fest, daß häufig die Anregung und die Bekräftigung durch die anderen Frauen hierfür entscheidend waren, so daß wir als Leiterinnen nicht *mehr* zu tun hatten als in Einzelgesprächen, sondern eher *weniger.* Unsere Interventionen hatten in erster Linie eine Anstoßfunktion, wichtig waren für die Frauen die Zeiten zwischen den Sitzungen, um Handlungsideen im realen Leben auszuprobieren.

Einerseits sind wir erfreut, wie viele positive Entwicklungen durch unser Programm gefördert wurden, andererseits aber auch zur Bescheidenheit ermahnt, wurde uns doch wieder einmal deutlich, wie viele Faktoren letztendlich therapeutische „Erfolge" ausmachen.

Literatur

DAHM, Michael & GEIKEN, Günther (1998). Reflecting Solutions – Dialoge über Lösungen. Z. system. Ther. 16(1): 31-36, 1998.

DE SHAZER, Steve (1989). Der Dreh. Überraschende Wendungen und Lösungen in der Kurzzeittherapie. Heidelberg: Cl.Auer.

DREESEN, Heinrich & EBERLING, Wolfgang (1996). Success Recording – Komplimente und Dokumente in der lösungsorientierten Kurzzeittherapie. In: EBERLING, Wolfgang & HARGENS, Jürgen (eds) (1996). Einfach kurz und gut. Dortmund: borgmann publishing.

DREESEN, Heinrich & EBERLING, Wolfgang (1998). Spiel mit Ressourcen – Vier Wegweiser zur Lösungsfindung. In: EBERLING, Wolfgang & VOGT-HILLMANN, Manfred (eds) (1998). Kurzgefaßt. Dortmund: borgmann publishing.

EBERLING, Wolfgang, VOGT-HILLMANN, Manfred et al. (1996). Tue, was du lehrst, wenn du lehrst, was du tust. In: EBERLING, Wolfgang & HARGENS, Jürgen (eds) (1996). Einfach kurz und gut. Dortmund: borgmann publishing.

KUHN, Eckhard (1998). Lösungsorientierte Gruppentherapie mit schizophrenen Patienten. In: EBERLING, Wolfgang & VOGT-HILLMANN, Manfred (eds) (1998). Kurzgefaßt. Dortmund: borgmann publishing.

Lösungsorienterte Moderation als kurztherapeutische Intervention in „ExpertInnensystemen"

Ferdinand WOLF

Einleitung:

Die lösungsorientierte Kurztherapie Steve DE SHAZERS ist einer der meist-diskutierten Ansätze im Rahmen von systemischer Therapie und wird vor allem aufgrund der Klarheit seiner Prämissen und Vorgangsweisen, aber auch der Kreativität seiner Leitfiguren – Steve DE SHAZER, Insoo Kim BERG, Eve LIPCHIK, Alex MOLNAR u.a. – mit vielen anderen Kontexten außerhalb des klassisch systemtherapeutischen Settings in Verbindung gebracht. So stellt Insoo Kim BERG die lösungsorientierten Prämissen im Zusammenhang mit Supervisions- und Coachingsettings als zentrale Aspekte ihres Handelns in den Vordergrund (BERG 1996), wiewohl auch am Brief Family Therapy Center immer wieder Personen mit Berufsbio-graphien außerhalb des therapeutischen Rahmens diesen Ansatz in ihren Fachgebieten nutzbringend anwenden konnten (Jane KASHNIG 1990). Es findet sich auch seit längerem eine Vielzahl von Publikatio-nen, die die Relevanz dieses Ansatzes in den unterschiedlichsten Be-reichen anschaulich unterstreichen (siehe hierzu u.a. EBERLING u. HAR-GENS 1996, JARMAI 1991, BERG 1991, MOLNAR u. LINDQUIST 1990, VOGT-HILLMANN, EBERLING und BURR 1992).

In Österreich beschäftigt sich eine Gruppe von systemischen Therapeu-tInnen seit Beginn der 90er Jahre mit dem lösungsorientierten Ansatz und dessen Möglichkeiten In diversen Anwendungsgebieten (AHLERS et al. 1991, RUSSINGER u. BRANDL-NEBEHAY 1994, KLAR u. WOLF 1995).

Der vorliegende Beitrag ist in dieser Tradition zu sehen und beschreibt lösungsorientiertes Arbeiten in für den Autor in jüngster Zeit relevanten Anwendungsfeldern außerhalb des therapeutischen Bereichs.

Der Autor war in den letzten Jahren zunehmend von Organisationen zwecks Begleitung von „themenzentrierten Arbeitsgruppen von Fachex-pertInnen" angefragt worden. Man hatte in diesen Organisationen und

Betrieben zumeist schon vorher mit PsychologInnen und BeraterInnen positive Erfahrungen in den Bereichen Supervision, Coaching, Team- und Organisationsentwicklung gemacht und daraus das Bedürfnis einer Begleitung dieser ExpertInnenmeetings in manchen Fällen oft nur für einen Tag, in anderen Fällen über einen längeren Zeitraum durch einen außenstehenden „Moderator" entwickelt.

Im Rahmen dieser Arbeit entwickelte der Autor für sich auf der Basis der Prämissen der lösungsorientierten Kurztherapie Steve DE SHAZERS Vorgangsweisen, die in diesem Beitrag als Konzept der „lösungsorientierten Moderation" anhand von zwei Fallbeispielen präsentiert und diskutiert werden sollen.

Begriffsdefinitionen:
Lösungsorientierte Kurztherapie

Die lösungsorientierte Kurztherapie wird von DE SHAZER et al. (1986) definiert als „das, was die Klienten mitbringen, nutzbar zu machen und ihnen zu helfen, es so zur Befriedigung ihrer Bedürfnisse einzusetzen, daß sie ihr Leben aus eigener Kraft befriedigender gestalten können". Dies soll mit folgender Vorgangsweise erreicht werden:

"Zuerst setzen wir die Gegenwart zur Zukunft in Beziehung (und ignorieren die Vergangenheit mit Ausnahme vergangener Erfolge), dann weisen wir die Klienten auf das Positive hin, das sie unserer Meinung nach bereits für sich tun, und dann, sobald sie wissen, daß wir auf ihrer Seite sind, schlagen wir ihnen etwas Neues vor, das sie tun könnten und das für sie gut ist bzw. zumindest gut sein könnte" (DE SHAZER et al. 1986, S.185).

Als *Grundprinzipien der lösungsorienterten Arbeit* werden folgende Punkte herausgestrichen:

1) Probleme werden im Zusammenhang menschlicher Interaktionen betrachtet und als Kommunikationsphänomenene aufgefaßt. Dementsprechend werden Lösungen als Interaktionsveränderungen im Kontext spezifischer Rahmenbedingungen begriffen.

2) Lösungsorientiertes Vorgehen geht davon aus, daß permanente Veränderung unvermeidlich ist ("Change is a constant process, stability is an illusion!"). Demzufolge ist es notwendig, auch als TherapeutIn permanent Akzente zu setzen, die diesen Veränderungs-

178

prozeß unterstützen, wobei es nicht notwendig ist, das Problem in allen Facetten genau zu analysieren, sondern sich mit den KlientInnen auf die Suche nach bereits in der Vergangenheit produzierten Lösungsmustern ("Ausnahmen vom Problem") zu begeben und einen Transfer dieser Lösungsmuster auf die gegenwärtige und zukünftige Situation zu ermöglichen.

3) Zentraler Punkt lösungsorientierten Vorgehens ist die Annahme, daß KlientInnen, sobald sie eine Therapeutin/einen Therapeuten aufsuchen, grundsätzlich mit dieser/diesem kooperieren wollen. Deswegen ist es notwendig, daß Therapeutin und Therapeut darauf achten, ob ihre/seine Vorstellungen darüber, wie sich KlientInnen verändern sollten, überhaupt in deren Rahmen passen.

4) Dementsprechend sind Lösungen nicht etwas, was von außen an KlientInnen herangetragen wird, sondern mit ihnen gemeinsam aus ihren Rahmenbedingungen heraus erarbeitete Vorgehensweisen.

5) Jedes Verhalten kann aus unterschiedlichen Aspekten betrachtet werden. Daher hängt es vom jeweiligen Beobachterstandpunkt ab, welche Bedeutung ihm zugemessen wird.

6) Eine kleine Veränderung genügt, um KlientInnen die Veränderungsfähigkeit vor Augen zu führen und sie gleichzeitig nicht zu überfordern. Dementsprechend ist es wichtig, kleine, konkrete und überschaubare Zielvorstellungen zu entwickeln, anstatt sofort eine Veränderung des Gesamtbereichs zu fordern.

7) Angesichts der komplexen Vernetzung von Systemen wird auch davon ausgegangen, daß eine Veränderung in einem Teil des Systems Auswirkungen auf das Gesamtsystem hat. Somit haben etwa die Arbeit mit einer Person und die dabei aufgetretenen Veränderungen Einfluß auf die gesamte soziale Umgebung dieser Person.

8) Entscheidend für das Gelingen einer lösungsorienterten Arbeit ist das gemeinsame Wissen von KlientInnen und TherapeutInnen darüber, was den signifikanten Unterschied für die KlientInnen ausmacht, wenn das Problem gelöst ist.

Diese Prämissen sind es auch, die für die lösungsorientierte Moderation den zentralen Ausgangspunkt darstellen, wenngleich der Kontext dieser Anwendungsform des lösungsorienterten Ansatzes ein anderer ist als jener, für den dieses Modell ursprünglich konzipiert worden war.

Lösungsorientierte Moderation

Lösungsorientierte Moderation ist eine Interventionsform basierend auf dem Ansatz von Steve DE SHAZER, welche ihre Anwendung hauptsächlich in interdisziplinären Teams und ExpertInnenarbeitsgruppen findet, mit dem Ziel, die unterschiedlichen Potentiale und Ressourcen der Gruppenmitglieder aktuell zu aktivieren und diese in Hinblick auf das gestellte Thema, weswegen diese Personen miteinander kooperieren (müssen), in einem absehbaren, z.T. auch festgelegten Zeitrahmen bestmöglich zur Entfaltung zu bringen.

Lösungsorientierte Moderation ist dementsprechend gekennzeichnet durch eine strukturierte Form des Vorgehens mit klar konturierten Zeitvorgaben, einer arbeitsteiligen Bearbeitung des vorgegebenen Themas in Richtung Ziel- und Lösungsdefinition, Validierungsmethoden analog den Skalierungsfragen sowie Vereinbarungen, die im Sinne von Ideen-Inputs und Follow-Up-Meetings den kommunikativen Prozeß aufrechterhalten und weiterführen sollen.

Auf der Basis dieser Definition ergeben sich folgende relevante *Unterscheidungen zwischen lösungsorientierter Kurztherapie und lösungsorientierter Moderation*:

Lösungsorientierte Kurztherapie	Lösungsorientierte Moderation
KlientInnen sind Einzelpersonen oder Familien	KlientInnen sind eine (Arbeits-) Gruppe, Team
Thema ergibt sich im Kontakt mit der Therapeutin/dem Therapeuten – kann sich verändern – starke Innenorientierung	Thema ist vorgegeben – bleibt in der Regel gleich – starke Außenorientierung
KlientInnen haben die Entscheidungsfreiheit für die Übernahme von „Expertenschaft" für ihre soziale Situation	KlientInnen sind „Experten" in einem Fachgebiet
KlientInnen sind sich ihrer Entscheidungsfreiheit betreffend Expertenschaft nicht bewußt bzw. erleben sich als hilflos	KlientInnen sind sich ihrer Expertenschaft bewußt und sind sich auch sicher im Vertreten einer bestimmten Position
Zeitrahmen ist offen	Zeitrahmen ist von vornherein fixiert und begrenzt

Lösungsorientierte Kurztherapie	Lösungsorientierte Moderation
Lösung bzw. Beendigung der Therapie ist das Erreichen eines aus der Sicht der KlientInnen signifikanten positiven Unterschieds (Ziel) zwischen der Situation am Beginn der Therapie und der Situation im Verlauf der Therapie	Beendigung der Moderation ist durch einen fixierten Termin gegeben – „Produkt" als Output der Moderation (schriftliche Abfassung, Präsentation, Arbeitskreis etc.)
KlientInnen und deren (oft auch in Reflexionen thematisierten) Bezugspersonen sind das relevante soziale System	Hierarchie bzw. außenstehende Auftraggeber und deren Bezüge zu den Gruppenmitgliedern sind das relevante soziale System

Vorbereitende Makrokomponenten:

Die Lösungsorientierte Moderation setzt sich aus mehreren Makrokomponenten zusammen, von denen jede zunächst als für sich eigenständig aufgefaßt werden kann. In Hinblick auf den Prozeßablauf sind diese Komponenten jedoch als Gesamteinheit zur Erreichung eines relevanten Endergebnisses aufzufassen. Diese Makrokomponenten sind vor der ersten Zusammenkunft soweit als möglich abzuklären und Gegenstand der Vereinbarung zwischen Moderator und Auftraggeber.

♦ Auftrags- und Kontextklärung in Hinblick auf die vorliegende Themenstellung

♦ Basisinformationen über die Zusammensetzung der zu moderierenden Gruppe (berufliche Spezifitäten, Teilnahme von hierarchisch relevanten Personen)

♦ Vereinbarungen betreffend den Zeitrahmen (einmalige vs. mehrmalige Zusammenkünfte, Dauer und Rhythmus der einzelnen Meetings)

♦ erstes Abklären von eventuellen (kleinen, konkreten) Teilzielen

♦ Vereinbarung über die Art des Endproduktes (Positionspapier, Artikel, Merkblatt, Projektgruppe etc.) und dessen Präsentation (Bericht, Vortrag, Multivisionsprojektion etc.)

♦ Honorarvereinbarung

Das konkrete Vorgehen im Rahmen lösungsorientierter Moderation entspricht in vielen Punkten dem Vorgehen, wie es DE SHAZER für das lösungsorientierte Interview im therapeutischen Bereich beschreibt (DE SHAZER 1985, 1988, 1989, BERG 1991).

Zeitstruktur:

Grundsätzlich ist davon auszugehen, daß eine lösungsorientierte Moderation sowohl in einer eintägigen Zusammenkunft wie auch in mehreren Meetings durchgeführt werden kann, je nach Art des Auftrages und der damit zusammenhängenden Vereinbarungen.

Von der Zeitstruktur haben sich bei von vornherein periodisch vereinbarten Meetings 3-Stunden-Einheiten (2 x 1,5 Stunden) als vorteilhaft erwiesen, wohingegen bei einmalig vorgesehenen Moderationen ein aus vier Stunden bestehender Halbtag eine sinnvolle Zeiteinheit darstellen kann.

Elemente des Moderationsprozesses:

In diesen Zeiträumen sollten folgende Schritte eingeplant werden, um die oben dargestellten lösungsorientierten Prinzipien zur entsprechenden Entfaltung bringen zu können:

1. Beginn mit Vorstellung des Moderators und der TeilnehmerInnen im Sinne eines Warming Up

2. Fragen nach jüngsten relevanten Entwicklungen bezüglich des Themas bzw. der zwischenzeitlich erfolgten relevanten und akuten Ereignisse (bei periodisch angesetzten Meetings) analog der Annahme von „Pre-Session-Change" [Änderung vor der Sitzung] in der Therapie (DE SHAZER 1988).

3. Erarbeiten eines Tagesziels ("Was müßte heute, hier, bis in etwa drei Stunden erfolgt sein oder stattgefunden haben, so daß Sie sagen können: Es war ein erfolgreiches Meeting sowohl für mich als Einzelperson als auch in der Kooperation mit allen anderen TeilnehmerInnen?")

4. Arbeitsaufteilung (Kleingruppenarbeiten zu unterschiedlichen Bereichen des Themas)

5. Festlegung von Arbeitsschritten

6. größere Pause, neben eventuellen kleineren Pausen (in jedem Fall als Reflexionsmöglichkeit für den Moderator betreffend seine Beobachtun-

gen und zur Planung der Situation nach der Pause im Sinne einer flexiblen, raschen Reaktionsmöglichkeit analog der Interventionsplanung beim lösungsorientierten therapeutischen Setting aufzufassen)

7. gemeinsame Abschlußreflexion bestehend aus Komplimenten und Klarstellungen persönlicher Sichtweisen mit (eventuellen) Skalierungen (Einschätzung der gegebenen Situation) und Konkretisierungen der nächsten kleinen Schritte des weiteren Vorgehens

8. bei periodischen Meetings: Aufgaben und Vorhaben für das nächste Meeting (beispielsweise etwa das Sammeln von Informationen für ein beim nächsten Treffen geplantes Rollenspiel zur Veranschaulichung der Thematik)

Abschlußvereinbarung:

Am Ende einer Moderation (egal ob bei einmaligen oder periodischen Meetings) kann noch ein „Follow Up"-Gespräch angeboten werden, wobei es dem KlientInnensystem freistehen sollte zu entscheiden, ob und in welchem zeitlichen Abstand dieses Gespräch stattfinden soll bzw. bis zu welchem Zeitpunkt eine diesbezügliche Vereinbarung zu treffen wäre.

Praktische Beispiele für lösungsorientiertes Moderieren:

Zur Veranschaulichung der Anwendung lösungsorientierter Moderation seien im Folgenden zwei Falldarstellungen angeführt, in denen auf unterschiedliche Spezifitäten und Vereinbarungen Bezug genommen wird.

Falldarstellung: Kindergarten

Angesichts der gehäuften Probleme mit „verhaltensauffälligen" Kindern im Kindergarten war seitens der obersten Leitung des städtischen Kindergartenwesens einer Großstadt ein Arbeitskreis initiiert worden. Dieser sollte interdisziplinär zusammengesetzt sein und sich mit Unterstützungsmaßnahmen für betroffene Kindergartenpädagoginnen auseinandersetzen. Letzlich sollte der obersten Leiterin des städtischen Kindergartenwesens ein Entwurf in Form eines Positionspapiers für gezielte, die Kindergartenpädagoginnen unterstützende Aktivitäten wie spezifische Fortbildungen, Peer-Gruppen oder Supervisionen geliefert werden.

Der Teilnehmerkreis setzte sich zusammen aus

- einer leitenden Psychologin für den Fachbereich „Kleinkindbetreuung in Kindergärten"

- zwei Psychologinnen des Fachbereichs „Kleinkindbetreuung in Kindergärten"

- einer Kindergarteninspektorin (Fachaufsicht für Kindergartenpädagoginnen in einer bestimmten Region),

- drei mobilen Sonderkindergartenpädagoginnen,

- einer Leiterin eines Kindertagesheimes (Kindergarten und Hort),

- zwei Kindergartenpädagoginnen sowie

- einem Moderator

Als Zeitrahmen für die Zusammenkünfte waren jeweils ein Vormittag pro Monat (8.30 bis 11.30) in der Zeit von September 97 bis Juni 98 veranschlagt worden.

In der ersten Einheit war die Moderation dem Ziel gewidmet, die Teilnehmerinnen untereinander (soweit sie sich nicht kannten) vorzustellen und deren persönlichen Bezug zum Thema verbunden mit Erwartungen und Zielvorstellungen zu erheben. Es ergaben sich unterschiedliche Bezüge, die teils durch persönliche Betroffenheit (gesteigerte Erwartungen an das jeweilige Spezialistentum der Teilnehmerinnen im Bedarfsfall), teils durch die Möglichkeit der Vertiefung interdisziplinären Austausches gegeben waren.

Als Hauptziel wurde von einem Großteil der Arbeitskreisteilnehmerinnen primär das Erarbeiten neuer Formen der Zusammenarbeit zwischen allen Beteiligten (Kind(er), Kindergartenpädagogin, Kindergartenleitung, Eltern, „Spezialisten") herausgestrichen. In weiterer Folge erwartete man sich jedoch auch neue Zugangsmöglichkeiten zum Phänomen „Verhaltensauffälligkeit", welche auch die persönliche Sicht und deren Modifikation mit einschließen sollten. Dies zeigte sich im besonderen bei der Erarbeitung einer Begriffsdefinition für „Verhaltensauffälligkeit", nachdem für einen Teil der Gruppe klar geworden war, daß „Verhaltensauffälligkeit" auch eine kontextabhängige Zuschreibung mit entsprechenden Wechselbezügen darstellen konnte. Besonders die Frage, wo man selbst als Beteiligte zu dieser Zuschreibung „Zuflucht suchte" und wo man dies nicht benötigte, war eine wirkungsvolle Intervention zur Veranschaulichung dieses Beobachterphänomens mit den damit verbundenen persönlichen Norm- und Wertvorstellungen.

Als Aufgabenstellung für das folgende Treffen sollte eine Teilnehmerin ein Fallbeispiel aus ihrer persönlichen Erfahrung vorbereiten, anhand dessen die Muster und Zuschreibungen, aber auch die möglichen Bewältigungsstrategien reflektiert werden sollten.

Als Tagesziel der zweiten Einheit wurde neben der Reflexion des Fallbeispiels auf dieser aufbauend die Erstellung eines lösungsorientierten Fragenkatalogs für die mit „verhaltensauffälligen" Kindern befaßten Kindergartenpädagoginnen ins Auge gefaßt, nachdem in der Eröffnungsrunde ("Was hat sich seit dem letzten Mal ergeben, von dem Sie glauben, daß die Gruppe darüber Bescheid wissen wissen sollte?") die für das Positionspapier verantwortliche leitende Psychologin einen Zwischenbericht für die oberste Leitung nach der dritten Einheit erbringen sollte.

Durch das vorbereitete Fallbeispiel wurde diese Einheit zunächst dazu benutzt, die Bedeutung von Verhaltensbeschreibungen bei Kindern unter dem Aspekt defizitorientierter und ressourcenorientierter Sichtweisen zu betrachten. Gleichzeitig wurde die Funktion von Diagnosen reflektiert, um letztlich die tatsächlich durchgeführten Interventionen und die damit wahrgenommenen Möglichkeiten der Kindergartenpädagogin mit Rückbezug auf ihr Kompetenzerleben zu diskutieren.

Schließlich wurde auf der Basis dieser Erkenntnisse ein Brainstorming zum angepeilten Fragenkatalog durchgeführt.

Als Aufgabenstellung für die nächste Einheit sollten die Ergebnisse des Brainstormings in eine strukturierte Form gebracht werden, welche dann der Abteilungsleiterin vorgelegt wird.

Dementsprechend wurde in der dritten Einheit die Erstellung des Fragenkataloges durchgeführt.

Dabei wurden die Punkte „Problembeschreibung", „problemfreie Bereiche", „Lösungsversuche", „Ich als Person" und „Beziehungen/Interaktionen in der Gruppe" von der Gruppe als wesentlich herausgestrichen.

In der vierten Einheit begann die Eröffnungsrunde damit, daß seitens der Abteilungshierarchie zwecks Budgeterstellung für das nächste Jahr Fortbildungsvorschläge für Kindergartenpädagoginnen raschest eingebracht werden sollten und man von der Arbeitsgruppe diesbezüglich Ideen und Anregungen erwartete.

Nach intensiver Diskussion wurde aufgrund der in den bisherigen Reflexionen vermuteten Verbindung zwischen Verhaltensauffälligkeit und Wahrnehmungsstörung diese Kombination in Form des Titels „Wahrnehmungsstörungen (als) Verhaltensauffälligkeiten: Was tun?" als Thema entwickelt. Von der Struktur her wurden je vier Theorieeinheiten und zwei selbsterfahrungsorientierte Jahresgruppen als sinnvoll erachtet und daher vorgeschlagen.

Für die nächste Einheit wurde ein Rollenspiel vereinbart, anhand dessen die Effektivität und der Nutzen des entwickelten Fragenkatalogs überprüft werden sollte.

Die Eröffnungsrunde der fünften Einheit ergab keine nennenswerte Zusatzthemen, so daß sofort mit der Planung des Rollenspiels begonnen wurde. Die Gruppe einigte sich auf zwei getrennt durchgeführte Rollenspiele. Ein Rollenspiel sollte die Situation eines Gesprächs zwischen einer Kindergartenpädagogin und einer Mutter betreffend die Schwierigkeiten mit dem Kind in der Gruppe simulieren. Ein zweites Rollenspiel sollte das Gespräch einer Kindergartenpädagogin mit der Leiterin des Kindergartens betreffend die Schwierigkeiten mit einem Kind in der Gruppe darstellen. Beide Rollenspiele sollten von BeobachterInnen hinsichtlich der Kriterien

– „zu beobachtende Formen der Konversation (behutsam/(an)klagend/ offen)",

– „Anliegen der Kindergartenpädagogin",

– „Weiterführende Fragen/Konversationszirkel",

– „Blockierende Fragen/Konversationszirkel"

– „Ausnahmen/Lösungsversuche im Kommunikationszirkel"

– „Alternative Ideen/Optionen der Beobachter"

– „Skalierung von Beziehungen"

betrachtet werden.

Im Plenum wurden die Ergebnisse der beiden Subgruppen ausgetauscht und auf Gemeinsamkeiten und Unterschiede in den jeweiligen Beschreibungen reflektiert, wobei im besonderen auf die Ausnahmen und Lösungsversuche geachtet wurde, die sich aus der Vorbereitung mittels des Fragenkatalogs als Reflexionshilfe ergeben hatten.

Auf der Basis dieser Beobachtungen wurde die Idee entwickelt, den Fragenkatalog in einem Probelauf an einigen Kindergärten hinsichtlich seiner Anwendbarkeit zu überprüfen

Nachdem auch am Beginn der sechsten Einheit keine akuten Zusatzthemen zu verzeichnen waren, einigte man sich auf das Thema „zielorientierte Elternarbeit" als Fokus dieses Meetings.

Die Reflexionen über die Elternarbeit im Kindergarten waren davon bestimmt, daß allen Eltern grundsätzlich Kooperationsbereitschaft zugeschrieben wurde. Die Teilnehmerinnen kamen zum Ergebnis, daß diese Kooperationsbereitschaft aufgrund der von den Eltern eingebrachten Fragen und Themen (z.B. Ablösungsprobleme von Kindern und Eltern in der Eingewöhnungsphase im Kindergarten) durch entsprechende Vorgangsweisen (rasches Kennenlernen, Aufeinander-zu-Gehen, Austausch von Erwartungen und Befürchtungen etc.) ausgebaut und vertieft werden könnte. Für Situationen, in denen die Kindergartenpädagogin Schwierigkeiten in der Kontaktphase mit Eltern registriert, diskutierten die Teilnehmerinnen in Kleingruppen Möglichkeiten des behutsamen Vorgehens verbunden mit Temporeduzierung und Erarbeiten von kleinen, sich selbst und die anderen nicht überfordernden Zielen.

Letztlich wurde auf der Basis der diskutierten Beiträge eine „Checkliste für das Gespräch mit Eltern" verfaßt, die ebenfalls als Angebot von Ideen und Möglichkeiten zur Vorbereitung von Elterngesprächen angesehen wurde.

Die siebente Einheit war dem Schwerpunkt gewidmet, mögliche Sichtweisen des „verhaltensauffälligen" Kindes, der anderen Kinder sowie der betroffenen Kindergartenpädagoginnen in der Gruppensituation zu erfassen. Die Gruppensituation wurde mit Hilfe eines Rollenspiels ("Konfliktkonferenz") erfaßt, bei dem vier Teilnehmerinnen in unterschiedliche Rollen („Problemkind", „andere Kinder", „Kindergartenpädagogin", „Kindergartenhelferin") schlüpften und Sichtweisen verbalisierten. Die übrigen Teilnehmer versuchten die daraus resultierenden Dialoge im Hinblick auf die Kriterien „Problem-Ausnahmen", „Lösungsversuche", „Eigenressourcen", „Fremdressourcen", „Emotionale Befindlichkeit" und „Was-sollte-sich-auf-keinen-Fall-ändern" zu beobachten.

In einer anschließenden Plenumsrunde wurden unter dem Aspekt „Von-Positionen-zu-Bedürfnissen" diese obgenannten Kriterien im Hinblick auf unterschiedliche Betrachtungsformen und Bedeutungszuschreibungen des Begriffes „Verhaltensauffälligkeit" diskutiert und in Leitsätze für eventuelle Vorgehensweisen umformuliert.

Dementsprechend wurde eine Zusammenstellung von „Interventionimpulsen" auf drei unterschiedlichen Ebenen erarbeitet:

a) Interventionen als gezielte Eigenreflexion der Kindergartenpädagogin

b) Interventionen durch Beobachtungen des „verhaltensauffälligen" Kindes und daraus resultierende Unterscheidungen ("gute" und „schwierige" Tage, Vormittage, Stunden etc.)

c) Interventionen durch Beobachtungen der Gruppenkonstellationen und daraus resultierende Modifizierungen

Für die nächste Zusammenkunft wurde die Reflexion der Rückmeldungen der Kindergärten betreffend die Nutzbarkeit des von ihnen verwendeten lösungsorientierten Fragenkataloges und damit zusammenhängende Modifikationen als Themenschwerpunkt vereinbart.

Mangels aktueller Zusatzthemen in der Einleitungsrunde der achten Einheit wurde der Fokus gleich auf die Rückmeldungen der Kindergärten betreffend den lösungsorientierten Fragenkatalog gelegt. Die Rückmeldungen waren durchwegs positiv, wenngleich die im Fragenkatalog angebotene Skalierung von Beziehungsmustern im Kindergarten teilweise von den Anwenderinnen als nicht hilfreich und passend beschrieben wurde. Jedoch war die Fokussierung von problemfreien Bereichen im Unterschied zum „Problembereich" zwar als zunächst ungewohnt, letztlich aber als sehr nützlich und „befreiend" – weil das Muster von Negativismen durchbrechend – bezeichnet worden. Hingegen wurde der Selbstbezug im Bereich „Ich als Person" von einigen Kindergartenpädagoginnen als zu unklar formuliert wahrgenommen worden.

Aufgrund dieser Rückmeldungen wurde damit begonnen, in Kleingruppen die fraglichen Passagen des lösungsorientierten Fragenkatalogs zu modifizieren, um die endgültige Fassung in der folgenden Einheit zu beschließen.

Die neunte Einheit wurde dazu verwendet, neben der Verfertigung der Endfassungen des lösungsorientierten Fragenkataloges und der „Interventionsimpulse" die institutionellen Ressourcen für Kindergartenpädagoginnen und Eltern (SonderkindergartenpädagogInnen, PsychologInnen, ÄrztInnen etc.) zu reflektieren und zusammenzufassen. Schließlich wurde in zwei Subgruppen eine Multi-Ressourcen-Mappe als zentraler Output im Sinne von Akutmaßnahmen im Kindergarten sowie einer Überweisungs- und Orientierungshilfe bezüglich gezielter „Behandlungsangebote und -möglichkeiten (Beratung-Abklärung-Therapie)" außerhalb des Kindergartens geplant und zum Teil zusammengestellt.

In der zehnten Einheit wurde die Multi-Ressourcen-Mappe mit den Bestandteilen „Einführungstext", „Lösungsorientierter Fragenkatalog als Reflexionshilfe", „Checkliste für das Gespräch mit Eltern von Kleinkindern", „Interventionsimpulse", „Adressenliste von Sonderpädagogischen Betreuern und Einrichtungen" sowie „Literaturempfehlungen" in ihre Endfassung gebracht.

Desweiteren erfolgte auch die Zusammenstellung des Endberichtes an die Abteilungsleiterin städtischen Kindergartenwesens in Richtung notwendiger Begleitmaßnahmen seitens der Institution.

Abschließend wurde vereinbart, daß die TeilnehmerInnen einander in sechs Monaten zu einem Erfahrungsaustausch im Hinblick auf die Auswirkungen der Erkenntnisse und Outputs des Arbeitskreises treffen sollten.

Falldarstellung: Sozialer Dienst

In einem Bericht eines sozialen öffentlichen Dienstes einer Großstadt wurde zwischen dem Dienststellenleiter und ihm untergeordneten regionalen Referatsleitern ein „Moderationshalbtag" vereinbart, nachdem der Dienststellenleiter im Zusammenhang mit Umstrukturierungsmaßnahmen in der Dienststelle erhebliche Verunsicherungen der Mitarbeiter registriert hatte.

Die Gruppe setzte sich aus folgenden Personen zusammen:

- einem Dienststellenleiter (akademisch graduierter Jurist)
- einem stellvertretender Dienststellenleiter (akademisch graduierter Jurist)
- siebzehn regionalen Referatsleitern (Personen, wovon ein Teil Matura-/Abiturabschluß besitzt mit insgesamt unterschiedlichen Berufsvorerfahrungen, im internen Bereich juristisch fortgebildet)
- vierzehn Teilnehmer (sind schon seit mindestens 10 Jahren in ihrer Funktion tätig)
- einem Moderator

Nach einer kurzen Vorstellungsrunde wurden in einer ersten Kleingruppen-Einheit mit zwei Fragestellungen *("Wofür könnte diese spezifische Zusammenkunft und personelle Zusammensetzung dieses Meetings nützlich und hilfreich sein?"; „Was müßte bis 12 Uhr erfolgt sein oder stattgefunden haben, so daß Sie sagen können: Es war ein erfolgreiches Meeting für mich als Einzelperson sowie in Kooperation mit allen anderen TeilnehmerInnen, wobei erste (kleine, konkrete) Schritte gesetzt wurden, die als Ausgangspunkt für die Arbeit an weiteren innerbetrieblichen Entwicklungen zu sehen sind.")* Erwartungen und Bedürfnisse bezüglich des Meetings konkretisiert und auf Flip-Chart visualisiert.

Wie aus den Reflexionen in der Kleingruppe hervorging, hatten die Verunsicherungen bei den Referatsleitern u.a. damit zu tun, daß aufgrund einer durchgeführten Organisationsanalyse bei zukünftigen Stellenbesetzungen der regionalen Referatsleitungen nunmehr eine breitere Palette von Bewerbern mit unterschiedlichen Berufsqualifikationen (nicht mehr ausschließlich juristisch gebildete Personen) vom Dienstgeber vorgesehen war.

In diesem Zusammenhang wurde auch offenkundig, daß die Referatsleiter aufgrund von Gerüchten bzw. Aussendungen ihrer Standesvertretung Einflußnahmen einer anderen, ihnen bislang untergeordneten Berufsgruppe zum Nachteil der Referatsleiter vermuteten, zumal diese Gruppe ihrerseits Konzepte betreffend die Neuorganisation des sozialen Dienstes bereits vorgelegt hatte.

Dementsprechend gingen auch aus den Kleingruppenreflexionen betreffend das Tagesziel starke Erwartungen der Referatsleiter hinsichtlich einer Klarstellung und Aufklärung über die weiteren organisatorischen Umstrukturierungen sowie die vemuteten politischen Vorgaben seitens der Dienstellenleitung und in weiterer Folge der Ausbau intensiverer und kontinuierlicher Kommunikationsmöglichkeiten zwischen Dienststellenleitung und Referatsleitern hervor.

Der Dienststellenleiter und dessen Stellvertreter wollten diesen „moderierten Tag" dazu benutzen, um mit den betroffenen Beamten einerseits über deren Befürchtungen und den dahinterliegenden Bedürfnissen in Austausch zu treten. Andererseits war es beiden Vorgesetzten wichtig, mit den Referatsleitern Schwierigkeiten und Widersprüche in der derzeitigen strukturellen Situation des sozialen Dienstes zu erarbeiten, sodaß darauf aufbauend im Hinblick auf die geplanten Maßnahmen Verständnis und Kooperation zu erwarten wären.

Nach einer kurzen Pause nahm der Dienststellenleiter zu den vorgetragenen Informationsbedürfnissen Stellung. Er beschrieb in einem halbstündigen Kurzsstatement die derzeit im Laufen befindlichen Umstrukturierungen und die noch offenen Fragen im Zusammenhang mit den regionalen Referatsleitungen, wobei er betonte, daß es ihm darum gehe, die Reform des sozialen Dienstes voranzutreiben. Es sei ihm auch wichtig, daß diese Reform auf breiter Basis von all seinen MitarbeiterInnen mitgetragen würde. Um diese breite Mitarbeit sicherzustellen, waren innerbetriebliche Anreize geschaffen worden, die unter anderem auch neue Regelungen betreffend Aufstiegschancen beinhalteten. Somit stehe auch fest, daß einige der bislang üblichen Gepflogenheiten i.S. von „Aufstiegsautomatismen für bestimmte Berufsgruppen" im Zusammenhang mit Karrierefragen fallen würden.

Für die Referatsleiter war damit die Linie offengelegt, sodaß sie nun gezwungen waren, ihre Vorstellungen im Zusammenhang mit einer Neudefinition ihrer Funktionen im Zuge des Veränderungsprozesses zu entwickeln.

In einer kurzen Reflexionsrunde im Plenum, wurde vom Moderator eine Metapher vom „El Nino-Phänomen" eingebracht[1]. Er entwickelte unter Bezugnahme auf das in der Klimaforschung so bezeichnete Phänomen einer globalen Klimaveränderung eine Geschichte, die eine auf anderer Ebene vergleichbare Situation zu den Gegebenheiten der Referatsleiter darstellen und daraus resultierende Notwendigkeiten als Ideensammlung für Strategien des weiteren Vorgehens ermöglichen sollte. In der Geschichte wurde von einer aufgrund dieser Klimaverschiebung bedingten Verödung einstmals fruchtbarer Landstriche ausgegangen, sodaß die Bewohner gezwungen waren, ihre bisherigen Wohnsitze zu verlassen und in neue und unbekannte Gebiete aufzubrechen. Dabei war es notwendig zu unterscheiden und auch zu entscheiden, welche Sachen man als lebensnotwendig erachtete und daher mitzunehmen hatte, gleichzeitig jedoch andere, unwichtige Dinge zurücklassen zu müssen. Zudem stellt sich auch die Frage, welche Notwendigkeiten sich in der Zusammenarbeit mit den Mitreisenden und den Führern dieses Trecks ergaben, sodaß diese (Aus-)Wanderung durch unbekannte Gebiete letzlich ein erfolgreiches Ende finden konnte. Diese Geschichte bildete den

---

[1] Diese Metapher basiert auf einer Anregung der Beratergruppe Neuwaldegg. Diese Anregung wurde unter dem Titel „Auszug aus dem Paradies" als systemische Intervention im Rahmen der Arbeit mit Großgruppen von Roswitha KÖNIGSWIESER und Alexander EXNER jüngst (1998) veröffentlicht.

Ausgangspunkt für die Bildung von vier Arbeitsgruppen zu unterschied-lichen Themenbereichen:

Gruppe A: *Die erste Arbeitsgruppe widmete sich der Funktion des Referatsleiters aus historischer Sicht, um einerseits erfolgte Veränderungen in der Vergangenheit und den Umgang damit zu reflektieren. Darauf aufbauend sollten Bereiche herausgearbeitet werden, die im Sinne einer Identität dieser Funktion und damit auch „Heimat" auf jeden Fall auch in der Zukunft als stabiles Element beibehalten werden sollten (Analogie zur „Standardintervention I", DE SHAZER 1988).*

Gruppe B: *Die zweite Arbeitsgruppe sollte ihren Visionen und Zukunftsvorstellungen zum Thema „Regionale Referatsleitung neu im Jahre 2005" freien Lauf lassen und dementsprechend Hypothesen über Funktionsveränderungen entwikkeln („Analogie zur Wunder-Frage").*

Gruppe C: *Die dritte Arbeitsgruppe sollte unter dem Stichwort „Der dritte Weg" ein Weder-Noch Szenario entwickeln und unkonventionelle, vielleicht auch etwas bizarr und verrückt anmutende Ideen zur Funktionsneu- oder auch -abschaffung zur Diskussion stellen (Variation der „Miracle Question-Idee" im Sinne auch des Tetralemma-Vorgehens von VARGA VON KHIBED, VARGA VON KHIBED o.J.).*

Gruppe D: *Die vierte Arbeitsgruppe bestand aus dem Dienststellenleiter und seinem Stellvertreter. Beide sollten für sich entwickeln, was sie von ihren ReferatsleiterInnen bräuchten, um i.S. der El Nino-Metapher den ganzen sozialen Dienst durch die vor ihnen liegenden Schwierigkeiten gut führen zu können. Gleichzeitig sollten sie sich überlegen, was sie ihren Referatsleitern in dieser schwierigen Situation bieten könnten, daß diese mit Vertrauen diesen Weg mit ihnen in konstruktiv-kooperativer Weise gehen könnten.*

Nach Abschluß der Gruppenarbeit wurden die einzelnen Gruppen in einem „Innenkreis"-Setting vom Moderator bezüglich ihrer Reflexionen interviewt, während der Außenkreis beobachten sollte, inwieweit von Positionen und möglichen Bedürfnissen gesprochen wurde, um gleichzeitig eventuelle Blockaden und Anschlußmöglichkeiten zu sondieren. Von der Stimmung her war eine deutliche Veränderung bei der Gesamtgruppe insofern zu verspüren, als von einer zu Beginn des Moderationshalb-

tages eher reserviert-defensiv bisweilen auch destruktiv-aggressiv wir-kenden Haltung hin zu konstruktiv-entspannten Kommunikationsabläu-fen gewechselt wurde. Es ergaben sich insofern interessante Konver-genzen als in allen Gruppen der Wunsch nach einer periodischen Fort-setzung des Informationsaustausches zwischen Dienststellenleitung und Referatsleitern als wesentliches Element hervorstach.

Desweiteren war in den drei Gruppen der Referatsleiter der Wunsch nach spezifischer Aus- und Weiterbildung artikuliert worden.

Ergebnisse Gruppe A: *In der ersten Gruppe kam als wichtiges stabi-les Kriterium das Eingebundensein in den öf-fentlichen Bereich zur Sprache. Im Zuge der hi-storischen Aufarbeitung der Funktion der Re-feratsleiter hatte man jedoch erkannt, daß die-se Funktion anfangs einen sehr provisorischen Charakter ohne entsprechende fachliche Fun-dierung gehabt hatte und erst im Lauf der Jah-re sozusagen als fixes Konzept im Sinne eines Gewohnheitsrechts etabliert worden war. Aus diesem Verständnis heraus entwickelte diese Gruppe den Wunsch nach fachlicher Vorberei-tung für diese Funktion in Form eines spezifi-schen Lehrganges.*

Ergebnisse Gruppe B: *Die zweite Gruppe entwickelte das Konzept ei-nes Regionalmanagers für soziale Dienste, das weniger ausschließlich juristische, denn viel-mehr kommunikative und vernetzende Fähig-keiten aufweisen und nach einer dementspre-chenden Schulung Zugang zu vielen regiona-len Ressourcen erschließen sollte.*

Ergebnisse Gruppe C: *Die dritte Gruppe hatte ähnlich der zweiten Gruppe die Idee eines städtischen sozialen re-gionalen Krisenmanagements entworfen mit starken Bezügen zu lokalen privaten Trägern und Initiativen. Dieser fiktive soziale regionale Krisenmanager sollte auch nur für eine Dauer von fünf Jahren bestellt sein und analog den Vorschlägen der ersten Gruppe in einem Spe-ziallehrgang in sozialen und juristischen Kom-petenzen geschult sein.*

Ergebnisse Gruppe D: *Der Dienststellenleiter und sein Stellvertreter erarbeiteten Strategien, wie sie das Vertrauen der ihnen untergeordneten Referatsleiter erlangen konnten, wobei in erster Linie die Installierung von Jour Fixe Settings im Sinne des Herstellens eines kontinuierlichen Informationsaustausches in Erwägung gezogen wurde. Desweiteren wurde eine interdisziplinäre Arbeitsgruppe bestehend aus Personen aller im sozialen Dienst beschäftigten Berufsgruppen geplant, die als Schnittstelle der Umstrukturierungsmaßnahmen den Transfer in die einzelnen Berufsgruppen ermöglichen sollte.*

Im Abschlußresümee wurde seitens der Referatsleiter als nächster konkreter Schritt eine „Steuergruppe" bestehend aus fünf Mitgliedern projektiert. Diese Steuergruppe sollte sich bei einem Treffen der Referatsleiter in der nächsten Woche konstituieren und die kontinuierliche Verbindung zum Dienststellenleiter darstellen. Diese Steuergruppe sollte im Auftrag der Gesamtgruppe der Referatsleiter einerseits die demnächst anfallenden Fragen der Umstrukturierung in Projektform bearbeiten und mit der Dienststellenleitung koordinieren. Andererseits sollte sie auch als flexible Organisationsform und Ressource für die Bearbeitung akuter Krisenentwicklungen dienen.

Der Dienststellenleiter und sein Stellvertreter begrüßten diese Entwicklung und signalisierten ihre Bereitschaft mit dieser Steuergruppe in den anfallenden Fragen zu kooperieren.

Die Gruppe hielt sich die Möglichkeit einer Follow-Up-Moderation offen.

Diskussion:

Zentrales Element beider Falldarstellungen ist die Sicherstellung bzw. permanente Einschätzung und Wahrnehmung der Kooperationsformen der teilnehmenden Personen. Dies kommt einerseits in den Rückfragen nach Sinn und Zweck des Meetings, aber auch der dabei vorhandenen Personenkonstellation zum Ausdruck. Der Fokus wird ständig auf das Hier und Jetzt mit Rückgriffen auf relevante, d.h. lösungsorientierte Vergangenheitsaspekte und Ausblicken auf zukünftige, positiv besetzte Ergebnisse und Zielsituationen gelegt. Steve DE SHAZER meinte einmal, daß für ihn die zentrale Frage sei, was seine KlientInnen hier und jetzt von ihm wollten, d.h. weswegen sie gerade jetzt zu ihm gekommen seien (DE SHAZER 1990). Alle anderen daraus folgenden Fragen dienten seiner Ansicht nach letztlich nur der Beantwortung dieser Hauptfrage. Dem entspricht in der lösungsorientierten Moderation neben der Erarbeitung von „Tageszielen", „Arbeitsschritten" und „Aufgaben", die den Respekt vor der Kompetenz und den Ressourcen der ExpertInnen betonen sollten, vor allem die Frage nach „letzten Entwicklungen" bzw. „Akutthemen" im Sinne der Pre-Session-Change Annahmen.

Die lösungsorientierte Moderation ist – wie aus den Fallbeispielen hervorgehen sollte – als punktuelles Geschehen in direkter Analogie zum kurztherapeutischen Vorgehen aufzufassen. Dies bedeutet, daß es sinnvoll scheint, lösungsorientierte Moderation weniger bei zusammenhängend mehrtägigen Klausuren oder Workhops mit intensivem sozialen Rahmenprogramm als vielmehr bei klar abgegrenzten Gesprächssituationen mit den oben beschriebenen Komponenten stattfinden zu lassen. Dementsprechend wird davon ausgegangen, daß die Inputs der Moderatorin/ des Moderators von der Vorgabe, günstige Kommunikations- und damit Arbeitsbedingungen für die ExpertInnen durch sparsame und gleichzeitig klar strukturierte Vorgehensweisen zu schaffen, getragen werden.

Weiters stellt sich die sicherlich interessante Frage, ob und in welcher Form die Beziehungstypologie des lösungsorientierten Ansatzes im Moderationskontext zum Tragen kommt. Aus der mittlerweile zweijährigen Erfahrung des Autors mit diesem Verfahren läßt sich sagen, daß im Rahmen der von ihm durchgeführten Moderationen ein großer Teil der TeilnehmerInnen in einer KundInnenbeziehung eingeschätzt wurde, wohingegen kaum BesucherInnenbeziehungen angenommen wurden (zumindest hatte sich keine einzige TeilnehmerIn als gegen ihren Willen zu diesen Veranstaltungen abkommandiert geäußert). Dieser Eindruck geht auch auf die Beobachtung einer zumeist überwiegend hohen Bereitschaft eines Großteils der TeilnehmerInnen betreffend Engagement und Aktivität bei den gestellten Fragen und der daraufhin entwickelten Arbeitsschritte und Vorgehensweisen zurück.

Es steht zu vermuten, daß dies mit einer von vornherein existierenden starken Betroffenheit im emotionalen Sinn (z.B. bevorstehende Veränderung der eigenen Arbeitssituation im Gefolge von innerbetrieblichen Umstrukturierungsmaßnahmen) und damit einhergehend einem starken Interesse am vorgegebenen Thema zusammenhängen dürfte.

Als sekundäre Erklärungsmöglichkeit für diese Einschätzung bietet sich die Annahme einer Sicherstellung einer gewissen Expertenschaft in einem fachspezifischen Bereich im Sinne einer Kontextmarkierung von Moderation an.

Am wahrscheinlichsten scheinen jedoch Prozeßvariablen (analog der lösungsorienterten Kurztherapie) wie „Positive Wertschätzung", „Respekt vor den TeilnehmerInnen", „Lösungsorientierung" und „Leading by One-Step-Behind" (BERG 1996) wesentliche Komponenten für den Aufbau und die Entwicklung von KundInnenbeziehungen zu sein.

Die Frage, ob lösungsorientierte Moderation besser in Form einer Ko- oder einer Einzelmoderation bewerkstelligt werden kann, bleibt der jeweiligen Moderatorin/dem jeweiligen Moderator überlassen. Die geschilderten Falldispositionen waren jeweils von einem einzelnen Moderator bearbeitet worden. Es spricht mit Ausnahme eventueller Mehrkosten und einer ungünstigen Personenkonstellation oder nicht kompatibler theoretischer Grundhaltungen im ModeratorInnenstaff nichts gegen eine Ko- oder Teammoderation. Wichtig erscheint in diesem Zusammenhang eine bereits gelebte und gut eingespielte Zusammenarbeit, so daß eine ausreichende Konzentration auf die bereits platzgreifenden Veränderungen und Lösungsschritte gewährleistet ist.

Ausblick:

Aus den erläuterten Erfahrungen und Erkenntnissen ist die lösungsorientierte Moderation als durchaus kontextspezifische Variation kurztherapeutischer Vorgehensweisen anzusehen. Angesichts eines anhaltenden Bedarfs im Bereich von Organisationen und Institutionen im Zuge von Umstrukturierungsmaßnahmen und Umschichtung von Ressourcen (Stichworte: Reengineering bzw. Outsourcing) bestehende Kommunikationsstrukturen effizient in Gang zu halten sowie neue Kommunikationsschleifen aufzubauen, kann angenommen werden, daß diese Methodik nicht zuletzt angesichts ihres minimalistischen Anspruchs ihre Präsenz in diesem Bereich behalten und möglicherweise auch erweitern wird, ohne andere wichtige und bedeutsame Methoden wie Supervision, Coaching, Organisationsentwicklung, Unternehmensberatung, Projektmanagement und Konfliktmediation in Frage zu stellen.

Dementsprechend sollte die lösungsorientierte Moderation als zusätzliche Möglichkeit kommunikative Abläufe in Organisationen zu induzieren bzw. in Gang zu halten aufgefaßt werden. Wichtig erscheint jedoch, daß die lösungsorientierte Moderation im Verband mit allen anderen genannten Methoden im Sinne einer ökologischen Vielfalt dazu beitragen sollte, die Arbeitswelt angesichts zunehmend schwieriger werdender ökonomischer Entwicklungen (Stichwort: Vorherrschen neoliberaler Strömungen im Zuge von Globalisierung) menschenwürdig zu erhalten.

Literatur

AHLERS, Corina, Joachim HINSCH, Erwin RÖSSLER, Hedwig WAGNER & Ferdinand WOLF (1991). Erfahrungen mit de Shazers kurztherapeutischem Konzept in Österreich: Bericht aus der zweijährigen Zusammenarbeit eines Teams. In: REITER, Ludwig & Corina AHLERS (eds). Systemisches Denken und therapeutischer Prozeß. Berlin-Heidelberg-New York: Springer. S. 136-153.

BERG, Insoo Kim (1991). Family Preservation. A Brief Therapy Workbook. London: BT Press, dtsch. (1992). Familien – Zusammenhalt(en). Dortmund: verlag modernes lernen.

BERG, Insoo Kim (1996). Workshop zum Thema „Lösungsorientierte Supervision" am Jubiläumskongreß der Österreichischen Arbeitsgemeinschaft für Systemische Therapie und Systemische Studien (ÖAS): „Tanz an der Grenze", Oktober 1996 in Semmering/Österreich.

DE SHAZER, Steve (1985). Keys to soulution. New York-London: Norton, dtsch. (1989). Wege der erfolgreichen Kurztherapie. Stuttgart: Klett-Cotta.

DE SHAZER, Steve (1988): Clues. New York-London: Norton, dtsch. (1989). Der Dreh. Heidelberg: Cl. Auer.

DE SHAZER, Steve (1989). Putting Difference to Work. New York-London: Norton, dtsch. (1991). Das Spiel mit Unterschieden. Heidelberg: Cl. Auer.

DE SHAZER, Steve (1990). persönliche Mitteilung (anläßlich eines Gastaufenthaltes des Autors am Brief Family Therapy Center in Milwaukee).

DE SHAZER, Steve, Insoo Kim BERG, Eve LIPCHIK, Elam NUNNALLY, Alex MOLNAR, Wallace GINGERICH & Michele WEINER-DAVIS (1986). Kurztherapie-Zielgerichtete Entwicklung von Lösungen. Familiendynamik 11 (3): 182-205.

EBERLING, Wolfgang & Jürgen HARGENS (eds) (1996). Einfach kurz und gut. Zur Praxis der lösungsorientierten Kurztherapie. Dortmund: borgmann publishing.

JARMAI, Heinz (1991). Grundlagen lösungsorientierter Organisationsberatung. Systeme 5 (1): 55-63.

KASHNIG, Jane (1990). persönliche Mitteilung (anläßlich eines Gastaufenthaltes des Autors am Brief Family Therapy Center in Milwaukee).

KLAR, Sabine & Ferdinand WOLF (1995). Musterbildung und Musterbearbeitung – ein ästhetisches Konstrukt und seine Geschichte(n) im therapeutischen Bereich. Systeme 9 (1): 81-94.

KÖNIGSWIESER, Roswitha & Alexander EXNER (eds) (1998): Systemische Interventionen. Stuttgart: Klett-Cotta.

MOLNAR, Alex & Barbara LINDQUIST (1988). Changing Problem Behavior in Schools. San Francisco-London: Jossey Bass, dtsch. (1990). Verhaltensprobleme in der Schule. Dortmund: verlag modernes lernen.

RUSSINGER, Ulrike & Andrea BRANDL-NEBEHAY (1994). Kurztherapeutische Ansätze im institutionellen Kontext. Systeme 8 (1): 67-75.

VARGA VON KHIBED, Matthias (o.J.). Ganz im Gegenteil . . . Querdenken als Quelle der Veränderung. München: Edition Graphic Consult.

VOGT-HILLMANN, Manfred, Wolfgang EBERLING & Wolfgang BURR (1992). Ein klinisches Metakonzept für die Entwicklung lösungsorientierter Kurztherapie. Z. system. Ther. 10 (4): 268-278.

Behindert – na und ?

Systemisch-lösungsorientiertes Arbeiten mit Mitarbeitern im Behindertenbereich – ein Erfahrungsbericht

Gudrun Sickinger

Einleitung

In den ca. neun Jahren meiner Tätigkeit auf systemisch-lösungsorientierter Basis als Psychologischer Dienst in einer Behindertenwerkstatt wurde ich von meinen KollegInnen aus anderen Tätigkeitsfeldern schon häufig gefragt: „Lösungs- bzw. kurzeittherapeutisches Arbeiten – geht so etwas überhaupt im Behindertenbereich?"

Diese Frage hat durchaus ihre Berechtigung, denn die oftmals von Geburt an bestehenden Behinderungen der Menschen in diesen Einrichtungen sind nun einmal Fakt. Außerdem bestehen die Probleme, diese Menschen an Arbeit heran zu führen bzw. in Gruppen zu integrieren sowie Verhaltensweisen, die von der Umgebung als störend und lästig empfunden werden, oft schon recht lang. Demgegenüber steht jedoch häufig der Wunsch vieler MitarbeiterInnen, daß irgend etwas gegen die besonders störenden Verhaltensweisen unternommen werden soll.

In diesem Spannungsfeld zwischen scheinbarer Aussichtslosigkeit bzgl. möglicher Veränderungen bei den behinderten Menschen auf der einen Seite und dem starken Wunsch der Betreuer nach Erleichterung und Verbesserungen auf der anderen Seite war mir das Modell „Klagende, Besucher, Kunden" nach Steve DE SHAZER et al. (1989) von Anfang an bei meinen Beratungen eine wichtige Orientierungshilfe.

Wie aus einem „Klagenden" ein „Kunde" wird

Das o.g. Modell basiert u.a. auf der Beschreibung von TherapeutIn-KlientIn-Beziehungen aus der lösungsorientierten Kurztherapie (BERG, 1997). Ausgehend von der Frage, wer am meisten an einer Veränderung bzw. Lösung eines Problems interessiert ist, werden drei Beziehungstypen unterschieden:

a) *Typus Besucher-Beziehung*: dieser Typus findet sich häufig bei KlientInnen, die kein eigenes Anliegen an Veränderungen haben und die sich von anderen gedrängt fühlen, etwas zu unternehmen.

b) *Typus Kläger-Beziehung:* in dieser Art von Beziehung werden von den KlientInnen detaillierte Beschreibungen zu beklagenswerten Beobachtungen vorgebracht, oftmals verbunden mit der Erwartung, daß andere Personen für die Problemlösung sorgen sollen.

c) *Typus Kunden-Beziehung:* bei diesem Typus signalisieren die KlientInnen Bereitschaft, sich an Problemlösungen zu beteiligen – ganz gleich, ob sie sich dabei für das Problem verantwortlich fühlen oder nicht – und bitten evtl. um Hilfe oder Unterstützung.

Die Bezeichnung Kläger-Beziehung bzw. Klagende wird inzwischen als überholt angesehen, da dies zu negativ besetzt erscheint, und z.B. durch den Begriff „Suchende" ersetzt. Er beschreibt nach meiner Erfahrung treffend, wie die Ratsuchenden in der Behindertenwerkstatt mir häufig zu Beginn der Beratung gegenübertreten, nämlich mit einer Beschwerde oder Klage und manchmal sogar einer Fülle von Klagen. D.h. die Mehrheit der Mitarbeiter und Vorgesetzten, die sich an mich wenden, beklagen häufig ein oder mehrere Probleme, denen sie sich ausgesetzt sehen und deren Verursachung sie auf das Verhalten anderer Personen zurückführen. Diese anderen Personen sind in der Regel entweder behinderte Mitarbeiter der Werkstatt oder deren Angehörige oder aber andere Betreuer.

Entsprechend gehen die meisten Ratsuchenden zu Beginn der Beratung davon aus, daß die Probleme sich lösen ließen, wenn die anderen „schuldigen" Personen das als problematisch angesehene Verhalten aufgeben und zukünftig unterlassen würden. Die Aufgabe, die mir dann oftmals zugedacht wird, besteht entweder darin, bei den behinderten Menschen den „Knopf zum Ausstellen" zu finden oder bei den Angehörigen und anderen Betreuern die Einsicht zur Veränderung herzustellen.

Um nicht unnötig Gefahr zu laufen, ebenfalls in die Reihe der Erfolglosen eingereiht zu werden, haben sich für mich verschiedene Vorgehensweisen aus dem lösungs- und kurzzeitorientierten Ansatz bewährt, um aus der Klagenden-Beziehung eine Kunden-Beziehung werden zu lassen.

Auch ich benötigte einige Übungszeit, bis ich zu Ergebnissen kam, die ich und andere Beteiligte sich wünschten. Im folgenden werde ich anhand von drei Beispielen exemplarisch darstellen, mit welchen lösungsorientierten Vorgehensweisen in recht kurzer Zeit zufriedenstellende oder auch überraschende Ergebnisse erreicht wurden.

In den ersten beiden Beispielen bildet das Verhalten der behinderten Person den Anlaß zur Klage, wobei im ersten Beispiel sich der Fokus der Veränderung auf die behinderte Person selbst richtet und im zweiten Beispiel auf die Kooperation mit den Betreuern im Wohnheim. Im dritten Beispiel bildet das Verhalten einer Angehörigen den Anlaß zur Klage, von der die Veränderungen erwartet wurden. Die Namen aller erwähnten Personen wurden anonymisiert.

Freudenschreie

Eine Gruppenleiterin aus der Werkstatt wandte sich an mich und beklagte das extreme Schreien einer behinderten Frau in ihrer Gruppe. Dieses Schreien versetzte die gesamte Gruppe mit elf weiteren behinderten Personen immer wieder in starke Unruhe. Außerdem schien es, daß diese Schreianfälle kaum zu unterbinden waren, obwohl die behinderte Frau seit vielen Jahren deshalb vom Neurologen entsprechende Beruhigungsmittel verordnet bekam.

Daß diese Klage seitens der Gruppenleiterin durchaus ihre Berechtigung hatte, davon konnte ich mich selbst oft genug überzeugen, denn mein Büro befand sich damals ganz in der Nähe dieser Werkstatt, und das Geschrei drang bis dorthin durch.

Die Idee der Gruppenleiterin war es nun, mir einen direkten Eindruck von der Situation vor Ort zu verschaffen und zu diesem Zweck einen Besuch in ihrer Werkstatt zu machen.

Obwohl ich meine Zweifel hatte, ob so ein Besuch meinerseits uns einer Lösung näher bringen würde, sagte ich einen Besuchstermin zu, stellte jedoch zuvor zwei Fragen, die meinem Zweifel ein wenig Ausdruck gaben und gleichzeitig eine Wertschätzung der Erfahrung der Gruppenleiterin enthielten. Nachdem ich nämlich erfahren hatte, daß sowohl die behinderte Frau als auch die Gruppenleiterin seit mehr als 10 Jahren in dieser Gruppe arbeiteten, fragte ich: „Was glauben Sie, werde ich in dieser einen Besuchsstunde anderes beobachten können als Sie selbst in den 10 Jahren? Und `mal angenommen, in dieser Besuchsstunde wird Herta, wie es der Zufall will, gar nicht schreien, wie könnte dann fortgefahren werden, um bei diesem Problem einen Schritt weiter zu kommen?" „Das werden wir dann sehen", war ihre Antwort. Gesagt, getan.

Mein Besuch verlief ohne den kleinsten Hinweis für ein schwieriges Verhalten von Herta. Im Gegenteil, mein Besuch machte Herta sehr neugierig und sie dachte nicht daran, einen ihrer „berühmten" Schreianfälle zu bekommen.

An dieser Stelle machte ich der Gruppenleiterin einen anderen Vorschlag zum weiteren Vorgehen. Ich erinnerte mich an die Medikamente, von denen sie gesprochen hatte und die offensichtlich nicht geholfen hatten. Deshalb bat ich sie, für einige Wochen einen Beobachtungsbogen auszufüllen, dort einzutragen, wann das Schreien auftritt und anzukreuzen, welche der bisher üblichen Maßnahmen sie dann eingesetzt habe.

Sollte sich herausstellen, daß Hertas Schreianfälle unverändert häufig auftraten, dann würde ich dem Arzt einen Brief schreiben mit der Bitte, die Medikamente doch abzusetzen, da sie leider nicht helfen würden.

Sollte sich jedoch herausstellen, daß Hertas Schreianfälle weniger auftraten als bis dahin, dann würde ich dem Arzt ebenfalls einen Brief schreiben mit der Bitte, die Medikamente zu reduzieren oder abzusetzen, da das Schreien weniger geworden sei und um auszuprobieren, wieweit dies auch ohne diese Medikamente mit ihren unerwünschten Nebenwirkungen anhalten würde.

Die Gruppenleiterin war recht angetan von diesem Vorschlag und versprach mir, dabei mit den Beobachtungsbögen behilflich zu sein.

Mit diesem Vorschlag war etwas sehr Wichtiges passiert. Es war mir gelungen, die Gruppenleiterin zu einer Beobachtungsperspektive einzuladen, in der es nicht mehr um „mehr oder weniger Schreien" ging, also auch nicht um Scheitern oder Erfolg bezüglich des beklagten Verhaltens, sondern darum, die medikamentöse Behandlung zu verändern. Und dies war so angelegt, daß es in jedem Fall auf eine Reduzierung der Medikamente hinauslaufen sollte, denn darin waren wir uns einig, daß für Herta, die massive behinderungsbedingte Schwierigkeiten in der Wahrnehmung und Orientierung aufwies, die Wirkung dieser Medikamente eher zusätzliche Nachteile mit sich brachte.

Einige Wochen später, als wir uns wieder trafen, brachte die Gruppenleiterin überraschende Beobachtungsergebnisse mit. Die Schreianfälle hatten im Laufe der Beobachtungsphase deutlich abgenommen. Noch verblüffender war für mich die Erklärung, die die Gruppenleiterin dafür verantwortlich machte. Und zwar hatte sie festgestellt, daß es bei Herta sehr unterschiedliche Arten von Schreien geben würde. Insbesondere morgens, wenn Herta in die Werkstatt komme, handele es sich eher um einen sehr lautstarken Ausdruck von Freude, der sich noch gesteigert hätte, wenn andere in der Gruppe darauf mit Schimpfen reagiert hätten. Sie habe der Gruppe diesen Unterschied erklärt und vorgeschlagen, daß es wohl das Beste sei, dies gar nicht weiter zu beachten. Seitdem würde Herta schnell wieder leise, und deshalb hätten die Schreianfälle insgesamt abgenommen. Wir freuten uns beide über diese unerwartet positive Entwicklung, und ich schrieb wie versprochen den Brief an den Arzt, der die Medikamente deutlich reduzierte.

Meines Wissens treten bei Herta immer wieder einmal Schreianfälle auf, jedoch längst nicht mehr in dem Ausmaß wie früher.

Herta benötigt nach wie vor viel Aufmerksamkeit und intensive Betreuung. Es gibt jedoch Ideen und Möglichkeiten ihr Verhalten, das für ihre Umgebung sehr anstrengend sein kann, in erträglichen Grenzen zu halten.

Telefonischer Weckdienst

Bei einer Versammlung aller Gruppenleiter der Werkstatt, auf der ich eine kleine Befragung zu den Wünschen der Mitarbeiter an den Psychologischen Dienst durchgeführt hatte, behauptete ein Gruppenleiter selbstbewußt, daß er in seiner Arbeit keine Schwierigkeiten habe, für die er Hilfe von außen benötige, bis auf eine Angelegenheit, mit der er sich schon länger herum plage.

Herr Schnier berichtete kurz, daß ein behinderter Mann in seiner Gruppe ständig zu spät komme, manchmal erst nach der Frühstückspause erscheinen würde. Er habe deshalb schon mehrfach mit den Betreuern im Wohnheim gesprochen und auch den Betriebsleiter und den Pädagogischen Leiter der Werkstatt eingeschaltet, das habe jedoch alles keine Änderung gebracht.

Solch ein Anliegen zu bearbeiten, sei für mich eine Herausforderung, war meine Entgegnung, und was er davon halten würde, ein gemeinsames Gespräch mit den Wohnheimbetreuern zu arrangieren. Herr Schnier war damit einverstanden.

Zunächst hatte ich Kontakt mit dem Wohnheimleiter aufgenommen, der diese Angelegenheit wiederum an die zuständigen Betreuer weitergeben wollte. Herr Schnier schien davon jedoch nicht begeistert zu sein. Das hätte doch alles keinen Zweck, da würde sowieso nichts dabei herauskommen, war sein Kommentar. Ob ich dann überhaupt noch aktiv werden sollte in dieser Sache, fragte ich ihn ungerührt, wenn er der Meinung sei, daß dies keine Aussicht auf Erfolg habe. Und wenn doch, was seiner Vorstellung nach gerade ich als Psychologin hier bewirken könne. Na ja, antwortete er, Psychologen haben doch gelernt, mit den Leuten geschickt zu reden, und vielleicht würde das hier auch helfen. Wir einigten uns nun darauf, auf jeden Fall einen gemeinsamen Gesprächstermin mit den Betreuern zu versuchen.

Zum ersten gemeinsamen Termin erschienen drei Betreuerinnen aus dem Wohnheim und Herr Schnier mit einem Kollegen, der die Werkstattgruppe mit ihm zusammen betreute.

Die Wohnheimbetreuerinnen berichteten nun ausführlich, was sie bereits alles versucht hatten, um Martin, den behinderten Mann, morgens aus dem Bett zu holen. Am besten schien dabei geholfen zu haben, wenn sie ihn lockten, indem sie ihn neugierig machten. Zum Beispiel taten sie manchmal so, als ob etwas auf der Straße los sei und erreichten damit, daß Martin aus dem Bett sprang, zum Fenster ging und nachschauen wollte. Dieser „Trick" verlor jedoch zunehmend seine Wirkung, weil selten etwas Interessantes auf der Straße zu beobachten war und Martin dies allmählich durchschaute.

Durch meine ausführliche Befragung nach den bisherigen Lösungsversuchen wurde auch den beiden Werkstattkollegen deutlich, daß im Wohnheim die Situation nicht tatenlos hingenommen wurde, sondern bereits einiges unternommen worden war, um diese morgendlichen Schwierigkeiten in den Griff zu bekommen. Dies relativierte bereits ein wenig die Haltung der Werkstattkollegen gegenüber den Wohnheimkolleginnen und ebnete den Boden für eine Zusammenarbeit hinsichtlich des beschriebenen Problems.

Um etwas genauer herauszufinden, wie hoch die Bereitschaft zu diesem Zeitpunkt war, erneut etwas zu einer Lösung des Problems beizutragen, stellte ich an alle Beteiligten zwei *Skalierungsfragen* und bat darum, daß jeder zunächst für sich selbst die Antwortzahl notieren möge.

Hier nun die Fragen und Antworten in einer Übersicht:

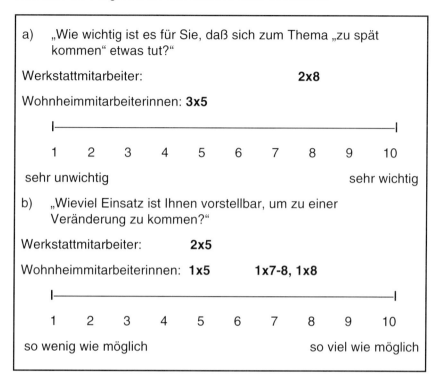

a) „Wie wichtig ist es für Sie, daß sich zum Thema „zu spät kommen" etwas tut?"

Werkstattmitarbeiter: **2x8**

Wohnheimmitarbeiterinnen: **3x5**

| 1 | 2 | 3 | 4 | 5 | 6 | 7 | 8 | 9 | 10 |

sehr unwichtig   sehr wichtig

b) „Wieviel Einsatz ist Ihnen vorstellbar, um zu einer Veränderung zu kommen?"

Werkstattmitarbeiter: **2x5**

Wohnheimmitarbeiterinnen: **1x5**   **1x7-8, 1x8**

| 1 | 2 | 3 | 4 | 5 | 6 | 7 | 8 | 9 | 10 |

so wenig wie möglich   so viel wie möglich

Am deutlichsten veränderte sich die Sichtweise der Werkstattmitarbeiter durch eine *Frage* nach *Erklärungen*. Nachdem ich erfahren hatte, daß Martin zwar häufig zu spät kam, jedoch außer bei Krankheit oder Urlaub noch nie den ganzen Tag fern geblieben war, fragte ich Herrn Schnier: „Wie erklären Sie sich, daß Martin dennoch jeden Tag in die Werkstatt kommt?".

Herr Schnier reagierte darauf überraschenderweise sichtlich gerührt und erinnerte sich an eine Situation, als er selbst krank wurde und ins Krankenhaus mußte, ihm von Kollegen berichtet worden war, daß Martin an diesem Tag heftig geweint habe. Er deutete dies als ein Zeichen, wie sehr Martin wohl an ihm hängen würde.

An dieser Stelle war es nun möglich, etwas darüber zu erfahren, welche Tätigkeiten Martin in der Werkstatt besonders gern verrichtete, z.B. nach Möglichkeit an einer bestimmten Maschine gerne arbeitete. Nun ließ sich auch die entweder-oder Vorgabe von zu spät oder pünktlich Kommen mit Hilfe der Frage: „Wieviel späteres Kommen können Sie in der Werkstatt maximal tolerieren?" erweitern. Herr Schnier war damit einverstanden, es ohne weitere Konsequenzen zu akzeptieren, wenn Martin mit dem zweiten Bus bis ca. 8 Uhr 30 in der Werkstatt erschien. Sollte er später als 8 Uhr 40 kommen, würde Martin in Kauf nehmen müssen, daß die Arbeit an seiner „Lieblingsmaschine" bereits an jemand anderen vergeben sein könnte. Um Martins Motivation zu unterstützen, für seine Lieblingstätigkeit zeitig genug zur Werkstatt zu kommen, wurde beschlossen, ihn an dieser Maschine zu fotografieren und das Foto mit ins Wohnheim zu geben.

Auch für den Wohnheimbereich wurde eine zusätzliche kreative Idee entwickelt, um die morgendliche Wecksituation einmal anders zu gestalten. Die Betreuerinnen hatten davon berichtet, daß Martin einen Telefonapparat ohne Anschluß besaß, und sie ihn des öfteren, wenn er morgens besonders müde wirkte, damit geneckt hatten, ob er wohl wieder mal die halbe Nacht telefoniert habe. Dies brachte mich auf die Idee, wie Martin wohl auf einen telefonischen Weckdienst reagieren würde. Die Betreuerinnen ließen sich von dieser Idee sehr anregen und überlegten ihrerseits, wie sich so etwas in ihrem Wohnheim am besten realisieren ließe. Sie beschlossen mit sichtlichem Vergnügen, vom Büro aus in der Küche des Wohnheims anzurufen, so daß Martin auf jeden Fall aufstehen mußte, um den Anruf entgegen zu nehmen. Mit diesen Lösungsideen und guter Laune bei allen Beteiligten wurde die Zusammenkunft beendet.

Eine gemeinsame Bilanz sieben Wochen später ergab, daß Martin in der Zwischenzeit **25 mal bis 8 Uhr 40, nur 8 mal nach 8 Uhr 40 und kein einziges Mal mehr nach dem Frühstück** nach 9 Uhr in der Werkstatt erschienen war. Dennoch hatten alle Betreuer bei Martin eine extreme Müdigkeit, besonders morgens, beobachtet, die mitunter den ganzen Tag anhielt. Teilweise wäre er sogar im Sitzen eingeschlafen. Es stellte sich heraus, daß Martin seit ca. 5 Jahren dreimal täglich ein Neuroleptikum erhielt, von dem u.a. eine Benommenheit als Nebenwirkung bekannt ist. Die Wohnheimbetreuerinnen nahmen sich vor, dies ärztlich überprüfen zu lassen. Trotz dieser beschriebenen Müdigkeit hatte sich die Situation enorm verbessert. Es wurde beschlossen, die eingesetzten Maßnahmen fortzusetzen und teilweise ein wenig zu variieren.

Eine zweite Bilanz nach weiteren sieben Wochen, an der die beiden Mitarbeiter aus der Werkstatt und nur eine Mitarbeiterin aus dem Wohnheim teilnahmen, ergab, daß Martin **16 mal bis 8 Uhr 40, 10 mal nach 8 Uhr 40 und kein Mal nach 9 Uhr** in der Werkstatt erschienen war. Das Neuroleptikum war ein paar Tage zuvor abgesetzt worden und von allen Beteiligten wurde Martin als wesentlich munterer und leichter zu motivieren beschrieben. Eine abschließende *Skalierungsfrage* verhalf den Beteiligten zu einer differenzierten Einschätzung der gemachten Fortschritte und deren Bewertung:

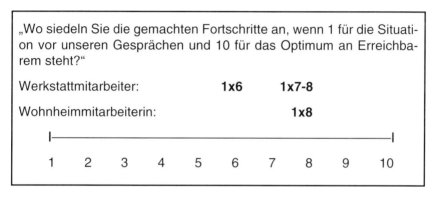

„Wo siedeln Sie die gemachten Fortschritte an, wenn 1 für die Situation vor unseren Gesprächen und 10 für das Optimum an Erreichbarem steht?"

Werkstattmitarbeiter: **1x6**   **1x7-8**

Wohnheimmitarbeiterin: **1x8**

| 1 | 2 | 3 | 4 | 5 | 6 | 7 | 8 | 9 | 10 |

Herr Schnier, der die niedrigste Einschätzung vorgenommen hatte, räumte nun ein, daß er auf dieser Skala maximal 8 für erreichbar hielte und schon zufrieden sei, wenn es bei 6 bliebe. Nachdem wir noch einige Möglichkeiten besprochen hatten, wie bei einem eventuellen Rückgang des Erreichten von den Beteiligten vorgegangen werden könnte, bedankte sich Herr Schnier mit einem herzlichen Händedruck bei mir für die erhaltene Unterstützung.

Wenn etwas nicht „geht", machen Sie etwas anderes

Der Gruppenleiter, Herr Wismann, kam ziemlich aufgebracht zu mir und beklagte sich vehement über das Verhalten einer Mutter. Diese Frau würde ihrem Sohn Herbert nichts gönnen. Herbert, der in seiner Gruppe arbeitete, käme meistens in abgetragener Kleidung, habe so gut wie kein Taschengeld und müsse zu Hause nach der Werkstattarbeit im Haushalt helfen und Einkäufe machen usw.. Zur gemeinsamen Gruppenfahrt, die einmal jährlich für eine Woche stattfindet, dürfe Herbert nun nicht mitfahren. Damit sei das Maß jetzt voll. Er habe die Mutter angerufen, um ihr klarzumachen, daß dies nicht in Ordnung sei. Leider habe das Telefonat zu einer unangenehmen Auseinandersetzung geführt und mit dem Weinen der Mutter geendet.

Nach seinem Ziel befragt, gab Herr Wismann an, die Mutter davon überzeugen zu wollen, Herbert doch zur Gruppenfreizeit mitfahren zu lassen.

Die nächste Frage, was er glaube, zu wieviel Prozent dieses Ziel reali-
stisch sei, wurde von ihm zunächst mit einem langen Schweigen beantwortet. Dann kam ein gequetschtes: „10 Prozent – ich mochte nicht 2
Prozent sagen." „In Ordnung", erwiderte ich, „welchem Ziel könnten wir
uns dann als nächstes zuwenden?" Nun räumte Herr Wismann ein, sein
Vorgehen sei vielleicht nicht besonders günstig gewesen und so etwas
sollte man besser nicht am Telefon verhandeln. Er könne die Mutter ja
mal zu Hause besuchen, wenn sie einverstanden sei, und dort beim
Kaffee in Ruhe mit ihr sprechen. Ich wünschte ihm viel Glück dabei,
äußerte jedoch auch Zweifel darüber, ob er dieses Mal erfolgreich sein
würde.

Einige Wochen später berichtete mir Herr Wismann, es sei tatsächlich
zu dem geplanten Besuch gekommen. Sie hätten Kaffee getrunken und
nett miteinander geplaudert. Sein ursprüngliches Ziel hätte er jedoch leider nicht erreicht. Allerdings hätte sich herausgestellt, daß die Mutter
stark gehbehindert und deshalb auf die Mithilfe ihres Sohnes sehr angewiesen sei. Zumindest habe das Gespräch dazu beigetragen, die an-
gespannte Stimmung zwischen ihnen wieder zu lockern.

Einige abschließende Reflexionen

Die eingangs gestellte Frage: „lösungs- bzw. kurzzeittherapeutisches
Arbeiten – geht so etwas überhaupt im Behindertenbereich?" läßt sich
aufgrund der beschriebenen Erfahrungen eindeutig mit „ja" beantworten.

Bleibt die Frage offen, ob es bei diesem Klientel anders wirkt. Auch diesbezüglich scheint es keine grundlegenden Unterschiede zu geben. Ver-
änderungsprozesse lassen sich mit den gleichen Mitteln und Methoden
anregen, die im lösungsorientierten Ansatz auch in anderen Bereichen
zum Einsatz kommen.

In den drei Beispielen waren die Mitarbeiter bzw. die Betreuer die Menschen, mit denen ich gearbeitet habe, nicht die behinderten Personen
selbst, was aus mehreren Gründen sinnvoll erscheint. Zum einen waren
es die Betreuer der behinderten Personen, die eine Beschwerde bzw.
ein Anliegen formuliert hatten. Die behinderten Personen wenden sich
äußerst selten an mich. Zum anderen bildet der Erfahrungsschatz und

die große Kompetenz der Mitarbeiter im Umgang mit behinderten Menschen eine wichtige Ressource, die es lohnt, genutzt zu werden. Ähnlich einer Billardkugel genügt es häufig, diese Ressourcen anzustoßen, um auch Veränderungen bei den behinderten Personen zu bewirken. Selbst bei Chronifizierung von störendem Verhalten, wie im ersten Beispiel mit den „Schreianfällen", ließen sich Veränderungen im Sinne von Verbesserungen herbeiführen.

Die Kunst im Beratungsprozeß besteht dann darin, die Betreuer bezüglich ihrer zunächst ressourcenlosen und defizitbezogenen Sichtweise zu einem Perspektivenwechsel einzuladen. Nicht selten ist bei den Mitarbeitern eine Neigung anzutreffen, in der eigenen Perspektive gefangen zu sein bzw. bei der behinderten Person von Defiziten auszugehen.

Diese Sichtweise läßt sich erfahrungsgemäß relativ leicht erweitern, indem, der Empfehlung der Gruppe DE SHAZER et al. entsprechend, beim Typus Kläger-Beziehung Aufgaben zur differenzierten Beobachtung gegeben werden. Häufig genügt es zunächst, nur das beklagte Verhalten in einem übersichtlichen Bogen registrieren zu lassen. In der Auswertung ist es dann möglich, nicht nur auf das beklagte Verhalten zu sprechen zu kommen, sondern auch auf Ausnahmezeiten und Unterschiede, die mögliche Ansatzpunkte für Veränderungen bieten können. Dies wurde im ersten Beispiel an der Unterscheidung Schreie als Freudenschreie anschaulich und im zweiten Beispiel an der Frage, welche Unterschiede es beim Zuspätkommen gab, deutlich. Die jeweils gefundenen Unterschiede wurden in beiden Fällen in die Konstruktionen der jeweiligen Lösungen einbezogen.

Eine weitere Hürde für einen lösungsorientierten Prozeß bilden die manchmal zu groß angesetzten Ziele der Mitarbeiter. Obwohl die meisten Betreuer im Behindertenbereich häufig wahre Meister im Setzen von kleinen Zielen sind und mit großer Geduld in kleinen Schritten vorzugehen gewohnt sind, sind auch sie nicht immer davor gefeit, manchmal mit zu großen Zielen in Schwierigkeiten zu geraten. Die Aufgabe der Beratung besteht dann meistens darin, gemeinsam mit den Beteiligten, die gesetzten Ziele näher zu betrachten und gegebenenfalls zu verändern oder zu verkleinern oder auch fallen zu lassen. Im ersten Beispiel gab es eine Veränderung des Ziels „das Schreien weg zu bekommen" in das Ziel „die Medikamente reduzieren". Im zweiten Beispiel wurde das Ziel „pünktlich kommen" verkleinert in das Ziel „wieviel Zuspätkommen kann toleriert werden". Im dritten Beispiel wurde schließlich aus guten Gründen das Ziel, einen behinderten Menschen auf eine Freizeit mit zu nehmen, fallen gelassen. Ein wesentliches Hilfsmittel zur Ziel-überprüfung war in allen drei Fällen die Nutzung von systemisch-lösungs-orientierten Fragen, insbesondere von Skalierungs- und Prozentfragen.

Der Beratungsprozeß benötigte in allen beschriebenen Fällen nur 2 bis 3 Termine – ähnlich den Erfahrungen der Gruppe de SHAZER et al.. Dann hatten sich bereits deutliche Effekte bemerkbar gemacht. Indem sich das Verhältnis zwischen den beteiligten Betreuern und mir verändert hatte, änderte sich auch das Verhältnis zwischen den Betreuern und den behinderten Personen.

Man mag mir nun zustimmen, daß in der Beratung von Mitarbeitern im Behindertenbereich der lösungsorientierte Ansatz hier wie anderswo genauso nutzbringend anwendbar erscheint.

„Trifft denn das gleiche in der direkten Arbeit mit behinderten Menschen zu?" wäre eine weitere mögliche Frage, deren Beantwortung ich mich an anderer Stelle widmen werde.

Literatur

BERG, Insoo Kim (1992): Familien-Zusammenhalt(en). Dortmund: verlag modernes lernen.

DE SHAZER, Steve (1989): Der Dreh. Heidelberg: Cl.Auer.

EBERLING, Wolfgang et al. (1996): Suche nach Lösungen. In: Wolfgang EBERLING & HARGENS, Jürgen: Einfach kurz und gut. Dortmund: borgmann publishing.

SCHLIPPE, Arist von/SCHWEITZER, Jochen (1996): Lehrbuch der systemischen Therapie und Beratung. Göttingen: Vandenhoeck und Ruprecht.

WALTER, John L. & PELLER, Jane E. (1994): Lösungs-orientierte Kurztherapie. Dortmund: verlag modernes lernen.

WEISS, Thomas (1988): Familientherapie ohne Familie. München: Kösel.

Die HeldIn ist ... die Betroffene – wer denn sonst?

Skizzen eines interdisziplinären Konsultationsprojekts

Jürgen Hargens, Bengta Hansen-Magnusson & Ernst Hansen-Magnusson

Schmerz laß' nach...

Der Patient leidet seit über anderthalb Jahren an Schmerzen. Medizinische Diagnostik und Therapie sind weitgehend ausgereizt. Der Hausarzt schlägt ein Treffen in der Arztpraxis zwischen Patient, Psychologen und Hausarzt vor, dem der Patient zustimmt. In diesem Treffen geht es zunächst sehr ausführlich darum, herauszufinden, was sich die Beteiligten von diesem Gespräch erwarten. Der Psychologe, der das Gespräch moderiert, fragt, wer die Idee zu diesem Treffen gehabt hat – der Arzt. Er fragt den Arzt, was ihn veranlaßt hat, einen solchen Vorschlag zu machen. Das relativ feste und unveränderte Krankheitsbild, so die Antwort, unter dem der Patient leidet, das medikamentös behandelt wird, um die schmerzhaften Auswirkungen zu verringern, ohne allerdings den Schmerz zu verkleinern oder zu beseitigen. Er hoffe, daß sich in diesem Gespräch „eine andere Idee" zeigen kann.

Der Patient stimmt – auf die Frage nach seinen Erwartungen – der ärztlichen Beschreibung zu und macht darüber hinaus deutlich, daß er nicht von der Medikation abhängig werden möchte. Und die Auswirkungen seien so, daß er das Gefühl habe, er sei „geistig versteift".

Diese Betonung der Schmerzsymptomatik und die bisher eingeleiteten Maßnahmen führen zu einem längeren Gespräch zwischen Patient und Arzt über die bisher unternommenen diagnostischen und therapeutischen Maßnahmen, bei dem der Psychologe – als medizinischer Laie – zuhört.

Fragen nach „Coping"-Möglichkeiten, nach Veränderungen des Schmerzbildes erbringen immer wieder Beschreibungen der offenkundigen Nicht-Beeinflußbarkeit des Schmerzes. Der Patient erweist sich dabei als überaus kompetenter Selbstbeobachter. Das Gespräch endet mit der Idee, daß der Patient sich weiterhin beobachten und alle Ideen, die ihm kommen, aufschreiben wird.

Da der Nutzen dieser Konsultation zuerst beim Patienten gegeben sein soll, bleibt es dem Patienten überlassen, ob er einen weiteren Termin abmachen möchte.

Etwa sechs Wochen später findet ein zweites Gespräch auf Initiative des Patienten statt. Nach seinen Zielen für das heutige Gespräch befragt, antwortet der Patient, daß es keine große Veränderung gegeben habe, daß er mit einem Schmerzspezialisten gearbeitet habe, ohne daß allerdings ein Erfolg sichtbar geworden sei. Das Gespräch driftet auf das Thema Medikation zu, wobei der Patient deutlich macht, daß er zur Arbeit gehe, allerdings auf die Medikation angewiesen sei.

Das Gespräch richtet sich dann wieder auf das Ziel dieser Stunde. Der Patient will weitermachen, sucht nach Ideen und die Fragen richten sich jetzt danach aus, wie der Patient es schafft, trotz seiner Schmerzen so viel zu machen und zu schaffen. Es wird sehr detailliert danach gefragt, wie sich der Schmerz in der Gesprächssituation von dem alltäglichen Schmerz unterscheidet, wann sich die Intensität verändert, wann er weniger wird. Der Patient kann als guter Selbstbeobachter anführen, daß es im Grunde keine Unterschiede gibt, daß der Schmerz immer da sei, daß er das Denken zu stark beeinträchtige und daß er hoffe, daß es im Oster- und Sommerurlaub besser sei. Sofort richten sich die Fragen auf seine Urlaubserfahrungen – auch dort sei der Schmerz, manchmal ein wenig besser. Wie es jetzt im Gespräch sei? Wenn er sich auf eine bestimmte Weise setze, dann sei der Schmerz ein wenig, kaum merkbar, kleiner. Welche weiteren Beobachtungen der Patient gemacht habe, wo der Schmerz ein klein wenig, fast unbemerkt, kleiner sei? So sehr der Patient sich auch bemüht, dies herauszufinden, so landet er zumeist immer wieder im Kreislauf – Schmerz, Schmerz, Gedanken daran, Schmerz. Der Schmerz sei von ihm im Grunde nicht beeinflußbar, er sei immer unverändert da, lediglich die Medikation schaffe Linderung, aber er wolle von ihr nicht abhängig werden.

Der Patient erfährt sehr viel Anerkennung für seinen Einsatz, an seinem Schmerz zu arbeiten, für seine Bereitschaft, sich damit auseinanderzusetzen, für seine Energie, weiterzumachen, für seine Fähigkeit, sich seine Hoffnung zu erhalten. Der Patient bekräftigt, daß er „keine geistige Rückbildung" will, zu der ihn der Schmerz immer wieder zu drängen scheint. Er meint auch, daß der Schmerz zu einer Art innerer Verkrampfung führe und daß er den Schmerz „vom Kopf her blockieren" müsse. Wir fragen nach – wenn es ihm gelänge, den Schmerz zumindest ein bißchen zu blockieren oder gar vor der Tür zu lassen, wenn wir den Schmerz jetzt, hier, heute, an diesem Punkt im Gespräch vor die Tür schicken würden, wie wäre das anzustellen? Nur über das Blockieren vom Kopf her, lautet die Antwort. Was wäre zu tun? Welche Kleinigkeiten wären erforderlich? Der Schmerz müßte weggenommen werden. Ja, und wenn er weggenommen würde, wohin solle er dann getan werden?

Etwa an dieser Stelle endete das zweite Gespräch – offenbar ohne konkretes Ergebnis.

Wieder etwa sechs Wochen später vereinbart der Patient ein drittes Gespräch. Er berichtet, daß er in den letzten drei Wochen weniger Schmerzen gehabt habe, auch grübele er weniger und mache mehr Aktivitäten. Auch die Medikation habe er herunterschrauben können. Wir erforschen genauer, wie diese Veränderungen aussehen, welche Erklärungen dafür herangezogen werden können, was wir konkret tun können. Der Patient macht am Ende deutlich, daß er noch einen Termin möchte, weil er noch ein drittes Projekt – zwei wurden als Aktivitäten von ihm selber entwickelt – von uns hören möchte.

Dieses vierte – und bis heute letzte – Gespräch findet etwa fünf Wochen später statt. Es beginnt damit, daß Arzt und Psychologe jeweils mögliche dritte Projekte vorstellen – sie reichen von Bogenschießen über Mitarbeit im Arbeitskreis für Heimat- bzw. Dorfgeschichte, künstlerische Gestaltungen bis hin zum Projekt „Mach' etwas anderes, egal was!"

Der Patient zeigt sich zufrieden und das Gespräch dreht sich noch einige Zeit darum, wie genau der Patient auf seinen Körper achten kann – er kann beschreiben, welches Sitzen gut ist, daß das Liegen auf dem Bauch nicht gut ist, daß viel Bewegung hilfreich ist.

Das Gespräch endet damit, daß der Patient diese Ideen einfach überschlafen wird.

Kommentar:

Wir verstehen diese Form der Zusammenarbeit als eine *etwas andere Konsultation* (s.u.), in der es uns darum geht, respektvoll das Leid und die Möglichkeiten der PatientIn herauszuarbeiten, ohne ihr vorschnell Ratschläge oder Rezepte an die Hand zu geben. Wir begreifen diese Form der Konsultation als Gelegenheit, sich dem Thema –

Symptom, Krankheit, Leiden – aus unterschiedlichen Perspektiven zu nähern, Erfahrungen und Erleben der PatientIn wertzuschätzen und Zielvorstellungen und Erwartungen aller zu konkretisieren. Leitidee unseres Handelns bleibt die Idee, daß vielfältige Beschreibungen, die Leiden und Möglichkeiten respektieren und Ressourcen und Stärken herausstellen, sich gerade in solchen Situationen, wo offenbar „nichts" mehr geht, als hilfreich und sinnvoll erweisen – indem sie nämlich neue Bedeutungsmuster hervorbringen, die über sprachliche Zuschreibungen (Umdeutungen, Komplimente, Anerkennen, Loben, Vorteile etc.) weitere Optionen erkennen lassen.

Seitdem ist etwa ein Jahr vergangen, die ärztliche Krankengeschichte verzeichnet einen drastischen Rückgang der Termine und der Klagen über Schmerzen. In einer Übersicht (Abb. 1) ist der Verlauf nachgezeichnet – was Arztbesuche, Anzahl der Rezepte und Kosten angeht. Dabei ist zu bedenken, daß die Kosten durch mitbehandelnde bzw. hinzugezogene (Fach-) ÄrztInnen nicht geschätzt werden konnten. Diese Konsultationen sind unter der Abbildung aufgelistet und dürften ein Vielfaches der Kosten der Allgemeinarztpraxis ausmachen.

Angesichts einer Präsentation dieses Konsultations-Modells im Rahmen des ärztlichen Praxisnetzes für die Region Flensburg hatten wir auch einige PatientInnen eingeladen, u.a. auch den „Schmerzpatienten", damit diese über ihre Erfahrungen mit diesem Modell (nicht über ihre Symptomatik) berichten konnten. Der Patient wollte gerne kommen, mußte allerdings kurzfristig absagen und schickte unaufgefordert das folgende Fax an die Arztpraxis:

„Leider kann ich am morgigen Gespräch aus zeitlichen und beruflichen Gründen nicht teilnehmen. Zu dem von Ihnen genannten Thema möchte ich aber meine Eindrücke und Erfahrungen hier schildern. Diese können Ihnen vielleicht weiterhelfen:

Vorteile:

• Die Einhaltung der Termine von allen drei Parteien war sehr positiv.

• Ich habe viel Zeit gespart.

• Die Therapie fand an einem mir als Patienten gut bekannten und vertrauten Ort/Zimmer statt.

• Es herrschte Ruhe und keine Praxishektik.

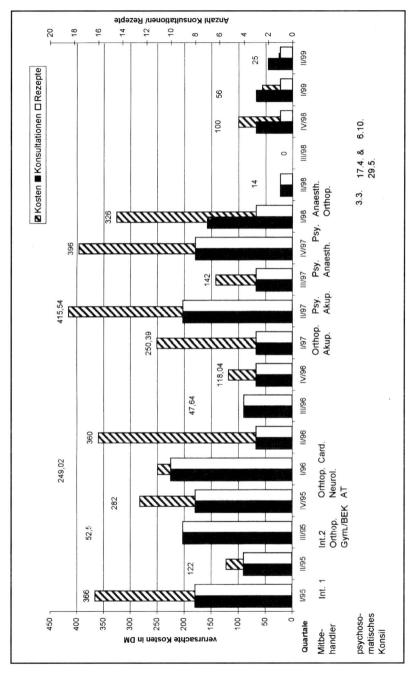

Abbildung 1

215

- Weite Fahrten und somit Kosten entfielen.

- Hausarzt und Psychologe konnten sich vor, während und nach der Behandlung direkt unterhalten und sich untereinander abstimmen. Es brauchten keine langen Befundberichte usw. geschrieben und ausgetauscht werden. Es wurde viel Zeit und Geld gespart.

- Während der Behandlung konnten Probleme sofort in der Dreierbeziehung Hausarzt-Patient-Psychologe geklärt werden.

- Für mich als Patient war die Anwesenheit des Hausarztes sehr beruhigend und fördernd, da dieser meine Krankengeschichte mit allen Details über Jahre kennt.

- Behandlungsvorschläge...konnten...nach den Gesprächen innerhalb kurzer Zeit umgesetzt werden. Das Warten auf Befundberichte usw. entfiel.

- Positiv bei dieser Behandlungsmethode ist, daß sechs Augen und drei Köpfe mehr sehen, erkennen und vorschlagen können als vier Augen und zwei Köpfe.

Nachteile:

In meinem Fall mußte ich die Kosten selber tragen. Wünschenswert wäre eine Übernahme der Kosten durch die Krankenkassen oder eine 80/20%-Lösung

Zukunftsaussichten

Ich würde mir in Zukunft wünschen, in einer Hausarztpraxis viele verschiedene Angebote vorzufinden. Fachärzte [Spezialisten] könnten an bestimmten Tagen ihre Arbeit/Leistung zusammen mit dem Hausarzt in dessen Praxis anbieten. Dem Patienten kann in kurzer Zeit geholfen werden. Viel Zeit und Geld würde gespart werden.

...anders betrachtet

In der Fachliteratur beginnt erneut die Diskussion um die Frage „was wirkt?" – sind es spezifische Faktoren des jeweiligen Modells oder sind es unspezifische Faktoren? Welche Bedeutung haben die Faktoren, die z.B. das lösungs-orientierte Modell betont? Gilt das Dodo-Verdikt (aus Alice im Wunderland): „Jeder hat gewonnen und jeder verdient einen Preis"?

ASAY und LAMBERT (1999) kommen nach einem umfassenden Überblick der empirischen Forschung zur Ansicht, daß die Daten bestätigen, daß Therapie wirkt – „daß etwa 75% der KlientInnen nach 26 Sitzungen oder 6 Monaten wöchentlicher Therapie signifikante Besserungen zeigen" und daß „selbst mit so wenig wie 8 oder 10 Sitzungen etwa 50% der KlientInnen klinisch bedeutsame Änderungen zeigten" (a.a.O., S. 25) – allerdings, und dieses Ergebnis sollte beachtet werden, „zeigen Forschungsergebnisse, daß Änderungen dann eher langfristig sind, wenn KlientInnen ihre Änderungen ihren eigenen Bemühungen zuschreiben" (a.a.O., S. 27). Die weitreichendste Schlußfolgerung betrifft nun eben die sog. Wirkfaktoren: „Die meisten Übersichten kommen zu dem Schluß, daß es kaum Anzeichen für Unterschiede der Effektivität zwischen den verschiedenen therapeutischen Schulen gibt" (a.a.O., S. 28). Und ASAY und LAMBERT leiten aus ihrer Übersicht der vorliegenden Forschungen ab, daß folgende allgemeinen Faktoren für die Wirkung von Therapien bedeutsam sind:

1. KlientInnenvariablen und extratherapeutische Ereignisse,
2. Beziehungsfaktoren,
3. Erwartungen und Placebo-Effekte,
4. Faktoren der Technik und des Modells,

wobei die den jeweiligen Faktoren aufgrund der Forschungsdaten zugeschriebenen Anteile an der Wirkung [„outcome"] besonders interessant sind:

1. KlientInnenvariablen und extratherapeutische Ereignisse – 40%,
2. Beziehungsfaktoren – 30%,
3. Erwartungen und Placebo-Effekte – 15%,
4. Faktoren der Technik und des Modells – 15%.

Anders gesagt – nicht die TherapeutIn, sondern die *KlientIn ist die Heldin der therapeutischen Geschichte* – in Anlehnung an das afrikanische Sprichwort „Solange Löwen noch keine eigenen Geschichtsschreiber haben, wird jede Jagdgeschichte den Jäger glorifizieren" (TALLMAN & BOHART, 1999, S. 91 ff).

Diese Beschreibungen verstehen wir als eine Bestätigung unseres konsultativen Vorgehens, in dessen Zentrum wir die Ressourcen und Kompetenzen der *KundIn* [1] stellen und uns bemühen, in Übereinstimmung mit den Zielen und Erwartungen der KundIn an diese anzuknüpfen.

---

[1] Wir verwenden in unseren Konsultationen sowohl den Begriff *PatientIn*, der im medizinischen Bereich vertraut ist, wie den Begriff *KundIn*, um die Kundigkeit hervorzuheben, wie wir ihn aus unserer psychotherapeutischen Arbeit kennen (HARGENS, 1993)

Das ganze Projekt, eine Anwendung ressourcenorientierter Ideen in einem interdisziplinären Praxisfeld, haben wir anfangs so beschrieben (HANSEN-MAGNUSSON, HANSEN-MAGNUSSON & HARGENS, 1998; HARGENS, HANSEN-MAGNUSSON &HANSEN-MAGNUSSON, 1999):

Ein Konzept ...

Wir möchten kurz ein Projekt vorstellen, das wir seit Mai 1997 im Rahmen einer allgemeinärztlichen Praxis auf dem Lande im Norden Schleswig-Holsteins praktizieren. Dabei setzen wir voraus, daß ein umfassender Verbesserungsbedarf der psychotherapeutischen Versorgung in all ihren Spielarten besteht.

Seit Mitte der 80er Jahre arbeiten wir in Form von Empfehlungen zusammen, d.h. bei der Notwendigkeit einer Psychotherapie nannten die ÄrztInnen auch den Namen des außerhalb der kassenärztlichen Versorgung tätigen Psychologen, um den Betroffenen mehr Möglichkeiten zu geben, auch tatsächlich einen Therapieplatz zu bekommen.

Anfang der 90er Jahre hatte sich diese Zusammenarbeit eingespielt, insbesondere da aufgrund der spezifischen therapeutischen Ausrichtung – systemische Therapie, Ressourcen- und KundInnen-Orientierung, Kurztherapie – Termine meist rasch angeboten werden konnten. Nur wurde dabei immer deutlicher, daß auch im Rahmen der ärztlichen Versorgung eine Art „psychotherapeutisch orientierte Konsultation" durchaus von Nutzen sein könnte – für beide Seiten, ÄrztInnen und PatientInnen. Diese Idee sowie eine größere Vertrautheit von uns allen mit den Ansätzen der jeweils anderen brach der Idee Bahn, eine konkretere Zusammenarbeit zu initiieren.

Dabei gingen wir von folgenden Überlegungen aus:

In der Gesundheitsversorgung wird bisher weitgehend zwischen somatischer und psychischer Behandlung unterschieden (und getrennt). Im Rahmen der Psychosomatik wird zwar beiden Aspekten Beachtung geschenkt, allerdings i.d.R. immer in verschiedenen und voneinander getrennten Settings, die damit als entweder somatisch oder psychotherapeutisch definiert (und getrennt) bleiben.

Bekannt ist,

- daß nicht *Krankheiten*, sondern *Menschen* behandelt werden, bei denen immer ein psychosomatisches Zusammenspiel gegeben ist,

- daß bei der Behandlung jeder Störung psychische Faktoren ebenso mitspielen wie somatische Faktoren,

- daß die Behandlung und Beachtung dieser Faktoren gegenwärtig entweder durch Zu- bzw. Überweisungen an Spezialisten oder durch einseitige Bevorzugung eines Aspektes gehandhabt wird.

In unserem Projekt sollten die Faktoren in ihrer Gesamtheit gleichzeitig beachtet werden, indem konkret im selben Raum alle Fachleute zusammen mit den KlientInnen/PatientInnen arbeiten. Das macht das Besondere und Außergewöhnliche dieses Projektes aus.

Vor diesem Hintergrund geht es also *nicht* darum, eine langfristige Psychotherapie anzubieten, sondern vielmehr *darum, ziel- und paßgenau akute Situationen positiv im Sinne einer verbesserten Gesundheit bzw. Krankheitsbewältigung zu verändern.* Das bedeutet, auf kurztherapeutische Verfahren zurückzugreifen, die vorhandene Ressourcen nutzen. Dies hat Auswirkungen auf das Krankheitsverständnis aller Beteiligten und eröffnet neue und weitere Handlungsoptionen.

Dieses Grundverständnis – die gleichberechtigte und konkrete Zusammenarbeit bei akutem Anlaß und bei chronischem Krankheitsverlauf – unterscheidet das Projekt von traditionellen Ansätzen, die zumeist neben somatischer eine Psychotherapie anbieten und durchführen.

Es geht, um das hervorzuheben, dabei *nicht* um eine Krisenintervention, sondern um ein Einbeziehen zusätzlicher Perspektiven in die laufende Behandlung. Es handelt sich bei diesem ExpertInnen-Treffen daher *weder* um klassische Medizin *noch* um klassische Psychotherapie – es ist, so wurde uns im Verlauf des Projekts immer deutlicher, *etwas anderes,* für das uns zur Zeit noch ein stimmiger Begriff fehlt.

Das für uns Bedeutsame besteht in der gleichberechtigten Zusammenarbeit aller Beteiligten – PatientIn, ÄrztIn, Psychologischer Psychotherapeut. Den Rahmen bildet das Interesse am Wohlergehen der PatientIn und dies wird von den Beteiligten durchaus unterschiedlich gesehen und bewertet. In diesem Projekt geht es dann darum, diese unterschiedlichen Perspektiven *zusammen mit* der PatientIn/ KundIn in eine Form zu bringen, die den Wünschen, Zielen und Anliegen der Beteiligten passender entspricht. In diesem Sinne werden somatische Aspekte ebenso thematisiert wie psychologische oder soziale Aspekte und Alltagstheorien sowie konkrete Lebensumstände – genau das macht für uns das gleichberechtigte Einbeziehen aller Perspektiven aus und das macht es leichter [nicht zu verwechseln mit einfacher!], die vorhandenen Ressourcen und Kompetenzen einzubeziehen und zu nutzen, ohne Krankheiten, Probleme oder Dilemmata deshalb abzuwerten oder weniger einzubeziehen.

...und erste Auswertungen

Wir wollten zunächst mit dieser Form der Zusammenarbeit Erfahrungen sammeln und arbeiteten in einer halbjährigen Projektphase (Mai – November 1997) einen Nachmittag die Woche in diesem Projekt. Die ÄrztInnen schlugen, wenn sie es für angebracht hielten, ihren PatientInnen vor, in den Räumen der Praxis, allerdings klar getrennt von der ärztlichen Praxis, ein Gespräch mit einem Psychologen zu führen. Die Entscheidung blieb den PatientInnen überlassen, die die Termine direkt über die MitarbeiterInnen der Arztpraxis vereinbaren konnten. An dem ersten Gespräch nahm die PatientIn teil sowie die ÄrztIn und der Psychologische Psychotherapeut. In diesem (Erst-) Gespräch ging es immer darum, herauszuarbeiten, welche Ideen, Vorstellungen, Anliegen und Ziele auf seiten der ÄrztIn und der PatientIn zu diesem Gespräch geführt hatten.

Diese Form der Arbeit hatte in unseren Augen mehrere Vorteile, z.B. kurze Wege, Einbettung der therapeutischen Arbeit in den somatischen Bereich, ziel- und kundInnenorientiertes Vorgehen, freie Entscheidung der PatientIn. Als Nachteil sind ausschließlich materielle Aspekte zu nennen: die Eigenfinanzierung und die eingeschränkte Kooperation, da keine direkte Überweisung möglich ist. Das Problem der Eigenfinanzierung lösten wir in der Projektphase so, daß das (Erst-) Gespräch kostenlos war, weitere Sitzungen allerdings – in Absprache – zu bezahlen waren.

Eine erste sondierende klinische Evaluation wurde von uns im Januar 98 durchgeführt. Wir untersuchten die medizinischen Daten in Hinblick auf Diagnose und Häufigkeit des ÄrztInnen-Besuchs vor dem „Projekt-Gespräch" und verglichen dies mit den Diagnosen und der Häufigkeit der ÄrztInnen-Besuche nach dem „Projekt-Gespräch". In der Erprobungsphase wurde mit 32 PatientInnen/KundInnen gearbeitet. Das Alter lag zwischen unter einem Jahr und über 60 Jahren, von denen 12 Männer bzw. Jungen und 20 Frauen bzw. Mädchen waren.

In 24 Fällen kam es zu einer einzigen Sitzung, in 4 Fällen zu 2 Sitzungen und lediglich in 4 Fällen zu mehr als zwei Sitzungen.

28 Fälle gelten als „beendet", in lediglich 4 Fällen läuft die Behandlung weiter.

Aufgrund der vorliegenden Informationen wurde die Veränderung der Symptomatik sowie die Häufigkeit des Arztbesuches von uns anhand einer fünfstufigen Skala eingeschätzt. Diese subjektive Einschätzung sollte einen ersten Hinweis liefern und kann eine eingehende, stärker unabhängige Ergebniskontrolle nicht ersetzen. Wir gaben in 14 Fällen eine maximale positive Bewertung (++), in 13 Fällen eine positive (+), in 4 Fällen war uns der Effekt unklar (?) und lediglich in einem Fall konnten wir keinen Effekt beobachten (—).

Aufgrund dieser Daten bewerten wir das Projekt als überaus erfolgreich. Die Besonderheiten des Projektes, das zeigen uns Gespräche mit KollegInnen, liegen in folgenden Punkten:

- die Arbeit wird vom behandelnden Arzt koordiniert

- organische und psychotherapeutische Aspekte werden gleichberechtigt und gleichwertig einbezogen und berücksichtigt

- kurze Wege ohne Diskriminierungen

- Vertrautheit des Ortes

- Nutzen der Eigenverantwortung der PatientInnen

Dies findet sich auch in Angaben der PatientInnen/KundInnen wieder, die einerseits betonen, daß die kurzen Wege hilfreich sind wie die vertraute Umgebung und die andererseits erfreut sind über den sofortigen Beginn der Arbeit (Erst-Gespräch), wenn sie sich dazu entschlossen haben.

Wir sind sehr daran interessiert, mit KollegInnen in einen Erfahrungsaustausch zu treten, die ähnlich arbeiten, ähnliche Erfahrungen machen oder Anregungen haben.

Mittlerweile ist die Zeit vergangen, unsere Erfahrungen haben sich ausgeweitet und das Modell selber hat zunehmend Anerkennung gefunden. So ist es unter der Bezeichnung „Psychosomatisches Konsil" zu einem Projekt des Praxisnetz Region Flensburg geworden und wird mittlerweile auch in weiteren ÄrztInnen-Praxen angewendet.

Dabei hoben die anwesenden KundInnen/PatientInnen übereinstimmend folgende positiven Aspekte hervor:

- Vertrauen in die bekannte Umgebung der ärztlichen Praxis
- Gespräch zwischen ÄrztIn und Psychologen in Anwesenheit der Betroffenen war interessant
- Gespräch wurde von Zielen, Interessen der KundIn/PatientIn bestimmt
- Bestätigung und Wertschätzung der eigenen Person
- Respektieren jeglicher gezeigter Verhaltensweisen (auch von „störenden" Kindern)

Was ist das bloß für ein Kind...

Eine Mutter, nennen wir sie Frau Meier, hatte über eine KundIn von der Möglichkeit der Konsultation erfahren und einen Termin abgemacht. Sie erschien mit ihrer Mutter, Frau Kraft, und ihrem 2jährigen Sohn Benno. Frau Kraft wartete draußen, Frau Meier und Benno nahmen am Gespräch teil. Benno hatte einen Ball dabei, weinte und greinte und versuchte seine Mutter dazu zu bringen, daß er nach draußen zu seiner Oma gehen konnte.

Wir – Ärztin und Psychologe – fragten als erstes nach dem Ziel und der Erwartung von Frau Meier: „Ich möchte eine Lösung. Wie ich besser mit ihm [Benno] umgehen kann." Auf Nachfragen beschrieb Frau Meier, daß Benno schreie, weine, sie sogar schlage, keine Ruhe gebe und sie selber sehr unterschiedlich reagiere, je nach Stimmungslage. Wir baten Frau Meier, genauer zu beschreiben, wie sie gerne mit Benno umgehen möchte, welche Lösung sie von uns wünsche. Frau Meier beschrieb weitere belastende Situationen aus ihrem Alltag, während Benno immer neue Versuche unternahm, seine Mutter aus dem Gespräch zu ziehen, sie zu veranlassen, mit ihm rauszugehen.

Im Gespräch der beiden Fachleute miteinander über das, was wir in unseren Köpfen bewegen („Meta-Dialog", HARGENS & GRAU, 1994) – „was geht Ihnen durch den Kopf, wenn Sie so hören und sehen und erleben, was Frau Meier und Benno tun?" „Frau Meier wünscht sich von uns eine Lösung – welche Ideen haben Sie dazu, was wir ihr anbieten können?" – thematisierten wir Fragen der Grenzsetzung, der Klarheit, der Normalität, der stärkenden und einschüchternden Reaktion des sozialen Umfeldes. Dabei formulierten wir vorsichtig, einladend, anbietend, tastend, eben im Konjunktiv als Möglichkeit.

Wir bewunderten auch, wie gelassen Frau Meier mit Benno umging – und fragten uns, wie angesichts dieses gelassenen Umgangs ihre Lösung aussehe. „Ja, so; nur kann ich das sonst nicht." „Wie schaffen Sie das jetzt, hier, wo auch wir Ihnen zugucken?" Frau Meier hatte keine Antwort, sondern beschrieb sehr rasch wieder belastende Alltagssituationen, wobei sie sich die Schuld an Bennos Verhalten zuschrieb – sie sei eben nicht immer ruhig.

Wir fragten erneut nach dem Ziel – eine Lösung für Benno zu finden oder sich selber zu verändern, nur guter Stimmung zu sein – worum sollte es heute gehen?

Dabei zeigte Frau Meier in der konkreten Situation sehr gekonntes Verhalten, das wir immer wieder lobend betonten – sie sei selber ganz überrascht, daß sie das könne. Wie sie das mache, wollten wir wissen. Kopfschütteln. Wir fragten sie nach ihrer Selbsteinschätzung als „gute Mutter" – auf der 10er-Skala befand sich Frau Meier bei einer 5, wobei sie gerne bei 7 oder 8 wäre. Wer sie dabei unterstütze, wollten wir wissen. Frau Meier wußte niemanden – jeder machte letztlich ihr Vorwürfe, schrieb ihr die Schuld zu. Wie sie es angesichts solcher Zuschreibungen schaffe, hier so gekonnt und gelassen mit Benno umzugehen – keine Antwort. Was anders wäre, wenn sie Unterstützung erhalte? Sie würde Zeit für sich haben, das wäre gut. Wir wendeten uns diesem Thema zu und fragten, wie sie das schaffen könne – und Frau Meier produzierte Ideen und war sehr zuversichtlich, daß sich das positiv auswirken würde. Wir fragten, wie wir es anstellen könnten, daß sie ihre Idee auch tatsächlich umsetzt – keine Antwort. Wir fragten, wie sie es schaffte, hier und heute so gekonnt mit Benno umzugehen? Sie meinte, weil sie sich auf Wichtiges konzentriere, auf etwas, das ihr wichtig ist. Was wir kräftig unterstrichen.

Wir fragten, welche Lösung Frau Meier heute noch gerne von uns hätte. Sie habe schon genügend Ideen und das Gespräch endete.

Im April 1999 erhielten wir unaufgefordert und überraschend eine Postkarte (mit der Diddl Maus und dem Satz „Hab 'n ziemlich schlechtes Gewissen!") mit folgendem Text:

„Hallo Herr Hargens, ich melde mich ziemlich spät (vielleicht erinnern Sie sich kaum an mich: Tochter von Frau Kraft), habe aber Erfolg zu melden. Benno geht seit gut 4 Wochen 2x in der Woche zu einer Tagesmutter. Es bekommt uns sehr gut. Nochmals vielen Dank und ich werde es bei meinem nächsten Besuch wieder gut machen. Viele Grüße an Frau Magnusson, auch ihr vielen Dank. Ihre Bianka Meier."

...zum Abschluß

Auch hier waren wir bemüht, unsere Haltung – respektieren, wertschätzen der vorhandenen Kompetenzen, Lösungen der Kundin suchen und gestalten – konsequent umzusetzen. Hilfreich erweist sich dabei immer wieder die Möglichkeit, die Fachlichkeit von Medizin und Psychotherapie zu nutzen, indem wir als Fachleute miteinander über unsere Gedanken in Anwesenheit der KundIn reflektieren – offen, respektvoll, als Möglichkeit (HARGENS, 1999; O'HANLON , 1999; O'HANLON & BEADLE, 1998).

Wir sind überzeugt, daß unsere Haltung mit bestimmten Erwartungen verbunden ist (Wirkfaktor 3: Erwartung und Placebo-Effekt), die sich positiv auf die Beziehungsgestaltung auswirken (Wirkfaktor 2: Beziehungsfaktoren) und die zugleich die Ressourcen der KundIn einbeziehen (Wirkfaktor 1: KlientInnenvariablen und extratherapeutische Ereignisse). Auf diese Weise, so könnten wir überspitzt formulieren, sorgen wir bereits für eine 85%ige Wahrscheinlichkeit eines wirkungsvollen Ausgangs – eine Maxime des Handelns, die wir von FRIEDMAN (1999) gelernt haben: „Wirksam handeln bei begrenzten Ressourcen."

Literatur

ASAY, Ted P. & Michael J. LAMBERT. The Empirical Case for the Common Factors in Therapy: Quantitative Findings, in: HUBBLE, Mark A. et al. (eds), 1999.

FRIEDMAN, Steven. Effektive Psychotherapie. Wirksam handeln bei begrenzten Ressourcen. Dortmund: verlag modernes lernen, 1999.

HANSEN-MAGNUSSON, Bengta, Ernst HANSEN-MAGNUSSON & Jürgen HARGENS. Konsultation – anders? Ein Projekt fallspezifischer Ressourcennutzung im Gesundheitswesen. systhema 12(2): 177-180, 1998.

HARGENS, Jürgen. KundIn, KundigE, KundschafterIn. Gedanken zur Grundlegung eines ‚helfenden Zugangs'. Z.system.Ther. 11(1): 14-20, 1993.

HARGENS, Jürgen. Shifting reflecting Positions: ‚You're right from your side, I'm right from mine'. Contemporary Family Therapy 21(1): 3-27, 1999.

HARGENS, Jürgen & Uwe GRAU. Meta-Dialogue. Contemporary Family Therapy 16(6): 451-462, 1994.

HARGENS, Jürgen, Bengta HANSEN-MAGNUSSON & Ernst HANSEN-MAGNUSSON (1999). Das psychosomatische Konsil Ein Praxis-Projekt. Ärzteblatt Schleswig-Holstein, 52 (7): 32-34.

HUBBLE, Mark A., Barry L. DUNCAN & Scott D. MILLER. The Heart & Soul of Change. What Works in Therapy. Washington, DC: APA, 1999, dtsch. i. V., Dortmund: verlag modernes lernen.

O'Hanlon, William (Bill) H. Möglichkeiten sind umfassender als Lösungen: "... würde ich jederzeit Haltungen Methoden vorziehen" Ein Interview (Jürgen Hargens), Familiendynamik, 1999(3): 338-348, 1999.

O'Hanlon, William H. & Beadle, Sandy. Das wär 'was! Ein Wegweiser für das Möglichkeiten-Land: 51 Methoden, kurze und respektvolle Therapie zu praktizieren. Dortmund: borgmann publishing, 1998.

Tallman, Karen & Arthur C. Bohart. The Client as a Common Factor: Clients as Self-Healers, in: Hubble, Mark A. et al. (eds), 1999.

Personenverzeichnis

Anschriften

Herausgeber

Jürgen Hargens
projekt : system
Norderweg 14
D-24980 Meyn
e-mail: juergenhargens@t-online.de

Wolfgang Eberling
Norddeutsches Institut für Kurzzeittherapie, NIK
Außer der Schleifmühle 54
D-28209 Bremen

AutorInnen
(*in alphabetischer Reihenfolge*)

Wolfgang Burr
Norddeutsches Institut für Kurzzeittherapie, NIK
Außer der Schleifmühle 54
D- 28209 Bremen

Mauri Fries
Hauptstr. 24a
D-04451 Zewenfurth

Kurt Hahn
Sitzbuchweg 86
D-69118 Heidelberg

Bengta Hansen-Magnusson
Ernst Hansen-Magnusson
Poststr. 2
D-24997 Wanderup

Joachim Hesse
Klinik St. Martin
Sternenstr. 1
D-53881 Stotzheim

Arnold Illhardt
Norddeutsches Institut für Kurzzeittherapie, NIK
Außer der Schleifmühle 54
D-28209 Bremen

Gerda Klammer
Brünnerstr. 133/3/29
A-1210 Wien

Wolfgang Loth
Steinbrecher Weg 52
D-51427 Bergisch Gladbach
e-mail: kopiloth@t-online.de

Agnes-Christine Nelle
Norddeutsches Institut für Kurzzeittherapie, NIK
Außer der Schleifmühle 54
D-28209 Bremen

Anna Maria Pechtl
RELEASE e.V.
Ambulante Beratungs- und Behandlungsstelle für
Abhängigkeitskranke
Bahnhofstr. 29
D-28816 Stuhr

Gudrun Sickinger
Am Bökenhoff 1
D-27721 Ritterhude

Manfred Vogt-Hillmann
Norddeutsches Institut für Kurzzeittherapie, NIK
Außer der Schleifmühle 54
D-28209 Bremen

Ferdinand Wolf
Siget 61
A-7053 Hornstein
e-mail: ferdinand@wolf.co.at